A economia
da intenção

Preencha a **ficha de cadastro** no final deste livro
e receba gratuitamente informações
sobre os lançamentos e as promoções da Elsevier.

Consulte também nosso catálogo
completo, últimos lançamentos
e serviços exclusivos no site
www.elsevier.com.br

Tradução
Edson Furmankiewicz

Doc Searls
Renomado especialista em comportamento digital

A economia da intenção
THE INTENTION ECONOMY

O mercado sob a perspectiva de clientes independentes, fortalecidos e conscientes

Do original: *The Intention Economy*
Tradução autorizada do idioma inglês da edição publicada por Harvard Business Review Press
Copyright © 2012, by Doc Searls

© 2013, Elsevier Editora Ltda.

Todos os direitos reservados e protegidos pela Lei nº 9.610, de 19/02/1998.

Nenhuma parte deste livro, sem autorização prévia por escrito da editora, poderá ser reproduzida ou transmitida sejam quais forem os meios empregados: eletrônicos, mecânicos, fotográficos, gravação ou quaisquer outros.

Copidesque: Shirley Lima da Silva Braz
Revisão: Jayme Teotônio Borges Luiz e Cynthia Gaudard
Editoração Eletrônica: Estúdio Castellani

Elsevier Editora Ltda.
Conhecimento sem Fronteiras
Rua Sete de Setembro, 111 – 16º andar
20050-006 – Centro – Rio de Janeiro – RJ – Brasil

Rua Quintana, 753 – 8º andar
04569-011 – Brooklin – São Paulo – SP – Brasil

Serviço de Atendimento ao Cliente
0800-0265340
sac@elsevier.com.br

ISBN: 978-85-352-5714-4
Edição original: 978-1-4221-5852-4

Nota: Muito zelo e técnica foram empregados na edição desta obra. No entanto, podem ocorrer erros de digitação, impressão ou dúvida conceitual. Em qualquer das hipóteses, solicitamos a comunicação ao nosso Serviço de Atendimento ao Cliente, para que possamos esclarecer ou encaminhar a questão.

Nem a editora nem o autor assumem qualquer responsabilidade por eventuais danos ou perdas a pessoas ou bens, originados do uso desta publicação.

CIP-Brasil. Catalogação na fonte
Sindicato Nacional dos Editores de Livros, RJ

S446e   Searls, Doc
       A economia da intenção: o mercado sob a perspectiva de clientes independentes, fortalecidos e conscientes / Doc Searls; tradução Edson Furmankiewcz. – Rio de Janeiro: Elsevier, 2012.
       23 cm

       Tradução de: The intention economy
       ISBN 978-85-352-5714-4

       1. Clientes – Contatos. 2. Serviços ao cliente. 3. Consumidores – Preferência. 4. Produtos novos. I. Título.

12-5794.   CDD: 658.8342
                                         CDU: 366.1

Para Joyce

Quanto ao futuro, a tarefa não é prever, mas viabilizá-lo.

Antoine de Saint-Exupéry

Agradecimentos

Estes são os créditos, que classifiquei em categorias, apesar de muitas das pessoas listadas desafiarem essa categorização.

Minha esposa Joyce, sem cuja fé e gentil pressão (durante mais de 20 anos), este livro não teria sido escrito. Também nosso filho Jeffrey, que compilou a bibliografia e que tem sido paciente com minhas preocupações não familiares. E nossos filhos mais velhos, Colette, Jennine, Allen e suas famílias (incluindo netos), que suportaram a mesma negligência.

O quarteto de pessoas boas que inseminaram, incubaram e orientaram a existência deste livro. Em ordem de aparecimento, são:

- Rick Segal, que me pressionou o máximo para fazer este livro acontecer. Ele também lhe deu o título.
- Jeff Kehoe, meu editor na Harvard Business Press, que apareceu na minha palestra com esse mesmo título e sugeriu que ela se tornasse um livro. Jeff é o cara!
- David Miller, meu agente – e muito mais. Ele esteve conosco no *Cluetrain* por 13 anos e agora está comigo neste livro.
- Adele Menichella, o amigo e editor que chamei no último mês de elaboração para ajudar a deixar o livro em sua forma final.

O Berkman Center for Internet & Society e a Harvard University, que me aceitaram como bolsista pesquisador em 2006 e, pacientemente, me deram mais de quatro anos de pista para eu fazer o ProjectVRM decolar. Entre os muitos amigos e colegas lá (ou com os quais me conectei através do Berkman), agradeço especialmente a:

- John Clippinger, Colin Maclay e John Palfrey, que me receberam como bolsista pesquisador (e Paul Trevithick, que me ajudou nos bastidores).
- A diretoria da faculdade, que aprovou meu retorno como bolsista pesquisador por três anos após a primeira bolsa de estudos.
- Meus companheiros de pesquisa, com os quais me reunia semanalmente e que forneceram ajuda e incentivo abundantes.

- A equipe do Berkman, que sempre fez de tudo para transformar Berkman no lugar acolhedor, valioso e bem gerido que é. Eu gostaria de agradecer especialmente a Gasser Urs, Colin Maclay, Phil Malone, Rebecca Tabasky (habilmente assistida por sua gata Nancy), Amar Ashar, Catherine Bracy, Seth Young, Jon Murley, Rob Faris, Dan Jones, Caroline Nolan, Karyn Glemaud e Carey Anderson, todos sempre prestativos ao máximo, além da grande diversão que significa conviver com eles.
- A Geek Cave, especialmente Sebastian Diaz, Ed Popko, Dan CollisPuro, Danny Silverman e Isaac Miester.
- Meus dois estagiários da faculdade de Direito, Doug Kochelek e Alan Gregory (ambos agora advogados plenos, exercendo a profissão no mundo).
- John Deighton, Karim Lakhani e Jose Alvarez, da Harvard Business School, Andy McAfee, do MIT Sloan School of Management (e ex-HBS), Doug Rauch, da Advanced Leadership Initiative (ALI) de Harvard, e John Taysom, também da ALI.

Os desenvolvedores com quem trabalhei diretamente no código, que incluem David Karger, Oshani Seneviratne e Adam Marcus, do MIT/CSAIL, e Ahmad Bakhiet, do King's College de Londres, por seu trabalho sobre Emancy/EmanciPay/Tipsy, e Dan Choi, por seu trabalho sobre o ListenLog. Agradeço também ao Google Summer of Code (GSoC), através do Berkman Center, pelo apoio a Ahmad. Entre o pessoal do Berkman, também gostaria de destacar Anita Patel, que coordenou nosso trabalho no centro e no GSoC.

Meus amigos, benfeitores e colaboradores no mundo da mídia pública, a começar por Keith Hopper, da NPR. Keith é o pai cerebral do ListenLog e alguém que dedica boa parte de seu tempo e energia para o ProjectVRM, desde a nossa primeira reunião no Berkman. Em seguida, estão Jake Shapiro e sua equipe na PRX, incluindo Matt McDonald, Andrew Kuklewicz e Rekha Murthy, que, juntos, colocaram o ListenLog no Public Radio Player, além de Kerri Hoffman, que coordenou o Berkman e o ProjectVRM. Também agradeço a Robin Lubbock, da WBUR, que foi um dos primeiros defensores dos trabalhos sobre VRM. E, não por último, nem menos importante, está a Surdna Foundation, que forneceu uma bolsa de apoio ao trabalho sobre ListenLog e EmanciPay. Vince Stehle liderou esse esforço e continua a dar seu útil incentivo.

As empresas e organizações que trabalham em VRM do lado corporativo (incluindo o CRM). Gostaria de agradecer especialmente à BT, empresa em que JP Rangaswami liderou uma série de esforços notáveis, um dos quais foi trazer Jeremy Ruston e a equipe da Osmosoft para o caso VRM. Também o grupo Innotribe na SWIFT (Society for Worldwide Interbank Financial Telecommunication), em que Peter Vander Auwera e seus colegas trabalharam com inúmeros desenvolvedores de VRM na DAG (Digital Asset Grid).

Meus colegas do grupo de autores do Berkman Center, sem cuja ajuda este livro seria muito menos focado e organizado do que é agora. Em ordem alfabética por nome, são eles:

- Christian Sandvig
- Colin Maclay
- David Weinberger
- Ethan Zuckerman
- Jason Goldman
- Judith Donath
- Lokman Tsui
- Wendy Seltzer
- Zeynep Tufekci

Meus colaboradores inclassificáveis e fontes de muita ajuda e inspiração, ou ambos:

- Craig Burton
- Dave Winer
- Dean Landsman
- Don Marti
- Eric S. Raymond
- Erik Cecil
- Jay Rosen
- Jeff Jarvis
- Jerry Michalski
- JP Rangaswami
- Kaliya Hamlin
- Mary Hodder
- Renee Lloyd
- Stephen E. Lewis
- Steve Gillmor

Desenvolvedores de VRM e organizações relacionadas:

- Azigo, sob a direção de Paul Trevithick
- Buyosphere, sob a direção de Tara Hunt
- Connect.Me, sob a direção de Drummond Reed e Joe Johnston
- Getabl, sob a direção de Mark Slater
- Hover and Ting, sob a direção de Ross Rader e Elliot Noss
- Kantara, fundada por Brett McDowell, e, dentro da Kantara, o Information Sharing Workgroup, cujos membros também estão listados em outros créditos aqui
- Kynetx, sob a direção de Phil Windley
- MyDex, The Customer's Voice e Ctrl-SHIFT, especialmente Iain Henderson, Alan Mitchell e William Heath
- MyInfo.cl, sob a direção de Sebastian Reisch
- NewGov.us, sob a direção de Britt Blaser
- Paoga, sob a direção de Graham Saad
- Pegasus, sob a direção de William Dyson
- Personal Data Ecosystem Consortium, sob a direção de Kaliya Hamlin
- Personal.com, sob a direção de Shane Green
- Sceneverse, sob a direção de David de Weerdt
- Switchbook, sob a direção de Joe Andrieu
- Synergetics, sob a direção de Luk Vervenne
- The Banyan Project, sob a direção de Tom Stites

- Project Danube, sob a direção de Markus Sabadello
- The Locker Project, Telehash and Singly, sob a direção de Jeremie Miller
- The Mine! Project, sob a direção de Adriana Lukas e Alec Muffett
- Thumbtack, sob a direção de Sander Daniels
- TiddlyWiki, sob a direção de Jeremy Ruston
- Trustfabric, sob a direção de Joe Botha
- UMA, sob a direção de Eve Maler

Amigos da comunidade de CRM, incluindo Paul Greenberg, Larry Augustin, Dan Miller, Mitch Lieberman, Denis Pombriant, Josh Weinberger e John McKean.

Membros da comissão do ProjectVRM e do Customer Commons, cuja fé e orientação sustentaram a mim e a todo o projeto. Eles incluem:

- Chris Carfi
- Craig Burton
- Dean Landsman
- Deb Schultz
- Iain Henderson
- Joe Andrieu
- Joyce Searls
- Judi Clarke
- Kaliya Hamlin
- Mary Hodder
- Sean Bohan

O restante da lista da comunidade de VRM. Para não correr o risco de desagradar alguém, vou listar os membros em ordem alfabética pelo nome (incluindo alguns já listados):

- Adam Carson
- Adrian Gropper
- Adriana Lukas
- Alan Mitchell
- Alan Patrick
- Aldo Casteneda
- Alec Muffett
- Alicia Wu
- Allan Gregory
- Allan Hoving
- Andre Durand
- Andrew Vitvitsky
- Ankit Kapasi
- Asa Hardcastle
- Bart Stevens
- Ben Laurie
- Ben Rubin
- Bernard Lunn
- Bill Densmore
- Bill Washburn
- Bill Wendell
- Bob Frankston
- Brett McDowell
- Brian Behlendorf
- Brian Benz
- Britt Blaser
- Bruce Kasanoff
- Bruce MacVarish
- Carter F. Smith
- Charles Andres
- Chris Advansun
- Chris Carfi
- Claire Boonstra
- Crosbie Fitch
- Dan Miller
- Dan Whaley
- Daniel Choi
- Daniel Perry
- Daniel Schmidt
- Darius Dunlap

- Dave Recordon
- David Goldschmidt
- David Karger
- David Scott Williams
- David Siegel
- Davor Meersman
- Dean Landsman
- Deb Schultz
- Denise Howell
- Devon Loffreto
- Don Marti
- Don Thorson
- Drummond Reed
- Elias Bizannes
- Elliot Noss
- Eric Norlin
- Erik Cecil
- Ethan Bauley
- Francisco Casas
- Frank Paynter
- Frankxr
- Gabe Wachob
- Gam Dias
- Gerald Beuchelt
- Gon Zifroni
- Greg Biggers
- Greg Oxton
- Guy Higgins
- Hanan Cohen
- Henk Bos
- Henri Asseily
- Jamie Clark
- Jason Cavnar
- Jay Deragon
- Jay Gairson
- Jay Graves
- Jeff Bunch
- Jim Bursch
- Jim Morris
- Jim Pasquale
- Jim Thompson
- Joe Andrieu
- Joe Botha
- Joerg Resch
- Johannes Ernst
- Jon Garfunkel
- Jon Lebkowski
- Jonathan Peterson
- Jonathan MacDonald
- Jorge Jaime
- JP Rangaswami
- Judi Clarke
- Julian Gay
- Katherine Warman Kern
- Keith Hopper
- Ken Shafer
- Kenji Takahashi
- Kevin Barron
- Larry Chaing
- Lorraine Lezama
- Lucas Cioffi
- Luk Vervenne
- Maarten Lens-Fitzgerald
- Mark Lizar
- Mark Scrimshire
- Mark Slater
- Markus Sabadelo
- Marty Heaner
- Mary Hodder
- Mary Ruddy
- Matt Terenzio
- Matteo Brunati
- Matthew Blass
- Matthew Platte
- Maurice Sharp
- Meg Withgott
- Michael Becker
- Michael O'Connor Clarke
- Michael Zeuthen
- Mike Kirkwood
- Mike Ozburn
- Mike Warot
- Mitch Ratcliffe
- Naos Wilbrink

- Neesha Mirchandani
- Nick Givotovsky
- Oshani Seneviratne
- Paul Bouzide
- Paul Chapman
- Paul Hodgson
- Paul Kamp
- Paul Madsen
- Paul Trevithick
- Persephone Miel
- Pete Touschner
- Peter Davis
- Peter Vander Auwera
- Phil Jacob
- Phil Whitehouse
- Phil Windley
- Phil Wolff
- Phillip Sheldrake
- Phillippe Borremans
- Ray Zhu
- Renee Lloyd
- Richard Dale
- Richard Reukema
- Robert Kost
- Robin Lubbock
- Ryan Janssen
- Sara Wedeman
- Scott Pine
- Sean Bohan
- Sebastian Reisch
- Spencer Jackson
- Stuart Henshall
- Stuart Maxwell
- T. J. McDonald
- Tara Hunt
- Ted Shelton
- Tim Pozar
- Thom Hastings
- Tim Hwang
- Todd Carpenter
- Tom Carroll
- Tom Guarriello
- Tom Stites
- Torre Tribout
- Trent Adams
- W. B. McNamara
- Yosem Companys

Duas universidades queridas em meu coração e em minha mente. A primeira é a University of California em Santa Barbara (UCSB), e lá, em particular, o Center for Information Technology and Society (CITS). O CITS espera pacientemente pelo meu retorno à pesquisa sobre Internet e infraestrutura, que comecei lá em 2006 e que vou completar depois de concluir este livro. No CITS, agradeço especialmente a Bruce Bimber, Jennifer Earl e Andrew Flanagin. Também sou grato a Kevin Barron, do Kavli Institute of Theoretical Physics na UCSB, meu bom amigo e colaborador nos esforços para que o FTTP (*fiber-to-the-premisse* – fibra até o usuário final) aconteça em Santa Barbara e no condado de Santa Barbara. Nos próximos anos, isso vai acontecer. Em segundo lugar, está a Harvard University, onde estão reunidas algumas das pessoas e dos recursos mais úteis do mundo. Eu nunca tinha posto os pés em Harvard antes do primeiro Bloggercon de Dave Winer lá, em 2003, quando Dave era pesquisador no Berkman. Mas fui bem recebido e me senti em casa desde o início. Além das pessoas e organizações em Harvard a quem já agradeci, vou acrescentar duas: (1) o Harvard University Health Services (HUHS), que ofereceu excelente atendimento – especialmente em duas emergências das quais saí mais saudável do que quando entrei, e (2) o sistema de bibliotecas, que afirma ser a maior desse tipo no mundo e que parece ser maior ainda do que isso.

O autor

DOC SEARLS escreveu *A economia da intenção* enquanto pregava o desenvolvimento das ferramentas e serviços de gestão de relacionamento com fornecedores (V*endor Relationship Management* – VRM). Este trabalho começou em 2006, quando lançou o ProjectVRM no Berkman Center for Internet & Society da Universidade de Harvard, durante sua pós-graduação. Hoje existem dezenas de projetos de desenvolvimento de VRM em curso.

Quando seu trabalho em VRM começou, Doc já cobrira software livre e desenvolvimento de código aberto como editor sênior do *Linux Journal*. Por esse trabalho e outros relacionados, ganhou o Google-O'Reilly Open Source Award de Melhor Comunicador em 2005. Por seu trabalho em VRM, Searls foi nomeado o "Líder Influente de 2010" pela revista *CRM*. Em *The World is Flat*, Thomas L. Friedman chama Searls de "um dos escritores de tecnologia mais respeitados da América".

Em 1999, Doc e três colaboradores lançaram o Cluetrain Manifesto, um site Web iconoclasta que o *Wall Street Journal* chamou de "o futuro dos negócios". Doc e seus colaboradores, em seguida, escreveram um livro com o mesmo título, que se tornou um best-seller de negócios em 2000. De acordo com o Google Books, *Cluetrain* foi citado por mais de 5 mil outros livros.

Doc também é um dos blogueiros mais antigos e amplamente citados da Web. J.D. Lasica, autor de *Darknet: Hollywood's War Against the Digital Generation*, chama Doc de "um dos profundos pensadores do movimento blog".

Desde 2006, Doc é também pesquisador no Center for Information Technology & Society da Universidade da Califórnia, em Santa Barbara, onde seu trabalho é centrado na intersecção de Internet e infraestrutura.

Por meio de sua prática de consultoria, no Grupo Searls, Doc tem trabalhado com a Hitachi, Sun, Apple, Nortel, Borland, BT, Motorola, Acxiom e outras empresas líderes, além de dezenas de novas empresas. O Grupo Searls desenvolveu-se a partir do trabalho de Doc com a Hodskins Simone & Searls, que ele cofundou na Carolina do Norte e que depois se tornou uma das principais agências de publicidade do Vale do Silício.

Doc também é um ávido fotógrafo, com mais de 40 mil fotos publicadas online, a maioria delas tiradas das janelas de aviões comerciais. Mais de 200 dessas fotos atualmente ilustram artigos da Wikipédia, e foram publicadas em muitos livros, revistas e outras mídias. A NBC usou as suas fotos de cristais de gelo como o principal elemento gráfico de sua cobertura de televisão dos Jogos Olímpicos de Inverno de Vancouver, em 2010.

Doc e sua família dividem o tempo entre sua casa em Santa Barbara e seu trabalho em Cambridge, Massachusetts, e em outros lugares.

PRÓLOGO
Prestando atenção à intenção

> Em questões de estilo, nade com a corrente.
> Em questões de princípio, mantenha-se uma rocha.
> Thomas Jefferson

> As palavras podem mostrar a sagacidade de um homem;
> mas as ações mostram seu significado.
> Benjamin Franklin

A ideia

Comecei a trabalhar neste livro em março de 2006, quando cobria a Conferência sobre Tecnologias Emergentes (eTech), da O'Reilly, em San Diego (Estados Unidos), para o *Linux Journal*. O tema da conferência era "A Economia da Atenção". Sentado na plateia fazendo anotações, pensei: *Por que construir uma economia em torno da atenção, quando é da intenção que vem o dinheiro?* Então, escrevi um artigo, no local, intitulado "A Economia da Intenção". Um trecho:

> A Economia da Intenção cresce em torno dos compradores, e não dos vendedores. Ela se aproveita do simples fato de que os compradores são a primeira fonte de dinheiro e que vêm prontos. Você não precisa de publicidade para fazê-los...
>
> A Economia da Intenção é construída com base em mercados verdadeiramente abertos, e não numa coleção de silos. Na Economia da Intenção, os clientes não têm de voar de silo em silo, como abelhas de flor em flor, coletando informações do negócio (e dos inevitáveis exageros publicitários) de maneira muito semelhante com o pólen. Na Economia da Intenção, o comprador notifica o mercado sobre sua intenção de compra e os vendedores concorrem para atender o comprador. Simples assim...
>
> Na Economia da Intenção, trata-se de compradores encontrando vendedores, e não de vendedores encontrando (ou "caçando") compradores.
>
> Na Economia da Intenção, um cliente de aluguel de carros poderia dizer ao mercado de aluguel de carros: "Vou esquiar em Park City entre 20 e 25 de março. Quero alugar um SUV com tração nas quatro rodas. Sou associado da

Avis Wizard, do Budget FastBreak e do Hertz One Club. Não desejo pagar adiantado pela gasolina nem contratar seguro. O que qualquer uma de suas empresas pode fazer por mim?" – e fazer os vendedores concorrerem pelo negócio do comprador.[1]

A repercussão foi positiva, mas o desenvolvimento não, e era disso que a Economia da Intenção precisava. Então, vários meses depois, quando ganhei uma bolsa de estudos no Berkman Center for Internet & Society da Harvard University, decidi iniciar um projeto de desenvolvimento para fazer a Economia da Intenção acontecer. Nós o chamamos ProjectVRM.[2]

VRM (Vendor Relationship Management) refere-se à gestão do relacionamento com o fornecedor – o correspondente do lado do cliente à gestão do relacionamento com o cliente (Customer Relationship Management – CRM), um negócio que aparece para a maioria de nós na forma de lixo eletrônico e centrais de atendimento ao cliente. O objetivo do ProjectVRM era levar ao desenvolvimento de ferramentas que tornassem os indivíduos independentes dos fornecedores e mais capacitados a se relacionar com eles. Em outras palavras, consertar um sistema falido do lado do cliente desenvolvendo um novo sistema complementar para os negócios existentes, construído com base na independência e na atuação, ou *agência*, natural dos seres humanos.

Por trás do ProjectVRM, estava uma tese:

Clientes livres são mais valiosos do que os cativos.

E, como corolário,

Mercados livres exigem clientes livres.

Como o CRM já era uma categoria de negócios de bilhões de dólares, o ProjectVRM era um empreendimento muito ambicioso. Mas eu não estava sozinho nem era o primeiro. No Reino Unido, Iain Henderson, Alan Mitchell e outros já haviam começado o Buyer Centric Commerce Forum e estavam fazendo um trabalho sobre o que chamavam de lojas de dados pessoais – uma ferramenta VRM essencial. Adriana Lukas, também no Reino Unido, tinha objetivos semelhantes para sua empresa de consultoria e de blogs e também estava incentivando o trabalho de desenvolvimento. A comunidade de desenvolvimento de identidade digital também trabalhava em alguns dos mesmos problemas, encorajada pelos Internet Identity Workshops (IIWs) semestrais, que eu, Kaliya Hamilin e Phil Windley iniciamos em 2005.

No Berkman Center, o ProjectVRM consistia em mim mesmo, uma lista de discussão, um blog, um wiki e encontros na forma de reuniões e workshops. Ainda é assim. No mundo afora, contudo, cresceu para consistir em dezenas de esforços de desenvolvimento e centenas de indivíduos, todos trabalhando de seu próprio modo para criar ferramentas que liberem os clientes e construam a Economia da Intenção. Este livro é um relato do progresso desse trabalho e das ideias que evoluíram a partir dele.

O livro

Eu não tinha planejado escrever este livro antes que tivéssemos uma quantidade razoável do trabalho pronta, mas dois eventos no início de 2009 me fizeram mudar de ideia. O primeiro foi um café da manhã em Toronto, com meu amigo Rick Segal, que na época era investidor de capital de risco no Canadá. Rick me disse, de uma forma que dificilmente poderia ser mais enfática do que se tivesse me jogado contra a parede: "Você tem que escrever um livro! Você já tem um título! É *A Economia da Intenção!* Pare de enrolar! Vá escrever isso!" O outro foi uma palestra que ministrei com o mesmo título algumas semanas depois, no Berkman Center.[3] Entre os presentes na palestra, estava Jeff Kehoe, da Harvard Business Review Press. Jeff veio até mim depois e perguntou se eu já tinha pensado em transformar minha palestra em um livro. Com o conselho de Rick ainda soando em meus ouvidos, respondi que sim. O resultado está agora em suas mãos.

A maioria das atuais ferramentas VRM está em início de desenvolvimento ou apenas começando a ser adotada. Muitos dos pressupostos e das ideias sobre VRM e Economia da Intenção também estão longe de serem considerados comprovados e são facilmente descartados na ausência de provas. Estamos no início do ciclo de adoção da tecnologia. O famoso abismo entre inovadores e pioneiros, do escritor Geoffrey Moore, ainda está à nossa frente.[4]

Então, por que Rick e Jeff querem que eu escreva um livro sobre algo que ainda não aconteceu e que provavelmente não irá acontecer por mais alguns anos? Por duas razões: realidade e promessa. O fato é que o comércio eletrônico – um enorme salto à frente no lado da oferta da economia – já aconteceu. Mas esse foi só o primeiro salto. A promessa era de um salto para a frente no lado da procura, por parte de clientes individuais. Esse salto é o VRM. Não sabemos onde ele ocorrerá primeiro, mas sabemos que quem o dará será o cliente. A Economia da Intenção avançará, então, com dois saltos: oferta de um lado e procura do outro. Nunca mais se pulará apenas com o pé da oferta.

Como estamos aqui lidando com o futuro, boa parte do que você lê neste livro é especulativo. Na verdade, estou praticando intencionalmente o que Nassim Nicholas Taleb (em *The Black Swan*) chama de "arrogância epistêmica". Ele diz que essa arrogância "tem um duplo efeito: nós superestimamos o que sabemos e subestimamos a incerteza, comprimindo a gama de estados incertos (ou seja, reduzindo o espaço do desconhecido)".[5] Mas não estou apenas fazendo suposições aqui. Também estou à procura dos efeitos e tenho influência sobre as causas desses efeitos. É o que fazem muitos outros no movimento VRM, alguns muito mais bem equipados que eu. Essas intenções se somam. Depois disso, multiplicam-se.

Também já vi esse tipo de trabalho de intenção antes – em particular, com o software livre, o código-fonte aberto e o Linux, os quais venho cobrindo desde meados dos anos 1990 para o *Linux Journal*. Então, enquanto baseio o que posso em fatos e fontes sólidas, também trabalho com várias outras pessoas para *fazer* a Economia da Intenção acontecer.

Certamente, haverá muitos tipos diferentes de respostas a este livro e seus propósitos, mas os únicos que importam são aqueles que podemos usar. Assim, convido-o a usar as ferramentas que desenvolvemos, para dar um feedback útil e ponderar com suas próprias ideias e esforços de desenvolvimento. A fronteira está aberta e as oportunidades abundam. Você pode ver isso melhor se perceber o valor total dos clientes livres e quanto trabalho deixamos de fazer. Se este livro for bem-sucedido, um pouco desse trabalho será seu.

Sumário

Agradecimentos		ix
O autor		xv
Prólogo	**Prestando atenção à intenção**	xvii
	A ideia	xvii
	O livro	xix
Introdução	**Mercados livres exigem clientes livres**	1
	Perspectiva	1
	Design e estilo	4
1	**O mercado prometido**	6
	Despertando da adesão	6
	É sua lei	7
	São necessários quatro	8
	Novas regras	8
	A demanda encontra a oferta	9
	Passeando	10
	Fidelidade verdadeira	10
	Relacionamentos verdadeiros	11
	Arma de preços pessoal	12
	Oferta e demanda empáticas	12
	Além da adivinhação	13
	O negócio de pesquisas na Internet	13
	Everyware	14
Parte I	**O cativeiro do cliente**	
2	**A bolha da publicidade**	19
	Tolerância	20
	O iceberg da idade	22
	O iceberg da escolha	22
	Mais de menos	24
	O grande desconhecido	25
	Desperdício	27
	Branding	28
	Filtros entupidos	30
	Sinais perdidos	31

	Anonimato	33
	Delírios terminais	34
	Advertimania, ou a mania de publicidade	36
	A correção do problema	38
3	**A escolha de seu captor**	39
	Quais são seus nomes?	40
	A solução do login único	41
	Tetas difíceis	43
4	**Lei torta**	45
	É uma coisa pegajosa	47
	As RP na privacidade	49
	Questões de inconsciência	51
	É sem contexto	52
5	**Relações assimétricas**	54
	Os caminhos do desperdício	55
	Desserviço ao cliente	57
	Socializando-se	59
6	**A (dis)função da fidelidade**	62
	Mercados de massa	63
	Gasolina baixa	67
7	**Big Data**	68
	Como não se engasgar com tantos dados	71
8	**Complicações**	74
	Armando o palco	75
	Necessidades *versus* desejos	77

Parte II	**O mercado em rede**	
9	**Definindo o futuro da Internet**	81
	O que ela não é	84
	Qualquer um *versus* somente um	85
	A oportunidade batendo à porta	87
	Estruturas	88
	Terminando em zero	89
10	**A Live Web**	93
	Como vivemos	94
	Worldwide City, a urbe em rede	95
11	**Agência**	97
	Trabalho	97
	Autoatualização	99

12	**Livre e aberto**	101
	Melhores intenções	104
13	**Bits significam negócios**	105
	Pré-pensando o impossível	109
	World Wide Marketplace, a Internet como um grande mercado	110
14	**Vertical e horizontal**	113
	Steve sendo Steve	114
	O mundo da Google	117
	Geratividade	118
	Fronteiras fechadas	119
	As regras da Internet	120
	Um quadro para os negócios	121
	Vitórias amplas	122
15	**O comitê dos comuns**	124
	Um trágico dilema	125
	Propriedades dos recursos comuns	125

Parte III   O cliente libertado

16	**Liberdade pessoal**	131
	Administração	133
	Marchando para a sanidade	134
	Os meios para os fins	139
17	**O VRM**	140
	Objetivos do VRM	141
	As ferramentas de VRM	142
18	**Desenvolvimento**	144
	A lista curta	145
	Instrumentos da intenção	146
	O navegador é seu carro ou seu carrinho de compras?	148
	Nascimento digital	149
	Onde estamos	150
	Onde nos encaixamos	151
19	**O sistema de quatro partes**	152
20	**A lei em nossas próprias mãos**	154
	Primavera da esperança	155
	Faça a lei, não a guerra	157
	Um campo para acordos de nível	157
	Novas maneiras de fazer contratos	158
21	**Pequenos dados**	161
	Vetores	162

	Orientado *versus* centrado	164
	Mesclagem do pronome possessivo	165
	Lojas/armários/cofres/nuvens de dados pessoais	167
22	**APIs**	169
	Os arranha-céus	170
	A cidade em rede	171
	Em qualquer evento	173
	A troica	177
23	**EmanciPaytion**	178
	Vantagem pública	179
	EmanciPay	181
	EmanciTerm	183
	Ascribenation	184
	Microcontabilidade	185
24	**VRM + CRM**	187
	Esperança	189
	IUs	189

Parte IV O fornecedor libertado

25	**A dança**	193
	Clientes, e não consumidores	196
	Além da câmara de eco	197
	Sem truques	199
	O delírio maior	201
	Aprendendo novos passos	204
	Uma questão de amor	206
26	**A causa dos recursos comuns**	207
	Genialidade como recurso	208
	Dar e receber	209
	Intenção	210
27	**O que fazer**	211
	Negócios verticais	211
	A lista de verificação	216
	Customer Commons	217
Conclusão	**Quase lá**	219
	Sujeitos e objetos	219
	Pensamentos compartilhados	220

Notas   222
Índice   242

INTRODUÇÃO

Mercados livres exigem clientes livres

Perspectiva

Este livro se posiciona do lado do cliente. Isso por necessidade, não por simpatia. Nos próximos anos, os clientes serão emancipados dos sistemas construídos para controlá-los. Eles se tornarão atores livres e independentes no mercado, equipados para dizer aos fornecedores o que querem, como querem, onde e quando – até mesmo quanto gostariam de pagar – à margem do sistema de controle do cliente de qualquer fornecedor.[1] Os clientes serão capazes de formar e quebrar relações com os fornecedores, nos próprios termos dos clientes, e não apenas nos termos de "pegar ou largar", que têm sido a praxe desde que a indústria venceu a revolução industrial.

O poder do cliente será pessoal, não apenas coletivo. Cada cliente chegará ao mercado equipado com os próprios meios para coletar e armazenar dados pessoais, expressar a demanda, fazer escolhas, definir preferências, proferir termos de compromisso, oferecer pagamentos e participar de relações – sejam essas relações superficiais ou profundas, e se durarão por momentos ou por anos. Esses meios serão padronizados. Nenhum fornecedor irá controlá-los.

A demanda não será mais expressa apenas na forma de dinheiro, apetites coletivos ou inferências de análises de dados acumulados sobre os quais o indivíduo tem pouco ou nenhum controle. A demanda será pessoal. Isso significa que os clientes se encarregarão da informação pessoal que compartilham com todas as partes, inclusive com os fornecedores.

Os clientes terão seus próprios meios para armazenar e compartilhar os próprios dados e as próprias ferramentas para se envolver com fornecedores e outras partes. Com essas ferramentas, os clientes manterão seus próprios programas de fidelidade – e serão os fornecedores que serão os sócios ou membros desses programas. Os clientes não precisarão mais carregar cartões de fidelidade emitidos pelo fornecedor. Isso significa que os programas de fidelização dos fornecedores terão como base a fidelidade genuína por parte dos clientes e se beneficiarão de uma gama muito maior de informações do que o simples rastreamento do comportamento do cliente pode fornecer.

Assim, a gestão do relacionamento ocorrerá de ambas as maneiras. Hoje os fornecedores são capazes de gerenciar relacionamentos com clientes e terceiros, amanhã, os clientes serão capazes de gerenciar os relacionamentos com fornecedores e quartas partes, que são empresas que servem como agentes da demanda do cliente, do lado do cliente no mercado.

As relações entre clientes e fornecedores serão voluntárias e genuínas, com a fidelidade ancorada no respeito e no interesse mútuo, em vez da coerção. Então, em vez de "visar", "captar", "adquirir", "gerenciar", "garantir" e "possuir" os clientes, como se eles fossem escravos ou gado, os fornecedores ganharão o respeito deles, que agora estão livres para levar para a mesa do mercado muito mais do que os antigos sistemas baseados no fornecedor contemplavam, muito menos permitiam.

Da mesma forma, em vez de adivinhar o que pode chamar a atenção dos *consumidores* – ou o que pode "conduzi-los" como gado –, os fornecedores irão responder às *intenções reais dos clientes*. Uma vez que as manifestações da *intenção* dos clientes se tornem abundantes e claras, a gama da interação econômica entre oferta e demanda será ampliada, e sua soma aumentará. Chamaremos o resultado de *Economia da Intenção*.

Essa nova economia terá melhor desempenho que a *Economia da Atenção*, que moldou o marketing e as vendas desde o surgimento da publicidade. As intenções dos clientes, bem expressas e compreendidas, vão melhorar o marketing e as vendas, pois ambos irão trabalhar com melhores informações, e ambos serão poupados do custo e do esforço desperdiçados em suposições sobre o que os clientes podem querer, inundando a mídia com mensagens que erram seus alvos. A publicidade também vai melhorar.

O volume, a variedade e a relevância das informações provenientes dos clientes na Economia da Intenção revelarão as engrenagens de sistemas criadas para controlar o comportamento do cliente ou para limitar a entrada dele. Essas informações também se tornarão obsoletas ou redirecionarão os "moinhos de suposições" do marketing, alimentados pelas "trilhas de migalhas de dados" dos aparelhos móveis e navegadores Web dos clientes. A "mineração" dos dados dos clientes ainda será útil para os fornecedores, embora menos do que os dados baseados na intenção fornecidos diretamente pelos clientes.

Em termos econômicos, haverá altos custos de oportunidade para os fornecedores que ignoram a sinalização útil proveniente dos clientes. Haverá também elevados ganhos de oportunidade para as empresas que tiram proveito da independência e do empowerment crescentes dos clientes.

A independência e o empowerment do cliente sempre estiveram implícitos na natureza do mercado e também na natureza da Internet. Mas enquanto o mercado é tão antigo quanto a civilização, a Internet ainda é nova. Nascido em 1994, o navegador gráfico ainda é um adolescente. E enquanto a Net já transformou as empresas e a sociedade em todo o mundo, fez isso principalmente no lado da oferta, com grandes inovações em produção, gestão da cadeia de suprimentos, marketing, vendas e outras funções. A sinergia entre as operações e as práticas dos negócios on-line e off-line também tem melhorado, tanto que é impossível para a maioria das empresas, especialmente para as grandes, imaginar-se trabalhando sem a Internet.

Mas muita coisa ainda não mudou. As estruturas legais para se fazer negócios on-line são tão absurdas e falhas como se estivessem na época do software embalado em plástico. O marketing e as vendas têm feito grandes esforços para se tornar mais "coloquiais" e "sociais", mas os clientes em muitos casos ainda são "ativos" a serem "administrados". Implícita nessa mentalidade está a crença de que os melhores clientes são os cativos e que, portanto, um "mercado livre" para os clientes significa "a escolha do seu captor".

Essa norma distorcida vai acabar porque mercados livres exigem clientes livres. A Internet, por sua natureza, leva a desenvolvimentos que irão equipar os clientes com ferramentas para a independência e a participação. Na última década, muitos desenvolvedores aceitaram esse convite e começaram a trabalhar em ferramentas que tornarão os clientes independentes dos fornecedores e mais capacitados a se relacionar com eles. Essas ferramentas também serão os meios pelos quais os indivíduos controlarão suas relações com as diversas redes sociais e mídias sociais.

Essas ferramentas incluem uma nova categoria de recursos chamada VRM, para a gestão do relacionamento com o fornecedor. As ferramentas VRM funcionam como o correspondente do lado da demanda aos sistemas CRM (*Customer Relationship Management*) dos fornecedores. No altamente competitivo mercado de CRM, os vencedores serão aqueles que melhor se envolverem com os sistemas VRM dos clientes.

A criação da Economia da Intenção não será fácil nem tranquila. Os mecanismos que reforçam o "business as usual" são enormes. A Economia da Atenção é profundamente normativa e entrincheirada. O Google, sozinho, desenvolveu a ciência e a prática da publicidade ao ponto em que a publicidade paga não só todos os muitos serviços gratuitos do Google, mas também grande parte das outras coisas que tomamos por garantidas na rede. As tendências de aumento da receita e dos investimentos em publicidade continuam fortes. Hoje, muitos milhões (talvez bilhões) de dólares por ano estão sendo investidos em *startups* com publicidade, seja como um fim ou como um modelo de receita.[2] Muitas empresas também estão trabalhando arduamente para melhorar a publicidade, personalizando-a até a enésima potência.

Mas a publicidade pessoal é um sonho dos anunciantes, não dos clientes. Nos últimos anos, o negócio de publicidade on-line tornou-se obcecado por mineração, coleta e processamento de grandes somas de dados pessoais, que são invisíveis para os usuários comuns de computadores e telefones. Uma reação contra isso está em andamento, com previsíveis apelos pela intervenção do governo e outras contramedidas. Este livro, porém, não faz parte dessa reação. Nem o movimento VRM. O processo para a libertação do cliente e da Economia da Intenção não é contra a publicidade ou seus excessos. Consiste no processo para um novo conjunto de recursos dos clientes e os efeitos desses recursos sobre fornecedores, mercados, sociedade e para toda a economia. É o processo para a libertação também do fornecedor.

Liberdade exige meios. A liberdade de expressão começou com a voz humana e cresceu a partir de ferramentas de pedra até canetas, máquinas de escrever, computadores, redes e software para gravação, edição, publicação e agregação de notícias. Da mesma forma, nossa liberdade para construir coisas, que também começou com ferramentas de pedra, agora inclui pistolas de pregos, brocas e serras elétricas.

As ferramentas VRM em desenvolvimento hoje ainda estão na fase do martelo e da chave de fenda. Mas as pistolas de pregos e as serras elétricas não ficam muito atrás, porque até as ferramentas VRM primitivas provarão que os consumidores livres são mais valiosos do que os cativos – para si mesmo, para os fornecedores e para todos os outros. Uma vez que isso começar a acontecer, o investimento e o desenvolvimento terão um efeito de bola de neve.

Este livro defende essa bola de neve. Começa com:

Capítulo 1. O mercado prometido descreve um futuro próximo em que a Economia da Intenção é um fato da vida. Seguem-se quatro partes.

Parte I. O cativeiro do cliente examina as disfunções no mercado hoje: na lei, na publicidade, nas redes sociais e nas relações com os clientes.

Parte II. O mercado em rede explica como a Internet cria um ambiente totalmente novo para os negócios e privilegia a escala na qualidade das relações genuínas com os clientes – não apenas uma soma maximizada dos usuários.

Parte III. O cliente libertado examina as formas como os desenvolvimentos do VRM reduzem ou eliminam as disfunções do mercado listadas na Parte I, também abrindo e aproveitando as oportunidades abordadas na Parte II.

Parte IV. O vendedor libertado discute o que os vendedores – e todas as partes do lado da oferta no mercado – podem esperar dos clientes libertados e as mudanças necessárias para lidar produtivamente com eles.

A *Conclusão* resume o que foi apresentado e oferece questões para iniciar as discussões.

Design e estilo

Este livro cobre um território muito amplo – literalmente, o futuro dos negócios – para ser um trabalho linear. Mas tem alguns argumentos a expor e, assim, cada capítulo começa com um. Então, para resumir ou fazer uma transição para o capítulo seguinte, todos terminam com o título: "Bem, então..."

Como sou tanto pesquisador quanto autor de posts e ensaios sobre a Web, incluí muito mais notas de rodapé do que você encontrará na maioria dos outros livros de negócios. A bibliografia é igualmente longa, pela mesma razão. E assim também são os agradecimentos.

Também faço uso de muitas citações. Isso porque gosto de respeitar minhas fontes, especialmente quando fazem seus comentários de um modo melhor do que se eu mesmo tivesse de reformular ou resumir minhas ideias. Também uso epígrafes – citações de abertura para partes e capítulos. Embora muitos livros não usem notas explicativas para epígrafes, este as usa (na maioria dos casos, pelo menos).

Todas essas escolhas também são questões de estilo. Minha questão não foi só montar nos ombros dos gigantes, mas manter-me em cima de quantos eu pudesse.

Como conheço pessoalmente muitas das autoridades citadas, às vezes uso seus primeiros nomes, após apresentá-las. Mais uma vez, isso é apenas meu estilo. Espero que você aprecie todas essas pessoas tanto quanto eu.

1
O mercado prometido

> A única maneira de lidar com um mundo sem liberdade é tornar-se tão absolutamente livre que sua própria existência seja um ato de rebeldia.¹
>
> Albert Camus

A Lei de Amara diz que superestimamos o efeito da tecnologia no curto prazo e o subestimamos no longo.² Portanto, quando lhe peço para examinar uma série de cenários da Economia da Intenção que devem ser comuns daqui a alguns anos, provavelmente estou superestimando a velocidade com que essa nova economia se desenvolverá. Mas não superestimo as ambições dos desenvolvedores ou os eventuais efeitos de seu trabalho.

O que vem a seguir são cenários do futuro próximo – digamos, 5 ou 10 anos – envolvendo uma mãe americana viajando com sua família, experimentando a Economia da Intenção no trabalho. Dirijo-me a ela no tempo presente.

Embora os cenários sejam idealizados, não pretendo apresentar essa mulher ou seu estilo de vida como ideais. Eu os escolhi apenas como uma maneira de vincular pérolas de trabalho que hoje já estão em curso. Quando o trabalho é sobre temas específicos que surgirão mais adiante no livro, uso fontes em itálico. Os nomes das empresas, organizações e ferramentas também são reais. Elas não são as únicas empresas e organizações que trabalham para a Economia da Intenção e as ferramentas descritas não são as únicas que estão sendo feitas. O que importa é que este trabalho – e muitos como ele – já está em andamento.

Despertando da adesão

Você tem tido problemas para dormir ultimamente. Seu marido diz que você está roncando menos, mas acorda cansada, mesmo depois de uma longa noite na cama. Quando você procura por ajuda na Web, encontra Zeo, uma empresa que vende um aparelho de monitoramento do sono que se usa como uma tiara.³ Ele observa suas ondas cerebrais, respiração e outras atividades (como o ronco do seu marido ou o latido do seu cachorro), enquanto você dorme à noite. Ao ser retirado pela manhã, ele produz dados detalhados que você pode usar como quiser.

Na barra de menus do navegador, há dois botões que parecem ímãs, um de frente para o outro: ⊂⊃. Eles se chamam "botões-r". O "r" significa "relacionamento".

O seu está do lado esquerdo e o do site, no lado direito. Você percebe que o botão-r da Zeo é de uma cor sólida, enquanto o seu é cinza. A cor sólida do site da Zeo é um sinal que diz: "Estamos abertos a negociar com você nos seus termos, e não apenas nos nossos." Isso não significa que ela aceite seus termos, mas sim que está aberta a eles.

Essa é uma grande mudança na antiga Web comercial, onde a maioria dos sites tinha termos desiguais de serviços que não lhe davam alternativa a não ser aceitar ou rejeitar. Conforme a lei, isso se chama *"contratos de adesão"*, porque obrigam a parte submissa (que é você) aos termos que a parte dominante (que são eles) está livre para alterar à vontade. Esses contratos se tornaram *pro forma* na Web nos primórdios do comércio eletrônico (1995) e não mudaram até que mecanismos correspondentes aparecessem do lado dos usuários. Mas agora temos mecanismos. Por exemplo, seus termos podem dizer:

- Você só pode coletar dados que eu permitir.
- Qualquer dado que você coletar – para mim, de mim ou sobre mim – é meu, assim como seu, e será disponibilizado para mim das maneiras que eu especificar (e aqui estão elas).
- Você pode combinar meus dados com outros dados e compartilhá-los, desde que não sejam IIP (Informações de Identificação Pessoal).
- Se cessarmos nosso relacionamento, você pode manter meus dados, mas não associar qualquer IIP a esses dados.
- Se entrarmos em um relacionamento pago pelos serviços, você vai me isentar da publicidade e da promoção de produtos que não sejam seus. Também não vai acompanhar meu comportamento para fins de promoção ou publicidade. Nem suas filiais ou parceiros.
- Você não vai inserir nada no meu computador ou navegador que não seja o que precisamos para nosso próprio relacionamento. Isso inclui os cookies. (E aqui estão os tipos específicos de cookies que permito.)

É sua lei

Esses termos, que respeitam valores seculares da *liberdade de contrato*, são os padrões escolhidos por você a partir de uma lista em Customer Commons (Customer Commons.org), que foi organizada em 2011 e desenvolvida a partir do ProjectVRM do Berkman Center for Internet & Society da Harvard University, com a ajuda do Information Sharing Workgroup.[4] Até agora, o Customer Commons compilou muitas opções de termos-padrão para indivíduos e organizações – todos descritos de modo que possam ser facilmente comparados e combinados automaticamente. Tal como acontece com o Creative Commons (com base no qual o Customer Commons foi modelado), computadores, advogados e pessoas comuns podem facilmente ler os termos.

São necessários quatro

Mais adiante, depois de fazer mais algumas pesquisas, você obtém seu aparelho de monitoramento da Zeo e melhora seu sono com a ajuda do instrutor fornecido no site e de outros usuários do mesmo serviço. Agora, indo ao site da Zeo, você vê que os dois botões-r são sólidos. Clicar em qualquer um deles abre links para detalhes de cada lado do relacionamento que você agora tem com a Zeo. Os detalhes do seu lado são preenchidos a partir do *armazenamento de dados pessoais (ADP)*, seja diretamente ou pela *quarta parte* que você contratou para ajudar a gerenciar seus muitos relacionamentos.

As quartas partes se diferenciam das segundas e terceiras partes, trabalhando como agentes das primeiras partes: clientes como você. O negócio deles é ajudá-lo a gerenciar seus relacionamentos e realizar suas intenções no mercado. As quartas partes pertencem a uma classe mais ampla que o autor de blogs e desenvolvedor de software Joe Andrieu, em 2009, chamou de *serviços voltados para o usuário*.[5] O primeiro exemplo de uma quarta parte baseada em VRM foi a Mydex, uma empresa de interesse comunitário, em Londres.[6] As primeiras quartas partes nos Estados Unidos foram Azigo, Personal.com, Connect.me e Singly. No decorrer dos anos desde que essas empresas começaram seu trabalho pioneiro, as quartas partes se transformaram em uma categoria muito ampla. Muitas categorias de negócios antigas, como serviços bancários e de corretagem, agora são consideradas serviços de quarta parte, pela simples razão de que trabalham principalmente para clientes individuais.

Novas regras

Seu novo Zeo se junta a uma variedade de outros dispositivos e aplicativos que produzem dados sobre sua saúde e seu estilo de vida. Isso inclui sua balança de banheiro Withings, o aparelho e os aplicativos móveis Fitbit, Digifit e RunKeeper, o termostato Nest de sua casa, os equipamentos de ginástica na academia e os chips de GPS em seu smartphone e outros dispositivos. As empresas que fazem todas essas coisas têm *APIs* (interfaces de programação de aplicativos) *abertas*. Em termos simples, as APIs fornecem os meios para os programas se comunicarem uns com os outros. Na antiga *Web estática* (onde os sites estavam no comando e você sempre tinha de concordar com aqueles revoltantes contratos de adesão), as APIs produziam dados, como mapas ou gráficos de ações, para uso em sites e em aplicativos de vários tipos. Na *Web ao vivo* de hoje, as APIs tornaram-se *interativas* ou *baseadas em eventos*, e são recursos, embora totalmente interativos. Quase todas as empresas, lojas, aplicativos, dispositivos e serviços – incluindo agências governamentais e organizações sem fins lucrativos – agora têm APIs interativas. Você também. Qualquer coisa pronta para ser conectada com qualquer outra coisa por meio de fluxos de dados digitais agora tem uma API interativa.

Pense nas APIs como competências expostas, para as quais a conexão é uma escolha em aberto. Dessa forma, elas se parecem muito com qualquer loja, mas com todo o estoque pronto para ser exposto (conforme o critério seletivo da loja), juntamente com dados de localização e meios para enviar e receber o pagamento. Na verdade, esse tipo de coisa tem sido normal para o comércio eletrônico desde o início.

No seu caso, você tem *regras* escritas em linguagem *KRL (Kinetic Rules Language)* para conectar várias APIs e fontes de dados, como todos os dispositivos e aplicativos que você usa. Você organiza facilmente as relações de causa-efeito entre eles, dizendo quais dados podem ser extraídos de onde, como os dados podem ser combinados e colocados em uso e quais direitos devem acompanhar dados que são compartilhados com outras partes.

Sua vida profissional também é cheia de regras, mas elas são suas, e não apenas regras que os outros fazem. Por exemplo, você pode estabelecer conexões entre seus serviços de viagens, suas companhias aéreas preferidas, agências de aluguel de veículos e hotéis, para que grande parte da seleção, reservas e papelada final seja feita automaticamente e de modo responsável, sua viagem corra bem e, no final, um relatório no formato certo seja automaticamente transmitido para os sistemas de sua empresa.

A demanda encontra a oferta

Entre outras coisas, corrigir seus problemas de sono será bom para ajudá-lo a cuidar de sua família de seis pessoas. Nesse momento, você está em uma viagem com a família, tendo acabado de chegar a San Diego para um casamento e alguns dias a mais de folga. Por razões desconhecidas, a companhia aérea perdeu o carrinho de seus bebês gêmeos. Embora a companhia possa acabar encontrando o carrinho, você precisa de um agora. Então, em vez de pesquisar inúmeras ofertas comerciais na Web – o que era sua única opção antes, na época da Web estática –, você pega seu smartphone e emite uma *solicitação de proposta pessoal* – um aviso de intenção de compra de um carrinho para gêmeos nas próximas duas horas.

Em termos técnicos, sua solicitação de proposta (*request for proposal* – RFP) pessoal é um *evento* que dispara *regras* que são escritas em KRL e executadas por um *mecanismo de regras* que está sob seu controle, neste caso, em sua quarta parte (embora pudesse estar em qualquer lugar). As regras são aquelas que você ou sua quarta parte escreveu. Elas dizem que tipos de informações podem ser liberados, para quem e sob que condições. Elas também dizem quais outras informações podem ser incluídas para ajudar a mover as coisas, tais como informações bancárias e de crédito, localizações gerais ou específicas, prazos e outros dados que podem ser liberados de forma segura, no momento certo, quando for necessário, e auditáveis posteriormente.

Todas as lojas de sua área atual também estão na Web ao vivo e prontas para receber avisos de intenções de compra (o que costumava ser chamado de "leads", ou "oportunidades de negócio") de potenciais clientes. Sua quarta parte envia sua RFP aos vendedores qualificados e, em poucos minutos, você tem sérias respostas das lojas com carrinhos de bebê para oferecer. Depois de algumas conversas com lojas que têm as ofertas mais atraentes, você decide que um lugar a cerca de 2 quilômetros do aeroporto tem o carrinho que quer. Você fala para eles que vai buscá-lo depois de conseguir alugar um carro. Os sistemas da loja e o seu gravam a mesma intenção em suas respectivas bases de dados. O mesmo é mostrado no calendário de seu smartphone, juntamente com o trajeto para a loja no mapa de seu telefone.

O carro que você receberá é uma minivan para seis pessoas. Foi isso que você pediu em sua RFP pessoal enviada para as agências de locação de veículos há um mês, quando planejou a viagem. Anos atrás, você tinha pouco controle sobre que tipo de veículo poderia obter. Fazer compras exigia que você fosse do site de uma agência para outro ou esperasse que um site de viagens pudesse ajudá-lo a encontrar o que queria. Na maioria dos casos, no entanto, a locação de um carro era um misto de jogo de sorte e esquema de propaganda enganosa. A agência fazia a falsa promessa de determinado carro "ou similar", e "similar" era a alternativa menos desejável. Nesse caso, você dizia que queria alugar um Toyota Sienna com suporte para bicicleta, mas estaria disposto a aceitar um Honda Odyssey. Como você é um associado dos programas Budget's Fastbreak, Avis's Wizard e Hertz #1 Club, seu sistema primeiro consultava os sistemas desses programas e a empresa com a melhor oferta obtinha o negócio. Sua quarta parte também desempenhava papel relevante.

Passeando

Depois de pegar a van e o carrinho novo, você decide dar uma passada na Peet's Coffee & Tea para tomar dois cappuccinos antes de ir para o hotel. Usando um aplicativo de realidade aumentada (*augmented reality* – RA) da Layar em seu smartphone, você pode ver (literalmente) uma Peet's no caminho. Então, reserva os cappuccinos pelo smartphone.

Como o telefone sabe sua localização (embora não diga isso a ninguém que não seja sua quarta parte), notificará a Peet's dois minutos antes de você chegar, para que o barista possa começar a preparar as bebidas. Depois de chegar e pegar os cappuccinos no balcão, você paga com sua *carteira digital*. A Peet's foi pioneira na Web ao vivo quando começou a trabalhar com o aplicativo e serviço Wallet do Google em 2011. Esse trabalho inicial resultou no código-fonte aberto e na modelagem da infraestrutura agora utilizada por todos os aplicativos de carteira.

Fidelidade verdadeira

Você tem sido leal à Peet's por anos. Tanto você quanto a Peet's sabem disso, porque você deixou que ela soubesse. A Peet's está entre os fornecedores que lhe interessam e com a qual você tem um relacionamento. Em alguns casos, você iniciou esses relacionamentos. Em outros casos, esses relacionamentos migraram de programas de fidelidade dos próprios fornecedores. Antigamente, os programas de fidelidade eram executados exclusivamente pelos fornecedores. Cada um deles era diferente, e todos só sabiam sobre você aquilo que os sistemas deles foram construídos para entender. Então, quando chegou a Web ao vivo, os clientes desenvolveram as próprias maneiras de expressar fidelidade, o que incluía informações sólidas, confiáveis e seguras sobre eles próprios e seus outros relacionamentos no mercado. Os programas de fidelidade dos fornecedores, em seguida, se adaptaram e coevoluíram com os sistemas dos clientes, seguindo as orientações dos clientes.

Antes de os clientes tomarem a iniciativa, a Peet's não tinha um programa de fidelidade; nem via necessidade disso, já que seus clientes eram claramente fiéis, de qualquer modo. O mesmo era verdadeiro para a Trader Joe, sua mercearia favorita. Era uma questão de orgulho para a Trader Joe não ter nenhum programa de fidelidade, nem cartões de desconto ou cupons. Como a Peet's, ela conquistou a fidelidade evitando truques e sendo seu próprio e exclusivo tipo de loja.

Você foi um dos muitos clientes que foram até essas empresas só para mostrar que era fiel, logo depois de gastar um bom dinheiro em suas lojas de varejo em um período recente. Você podia fazer isso porque tinha ferramentas *VRM* prontas para se conectar com os sistemas *CRM* dos lojistas.

No mundo antigo, onde quase todas as lojas tinham um programa de fidelidade diferente, você carregava uma carteira extra na bolsa, apenas para organizar os cartões das lojas em que comprava com frequência. Você também carregava uma série de etiquetas plásticas em seu porta-chaves, uma para cada loja diferente, cada qual com seu próprio código de barras.

Quando os *sistemas VRM e CRM foram conectados* na Web ao vivo, a necessidade de carregar muitos cartões terminou e os programas de fidelidade do lado dos fornecedores foram melhorados por novos padrões, protocolos e códigos (e dados também), originários do lado dos clientes.

Relacionamentos verdadeiros

Após a crise das redes sociais de 2013, quando ficou claro que nem a amizade nem a sociabilidade haviam sido adequadamente definidas ou gerenciadas através dos sistemas proprietários e dos sistemas contidos (qualquer que fosse seu tamanho), as pessoas começaram a afirmar sua independência e a manipular as redes sociais usando as próprias ferramentas e afirmando as próprias políticas relativas à contratação de serviços.

Os clientes agora podem *gerir os relacionamentos da sua própria maneira*, utilizando instrumentos padronizados que abrangem a complexidade do relacionamento – incluindo as necessidades de privacidade (e, em alguns casos, de anonimato).

Assim, a *fidelidade aos fornecedores agora tem um significado genuíno* e vai tão fundo quanto qualquer uma das partes tiver interesse em ir. Em alguns casos (talvez a maioria), ela não é muito profunda, enquanto em outros pode tornar-se bem complexa.

Por exemplo, você informou à sua nova companhia aérea favorita, a Virgin America, que já havia acumulado muitas milhas com a Delta, e mais com a United e a American. Em resposta à sua notificação e às de outros clientes, a Virgin America ajustou seu programa de fidelidade para incluir comunicações pessoais com os passageiros frequentes interessados de todas as companhias aéreas. Isso ajudou a Virgin America a melhorar o próprio serviço e oferecer vantagens atraentes para todos os passageiros frequentes.

Arma de preços pessoal

Seu hotel é o La Jolla Shores, que você escolheu com base em uma variedade de considerações. Um, é claro, foi o preço. Você fixou um preço justo e o hotel concordou com ele. Isso não é novo, pois os preços de muitas coisas (incluindo acomodações de viagem e bens caros, como casas e carros) sempre foram um pouco flexíveis, e serviços como o Hotwire e o Priceline criaram as ofertas de preço definidas pelo cliente há muito tempo.

O diferente hoje é que você tem uma ferramenta-padrão para comunicar o que está disposto a pagar, juntamente com suas preferências, políticas e qualquer outra coisa que decida compartilhar. Essa ferramenta, chamada *EmanciPay*, é mais útil para as categorias de produtos ou serviços em que os preços já são flexíveis, ou não são definidos ou são definidos pelo cliente desde o início.

A EmanciPay também suporta *ascribenation, discriminação de custos*, que expressa seu interesse em saber como o pagamento será distribuído a cada parte que contribui para o valor que você paga.[7] Assim, por exemplo, você tem um botão EmanciPay na tela de seu smartphone, que também funciona como um rádio em um carro alugado. Então, quando você ouve o programa de jazz que gosta na KSDS em San Diego e decide doar US$2 para a estação de rádio por um trabalho benfeito – sua *ascribenation* –, a estação também descobre que você gostaria que parte desse dinheiro fosse para a fonte do programa, e não apenas para a estação. Você pode tornar isso tão simples ou tão complexo quanto desejar.

Oferta e demanda empáticas

Ao longo de todas as *cadeias de suprimentos/oferta* do mundo, as conexões se tornaram o que Michael Stolarczyk, autor de *Logical Logistics*, nos anos 2000 começou a chamar de "empáticas", e não apenas mecânicas. Hoje, a cadeia da oferta e a *cadeia da demanda* se tornaram funiculares, com uma puxando constantemente a outra em cada nível, mas por meio de trabalho em equipe, o que requer uma "sensação", bem como uma forte ligação mecânica com o que os outros estão fazendo.

Além da adivinhação

A publicidade ainda paga boa parte do que vemos, ouvimos e lemos, mas o que recebemos em troca disso tem evoluído. Antigamente, a publicidade era, em sua maior parte, um aborrecimento que você tolerava a fim de assistir a um programa de televisão, ouvir um programa de rádio ou ler um jornal ou uma revista. Mesmo na Web, onde Google, Facebook e outros construíram sistemas elaborados para melhorar sua adivinhação sobre o que você pode querer, anúncios realmente interessantes e relevantes eram raros.

Alguns anos atrás, quando os *sistemas CRM e VRM se uniram*, com melhor sinalização entre eles, a reduzida necessidade do estilo antigo de adivinhação orientada pelo fornecedor causou uma crise que veio a ser chamada de *a bolha da publicidade*. Sites e serviços que dependiam totalmente da publicidade tiveram bastante dificuldade para se adaptar a um mercado em que os clientes livres eram mais valiosos para os vendedores do que os cativos. Mas algumas das mesmas empresas que ganharam muito dinheiro no antigo jogo da propaganda ajustaram-se, tornando-se quartas partes, aproveitando as oportunidades de ajudar os clientes a comprar, e não apenas de ajudar os vendedores a vender. Entre elas, estão alguns dos maiores protagonistas, incluindo Google e Microsoft.

O negócio de pesquisas na Internet

Desde 1995, quando a Web tornou-se comercial, pesquisar era o principal meio pelo qual os usuários procuravam o que queriam entre bilhões de sites. A prestação desse serviço exigia o uso intensivo de recursos das empresas de mecanismos de busca, mas estas ganhavam tanto dinheiro em publicidade que eram capazes de fornecer muitos outros serviços, tudo de graça. Em 2012, tornou-se claro que o modelo do negócio de pesquisa estava ultrapassando a missão original, que consistia em ajudar as pessoas a encontrar coisas. A proporção entre os sites comerciais e os sites não comerciais tornou-se tão desigual que, para incontáveis combinações de palavras-chave, o único resultado não comercial que aparecia na primeira página de incontáveis resultados de pesquisa era a Wikipedia. Todos os outros sites estavam vendendo alguma coisa – ou assim parecia. A adivinhação do mecanismo de busca sobre o que as pessoas queriam encontrar havia sido inteiramente otimizada para os anunciantes, não para os usuários, fossem eles clientes ou não no momento.

Isso mudou quando a bolha da publicidade estourou. Ela iria estourar de qualquer modo, mas a introdução de novos modelos de busca orientados para o usuário ajudou a apressar a história. Introduzidos pelo SwitchBook de Andrieu, os *novos sistemas de busca* (não apenas "mecanismos") começaram a aparecer. Esses novos sistemas davam aos usuários o controle de entrada, saída, armazenamento e gestão do seu próprio histórico de pesquisas e resultados. Um usuário poderia facilmente, por exemplo, visualizar e construir "mapas de busca" para os tópicos, separando material de férias de assuntos de esporte e coisas relacionadas com o trabalho. Assim, os usuários começaram a gerenciar as buscas com o mesmo nível de controle e intencionalidade, como se administrassem seus calendários e carteiras.

Assim, a pesquisa que você faz agora em sua viagem a San Diego é lembrada em seu armazenamento de dados pessoais e compartilhada com outras partes em seus próprios termos, com bastante controle sobre como organizar e interpretar as consultas e os resultados.

Os indivíduos também desempenham o papel de fonte nas pesquisas. Assim, por exemplo, você pode fazer uma pergunta que exige uma resposta especializada e obtê-la rapidamente – e mesmo pagar por isso, se valer a pena, usando o EmanciPay. No seu caso, você quer saber se é verdade que alguns cangurus fugiram do Zoológico de San Diego e estão correndo por aí fora de controle (porque uma de suas filhas diz que ouviu algo nesse sentido). Depois de uma rápida pesquisa na Web não mostrar nada, você envia uma mensagem com a pergunta e consegue uma boa resposta de alguém que trabalha no zoológico. É somente um boato, essa pessoa diz. Você agradece, posta um tweet sobre o que acabou de aprender e usa o EmanciPay para doar alguns dólares ao zoológico.

O seu tweet também não precisa envolver o Twitter, como ocorria no início, quando uma única empresa possuía e definia os tweets. Graças ao trabalho de Dave Winer (criador do RSS – Really Simple Syndication) e outros, o tweet agora é tão livre, aberto e fora do controle de qualquer empresa quanto o e-mail tem sido desde o início.

Everyware

Há cerca de uma década, Bob Frankston, coinventor do software de planilha eletrônica, começou a prever o que chamava de *conectividade ambiente*. Ou seja, a conectividade com a Internet que você considera garantida. Isso ainda não aconteceu, mas há progressos. Por exemplo, poucos hotéis de renome ainda cobram pelo acesso à Internet (um negócio mais ou menos equivalente a pagar para usar o banheiro) e nenhum deles o obriga a suportar uma página de boas-vindas em seu browser. Em vez disso, seus laptops, tablets e outros dispositivos móveis movem-se facilmente entre celular, wi-fi e conexões com fio. Por isso normalmente você não se preocupa em ver como está conectado, na maioria das vezes. Nem seu marido e as crianças.

Ainda assim, há custos envolvidos e você está em uma posição em que pode monitorá-los e escolher seus provedores de conexão preferidos quando houver opções a serem feitas.

Por exemplo, como você fará várias fotografias e cenas de vídeo no casamento e na praia e as armazenará por meio da Web ao vivo "na nuvem", tem preferência por velocidades de upstream maximizadas quando há a opção de escolher os caminhos para a conexão e manifesta a disposição de pagar um pouco mais por esse privilégio.

Nesse ponto da história, os provedores de serviços de Internet continuam a ser, em sua maioria, uma combinação do que haviam sido as empresas de telefonia e de TV a cabo. A diferença agora é que suas ofertas são muito mais *à la carte* e adequadas à demanda do cliente. Como uma demanda comum é que os provedores não prendam os clientes a planos complicados e a contratos de adesão, eles têm ido por essa trilha. Essas mesmas empresas agora competem para oferecer as melhores conexões e serviços possíveis, e ganhar a fidelidade do cliente no processo. A empresa pioneira nessa mudança foi a Ting, que começou a oferecer "um serviço móvel que faz sentido" em 2012.

Assim, enquanto a principal provedora de conectividade em sua casa é a Verizon FiOS e você continua a expressar preferência pela Verizon em relação a outros provedores de conectividade, quando estiver na estrada (porque tem um relacionamento genuíno com a Verizon e aprecia o alto nível de seu serviço pessoal), não será obrigado a usar somente as conexões da Verizon. Você também não está sujeito às taxas abusivas de roaming para viagens fora das áreas de serviço da Verizon. Se surgirem custos adicionais, os serviços informam você diretamente ou através de terceiras ou quartas partes.

Como resultado da conectividade ambiente, a soma dos negócios pela Internet subiu rapidamente nos últimos anos, e a prosperidade econômica tem sido um dos resultados. Isso porque, de acordo com o antigo sistema, os negócios podiam crescer apenas até o limite que as empresas de telefonia e TV a cabo (e seus reguladores cativos) permitiam. No novo sistema, as oportunidades de negócios baseados na Internet são tão amplas e irrestritas quanto a própria Internet.

BEM, ENTÃO...

Todos esses cenários são extrapolações otimistas – ou talvez até utópicas – dos desenvolvimentos tecnológicos atuais. Esses desenvolvimentos estão ocorrendo rapidamente e todos estão fadados a mudar, mesmo antes de este livro ser publicado. O que faço com este exercício é observar a altura e a curva de crescimento das aspirações dos desenvolvedores, e as implicações disso na Economia da Intenção que está em curso.

PARTE I

O cativeiro do cliente

Matrix é um mundo de sonhos gerado pelos computadores e construído para nos manter sob controle a fim de transformar um ser humano nisto (uma bateria).

Morpheus, em *The Matrix*, de Lana and Andy Wachowski

2

A bolha da publicidade

Metade do dinheiro que gasto em publicidade é desperdiçada.
O problema é que não sei qual metade.

John Wanamaker[1]

Os anúncios agora são tão numerosos que são assistidos
muito distraidamente e, portanto, torna-se necessário chamar a
atenção pela grandeza das promessas e pela eloquência
às vezes sublime e outras vezes patética.

Samuel Johnson[2]

O ARGUMENTO

A publicidade é uma forma de sinalização de mão única definida desde o início como um processo de adivinhação ou suposição. À medida que mais formas forem encontradas por clientes e fornecedores para sinalizar suas intenções diretamente de uns para os outros, a publicidade como a conhecemos se limitará apenas ao que as adivinhações de mão única possam fazer.

Os bons jornalistas respeitam o que chamam "Muralha da China". É a divisão virtual entre o que eles fazem e o que sua empresa vende. Na maioria delas, isso é a publicidade. Os jornalistas não querem entrar em conflito com seus interesses; portanto, se mantêm desinteressados pelo lado da propaganda do negócio.

Há uma parede semelhante na cabeça dos publicitários, separando seu John Wanamaker interior de seu Samuel Johnson interior. De um lado, eles fazem seu melhor para fazer uma boa publicidade. Por outro lado, eles se juntam ao resto de nós, afogando-se em uma inundação de anúncios publicitários. Assim como os jornalistas, o pessoal da publicidade está ciente do que está acontecendo do outro lado do muro. Ao contrário dos jornalistas, não é do seu interesse ignorar isso.

Ninguém está em melhor posição para entender o que acontece dos dois lados da parede do que Randall Rothenberg. Durante três décadas, ele trabalhou como escritor e jornalista, escrevendo sobre marketing e publicidade para *Bloomberg*,

Wired, *Esquire*, *Advertising Age*, *The New York Times* e outras publicações. Por muito tempo, desde 2007, ele tem sido presidente e CEO do Interactive Advertising Bureau (IAB). Eis como ele explica o papel da Muralha da China na publicidade:

> Há dois pontos de vista se confrontando em nosso meio que nunca entram em acordo. Um deles postula que o futuro do marketing será baseado inteiramente na redução de todas as interações e interesses humanos a conjuntos de pontos de dados que podem ser analisados e negociados. O outro postula que o sucesso do marketing deriva inteiramente do conteúdo, contexto, ambiente e comprometimento qualitativo da emoção humana.[3]

Os dois pontos de vista representam facções profissionais com suas próprias abordagens para os distintos problemas de Wanamaker e Johnson. A facção quantitativa trabalha em formas de tornar a publicidade o mais personalizada e eficiente possível, com ou sem a entrada voluntária das pessoas visadas. A facção emocional trabalha para melhorar a publicidade alterando sua missão, de direcionamento para envolvimento.

Acredito que a facção emocional está em vantagem, porque o envolvimento é o único caminho evolutivo para sair do jogo de pura adivinhação que tem sido a publicidade. É o que vai sobreviver da publicidade quando a Economia da Intenção emergir. No curto prazo, porém, a facção quantitativa impulsionará o crescimento da Economia da Atenção, e a inundação de anúncios publicitários continuará a crescer. Em junho de 2011, o eMarketer estimou que o total anual gasto em publicidade superaria a marca de meio trilhão de dólares em 2012 e passaria para 0,6 trilhão de dólares em 2016.[4] Quatro meses depois, o eMarketer refez as estimativas para um ano antes.[5]

Esses números medem mais a tolerância do que os efeitos.

Tolerância

Nenhum meio de comunicação testou a tolerância humana à publicidade mais agressivamente do que a televisão, a qual há muito tempo tem sido a fatia mais gorda no gráfico sobre gastos em publicidade[6] (40,4% do total mundial previsto para 2012, de acordo com a Zenith Optimedia;[7] e cerca de 72% nos Estados Unidos, de acordo com a Nielsen e a AdCross).[8] Então, vamos mergulhar um pouco na televisão. Quanta publicidade toleramos nela? E quanto menos ainda vamos tolerar depois que passarmos a assistir à nossa televisão em dispositivos que não são projetados nem controlados pela indústria televisiva?

Nos Estados Unidos, uma típica novela de uma hora da televisão americana dura 42 minutos. Os 18 minutos restantes se concentram em publicidade. Os shows de meia hora têm 21 minutos de duração, com 9 deixados para publicidade. Isso representa 30% em cada caso. A União Europeia estabelece um limite de 12 minutos por hora de publicidade na televisão, o que chega a 20%. A Irlanda reserva às emissoras

10 minutos por hora, ou 16,7%. A Rússia, por lei, estabelece 19 minutos por hora para publicidade: 4 para as mensagens "federais" e o restante para as "regionais". A Rússia também está estudando a redução desses números, devido a uma queda da audiência.[9] Assim, 18 minutos parecem ser o limite máximo.

Até agora, ninguém está avançando além desse limite on-line, exceto com transmissões simultâneas. Na Web, a Hulu vende apenas 2 minutos de publicidade para cada meia hora.[10]

Podcasts e vídeos streaming comerciais tendem a ter apenas anúncios do tipo "*bumper*" no início e no fim. À medida que espectadores e ouvintes forem migrando cada vez mais da televisão e do rádio para a Internet, porém, é natural que os produtores busquem formas de aumentar as receitas carregando mais publicidade no conteúdo. Para ajudar nisso, em 2010 a comScore lançou um relatório de pesquisa intitulado "Grandes Esperanças: como a publicidade escrita originalmente para a programação da televisão funciona on-line".[11] Trecho extraído da introdução:

> Ansiosos para sustentar o crescimento on-line tanto do tamanho da audiência como do tempo gasto na visualização do conteúdo de formato longo da televisão, os editores erraram no lado de menos anúncios em comparação com um programa de televisão normal. Mas embora o público continue a crescer em tamanho e envolvimento, essa abordagem resultou em uma proporção desafiadoramente baixa de anúncios em relação ao conteúdo – em geral, 6% a 8% do tempo de visualização são anúncios em programas de televisão de formato longo mais assistidos on-line, em comparação com os 25% da televisão. Em consequência, está se tornando difícil sustentar, para muitos provedores de conteúdo, o modelo de negócio em torno da distribuição on-line de programas de televisão.[12]

Observe a perspectiva aqui. Os editores "erraram" por executar menos anúncios. Para a comScore, o problema é *publicidade de menos*. Por isso, ela pesquisou para saber quanta carga de publicidade o público aguentará quando a televisão rodar em outros dispositivos, além dos televisores. Não surpreendentemente, ela descobriu que os "espectadores multiplataforma" (aqueles que assistiam à televisão on-line e também à moda antiga) eram muito mais positivos em relação à publicidade do que os espectadores que só assistiam à televisão convencional, que "43% de todos os espectadores multiplataforma paravam de assistir a um programa de televisão on-line a fim de visitar o site de um anunciante" e que "mais de 25% do público alcançado pela publicidade em vídeos on-line sentiu que os comerciais eram interessantes".[13]

Graças à Muralha da China da publicidade, os números recíprocos não são mencionados. Aqui estão eles: 57% não param para visitar um site promovido e 75% não acharam os comerciais interessantes.

A comScore também fez uma "análise métrica da sensibilidade" para encontrar "os níveis de tolerância à carga de anúncios". Ela pesquisou 640 pessoas e divulgou os resultados por meio de um gráfico intitulado "Duração desejada dos comerciais on-line: 18–49". A comScore chegou à conclusão de que cerca de 6 minutos era o mais "desejável", porque 50% ou mais dos pesquisados consideraram seis minutos "tempo suficiente" ou "muito longo".[14]

Agora, se você não está no negócio de publicidade, poderá perguntar: *A publicidade é algo que os espectadores desejam de algum modo?* Na verdade, os resultados da comScore mostram que quase todas as pessoas consideram certo nível de publicidade intolerável. Perguntar quanta carga de anúncios as pessoas aguentarão é como perguntar quanto de ferrugem podem tolerar na água que bebem ou quantos quilos a mais de gordura estão dispostas a carregar.

Se pudessem ver pelo nosso lado da Muralha da China, os anunciantes enxergariam dois icebergs para os quais o Titanic da televisão está se dirigindo, e também a promessa de menos tolerância para a publicidade. Um deles é a demografia; o outro, a escolha.

O iceberg da idade

Podemos ver o iceberg demográfico se aproximando do colapso da comScore, no mesmo estudo, por cinco demografias (ver Tabela 2-1).[15]

TABELA 2-1

Análise demográfica dos espectadores por plataforma

Faixa etária	Somente televisão	Multiplataforma	Somente on-line
18–24	45%	42%	13%
25–34	53%	38%	9%
35–49	68%	28%	4%
50–64	81%	17%	2%
65+	87%	12%	1%

Além disso, a maioria entre 18 e 24 anos assiste à televisão em outros dispositivos além dos televisores, e "Somente televisão" como plataforma está caindo enquanto "Somente on-line" está subindo. Em algum momento, ficará claro que a televisão é um formato de vídeo, e não uma plataforma, e que a única plataforma ainda digna do nome é a Internet.

O iceberg da escolha

A ponta do iceberg da escolha é a TiVo, que existe há mais de uma década. TiVo foi o primeiro gravador de vídeo digital (DVR, também conhecido como PVR – *personal video recorder*). Ele deu aos usuários um meio de armazenar programas de televisão como arquivos e pular os anúncios durante as exibições noturnas. Todas as implicações da TiVo ainda não afundaram totalmente, embora existam muitas pessoas na

Indústria (como eles a chamam em Los Angeles) que viram a chegada do fim desde o início. Um deles é Jonathan Taplin, produtor veterano de Hollywood, escritor, empresário e, atualmente, professor da USC Annenberg School for Communication & Journalism.[16] Na conferência Hollywood Digital, em setembro de 2002, Taplin estava em um painel durante o qual o moderador pediu ao público para levantar suas mãos se tivessem TiVo.[17] Quase todas as mãos se levantaram. Então, ele pediu para abaixar as mãos quem não usava a TiVo para pular os anúncios. As mãos continuaram para cima. "Lá se vai seu modelo de negócio", disse Taplin.[18]

Seis anos depois, em 2008, o Engadget publicou um comunicado de imprensa da consultoria empresarial Oliver Wyman relatando que 85% dos entrevistados pela empresa usavam seu DVR para pular, no mínimo, três quartos de todos os comerciais. Os pesquisados também afirmavam que não queriam "ver publicidade nem mesmo quando ela patrocina conteúdo gratuito". Tampouco iriam pagar a mais para remover os anúncios.[19]

Esses resultados foram publicados no *Oliver Wyman Journal*, em um longo relatório de John Senior e Rafael Asensio, intitulado "TV 2013: Is It All Over?"[20] No relatório, eles examinam dois cenários, que chamam de "Não TV" e "Próxima TV". Com a Não TV, um vídeo é apenas um vídeo. Você assiste em qualquer coisa: tela plana, laptop, celular, tablet ou qualquer outro dispositivo favorito. As fontes de conteúdo da televisão de hoje são diretas, e lhe vendem ou lhe dão o que você quiser. Com a Próxima TV, os sistemas de cabo e satélite continuam a tratar o espectador da maneira antiquada, mas com melhor integração com Internet.

A Não TV é o que as empresas de TV a cabo chamam de "over the top". É uma boa metáfora, pois, no fundo, é todo o sistema antigo, e é uma represa que está desmoronando. O que está vazando não é mais um riacho ou um rio. É um oceano de arquivos de vídeo e fluxos de dados provenientes de milhares de fontes, a maioria já disponível *à la carte* por meio do YouTube e de outros distribuidores on-line. Até agora, a maior parte da "programação roteirizada original" ainda está confinada à televisão antiga, mas, com o tempo, esse material também estará on-line. Considere as opções. Com a televisão, suas escolhas passam pelo funil de um decodificador, ou *set-top box*. Com a Internet, você pode assistir em qualquer dispositivo que desejar. Isso não é competição.

Enquanto isso, estamos dispostos a tolerar o que sobrou da televisão, por duas razões: (1) porque ela ainda é normativa, e (2) porque a coisa que mais queremos ainda está presa na TNT, na ESPN, no HBO e em outras redes exclusivamente a cabo. Mas por quanto tempo essas redes aguentarão ficar presas em um sistema antigo que está desmoronando? Eles irão correr para a Internet assim que tiverem certeza de que ainda receberão por seus produtos. Quando isso acontecer, suas escolhas como espectador serão simples: você assistirá a um misto de fluxos de dados ao vivo e arquivos armazenados – e, por alguns, você pagará e, por outros, não. A Tabela 2-2 mostra uma possível classificação.

TABELA 2-2

Opções de plataforma dos espectadores

	Fluxos de dados	Arquivos
Pagos	(enviados ao vivo pela Internet) Canais a cabo originais básicos e especiais	(baixados ou sob demanda na "nuvem") Locação de filmes e programas
	Serviços pagos por assinatura, tais como o Hulu+	Serviços gratuitos por assinatura, tais como o Hulu básico
Gratuitos	Estações e redes abertas originais	YouTube e similares

Como isso é classificado importa menos do que o fato de que ser *"over the top"* na Internet.

Mais de menos

Quando as fontes de televisão seguem diretamente pela Internet, o que acontece com a publicidade? O antigo sistema de televisão foi construído para fazer você ver a publicidade, enquanto a Internet é construída para deixá-lo fazer o que quiser. Sim, existem maneiras de forçá-lo a assistir a anúncios nos serviços de TV a cabo na Internet, como o Hulu e o Xfinity. Mas ainda temos o problema da tolerância à "carga" que a comScore pesquisou. Vamos aguentar alguma publicidade, mas muito menos do que toleramos no cativeiro. Se o máximo que vamos tolerar são seis minutos por hora, como diz a comScore, isso representará uma queda de dois terços em relação ao que tínhamos no tubo antigo. Você vai tolerar 18 minutos por hora em uma transmissão esportiva ao vivo, não importa em qual retângulo brilhante você assista a isso. Mas você vai suportar isso em todo o resto? É duvidoso.

Após ler o estudo da comScore, Terry Heaton, um dos maiores consultores na indústria de televisão, postou um ensaio intitulado "O cenário apocalíptico real da mídia". Um trecho:

> A hegemonia da publicidade usada pela Madison Avenue está prestes a entrar em colapso e, quando isso acontecer, levará a mídia tradicional com ela. Por mais alarmante e absurdo que isso possa parecer, é exatamente a impossibilidade dessa situação que a torna tão provável e perigosa. Quando isso acontecer, as pessoas envolvidas vão olhar ao redor com espanto e insistir que isso não podia ter acontecido e que, de fato, os anunciantes ou os magnatas da mídia perderam a cabeça.[21]

Heaton não está sozinho. Bob Garfield, autor de *The Chaos Scenario*, coapresentador de *On the Media* da NPR e colunista veterano da *Ad Age*, fez as paredes do mundo da publicidade tremerem em março de 2009 com uma coluna na *Ad Age* intitulada "O futuro pode ser brilhante, mas é o apocalipse agora". Ele escreve:

Soldado, coloque seu capacete. Empurrado pela recessão, o apocalipse chegou. O estrago será tão grande – e as instituições de mídia e marketing são tão centrais para nossa economia, nossa cultura, nossa democracia e para nós mesmos – que é fácil imaginar seu desespero para alcançar o telespectador do futuro. Precisamos da "massa", portanto a massa deve sobreviver. Infelizmente, as economias não são sentimentais e recusam o improdutivo. A era da pós-publicidade está em curso.[22]

O grande desconhecido

Então, por que o apocalipse da publicidade está atrasado? Uma das razões é o fato de os programas de televisão de que os espectadores mais gostam (especialmente esportes) ainda estarem presos ao cabo, e o cabo não desistirá facilmente. (Até os fluxos de dados ao vivo da HBO GO exigem uma assinatura por cabo ou satélite.) A outra é que a publicidade on-line está crescendo rapidamente, graças, em parte, a um crescimento do número de lugares onde os anúncios podem ser colocados e, em parte, devido a inovações em rastreamento, direcionamento e personalização. Esse é o ponto de vista quantitativo mencionado por Randall Rothenberg que se tornou uma mania.

O *Wall Street Journal* começou a acompanhar essa mania no verão de 2010, quando lançou uma série investigativa intitulada "O que eles sabem".[23] O primeiro artigo, lançado em 30 de julho de 2010, afirmava: "Um dos negócios que mais crescem na Internet... é o negócio de espionar usuários na Internet." O jornal conduziu um estudo abrangente que avalia e analisa o vasto conjunto de cookies e outras tecnologias de vigilância que as empresas estão implantando nos usuários da Internet. Ele revela que o rastreamento dos consumidores cresceu de modo muito mais generalizado e intrusivo do que é percebido por todo mundo, exceto por um pequeno grupo pessoas na vanguarda da indústria.[24]

Nos meses seguintes, as séries do jornal foram ampliadas com dezenas de relatórios, pesquisas e ilustrações gráficas. As descobertas foram muitas. Eis algumas delas, de forma resumida:

- A coleta de dados é uma indústria nova e pouco regulada com base em vigilância, armazenamento e venda de dados e de suposições apoiadas em dados sobre o que os usuários querem, em tempo real.[25]
- Todos os maiores sites comerciais dos Estados Unidos colocaram dispositivos intrusivos de rastreamento nos computadores que visitaram seus sites. Alguns instalaram mais de uma centena dessas coisas em uma única visita. Quarenta e nove dos 50 sites mais populares da Web instalaram um total de 3.180 arquivos de rastreamento no computador de teste do *Wall Street Journal*. Doze (incluindo Dictionary.com da IAC/InterActive Corp., Comcast.net da Comcast Corp. e MSN.com da Microsoft) instalaram cada uma delas em uma centena de arquivos.

- A situação é pior para as crianças. Os 50 maiores sites direcionados a adolescentes e crianças instalaram 4.123 arquivos de rastreamento no computador de teste do *Journal*: 30% a mais do que nos sites direcionados a adultos.[26]
- Em resposta à pergunta da pesquisa, "Quanto você se preocupa com anunciantes e empresas rastreando seu comportamento em toda a Web?", 85% dos entrevistados estavam "muito alarmados" ou "um pouco preocupados".[27]
- No mercado final para a compra e venda de dados pessoais em tempo real, o maior protagonista é a BlueKai, que "negocia dados sobre mais de 200 milhões de usuários de Internet, ostentando a capacidade de atingir mais de 80% da população da Internet nos Estados Unidos".[28]
- A maioria dos usuários tinha poucos indícios, ou talvez nenhum, de que estava sendo rastreada. Um caso exemplar: aplicativos de telefone compartilham nome de usuário do cliente, senha, localização, contatos, idade, sexo, localização, identificação de telefone exclusivo (equivalente a um número de série) e número de telefone com terceiros que, por sua vez, representam inúmeros anunciantes.[29]
- A maior exposição não vem de aplicativos orientados para localização, como o Foursquare, mas de aplicativos que não parecem baseados em localização ou que não são apoiados por publicidade – e que, silenciosamente, ganham dinheiro com a venda dos dados de localização dos usuários para os anunciantes, sem seu conhecimento ou permissão. Um aplicativo testado pelo *Journal* enviou dados pessoais para oito diferentes redes de anúncios.[30]
- Há um grande negócio na construção de informações detalhadas sobre as pessoas, recolhidas a partir de navegação rastreada e trilhas de "migalhas de pão" digitais. Escreve o *Journal*:

    > Empresas como a [x + 1] [sic] armazenam em grandes bancos de dados o comportamento on-line das pessoas – a maioria desses dados é coletada secretamente por tecnologias de rastreamento que se tornaram onipresentes nos sites da Internet. Elas não têm os nomes das pessoas, mas cruzam esses dados com registros de casa própria, renda familiar, estado civil e restaurantes favoritos, entre outras coisas. Em seguida, usando análise estatística, começam a fazer suposições sobre as inclinações de internautas individuais. "Nunca sabemos nada sobre alguém", diz John Nardone, executivo-chefe da [x + 1].[31]

- Empresas como a Kindsight and Phorm fazem "inspeção profunda de pacotes" – a mesma tecnologia usada por agências de espionagem para a vigilância de suspeitos de terrorismo – a fim de "dar aos anunciantes a capacidade de exibir anúncios para as pessoas com base em perfis extremamente detalhados de suas atividades na Internet".[32]
- "Scraping" – copiar todas as mensagens enviadas pelo indivíduo, mesmo em sites privados – é outra maneira popular de os anunciantes reunirem

informações sobre os indivíduos. O *Journal* encontrou algumas empresas que vivem de "colher conversas on-line e recolher dados pessoais de sites de redes sociais, sites de currículos e fóruns on-line nos quais as pessoas discutem sua vida".[33]
- Respondendo à pergunta da pesquisa, "Você usaria uma ferramenta de bloqueio de rastreamento da navegação pela Internet (*"do-not-track" tool*) se esta fosse incluída em seu navegador?", mais de 92% afirmaram que sim.[34]

Não surpreendentemente, em 1º de dezembro de 2010, a Federal Trade Commission (FTC) emitiu recomendações de um mecanismo de bloqueio de rastreamento nos navegadores.[35]

Aproveitando a deixa da FTC, o *EUA Today* e o Gallup realizaram uma pesquisa com uma amostra aleatória de 1.019 adultos acima de 18 anos, entre 11 e 12 de dezembro de 2010.[36] Para a pergunta "Os anunciantes devem ter permissão para combinar anúncios com seus interesses específicos com base nos sites que você visitou?", 67% responderam que não. E, enquanto 30% concordaram com a afirmação "Sim, os anunciantes devem ter permissão para associar anúncios a interesses com base nos sites visitados" e 35% também concordaram com "Sim, a invasão de privacidade envolvida é válida para permitir às pessoas livre acesso aos sites", os números recíprocos – 70% e 65% – mostram uma demanda negativa de seus destinatários pelo rastreamento e a personalização da publicidade.

Em algum momento, O Mercado – que significa pessoas engasgadas com a publicidade – vai tirar suas mãos invisíveis do bolso e estrangular a fonte.

Desperdício

Alguns podem achar que toda essa publicidade personalizada deve ser muito boa, ou não seria uma nova categoria de negócios tão "quente". Mas só será assim se for ignorada a natureza efervescente da mania ou da demanda negativa da extremidade receptora da maior parte dos produtos da publicidade. De fato, os resultados da publicidade personalizada, até agora, têm sido péssimos para as pessoas reais.

O Chikita Research, principal fonte para estatísticas de publicidade on-line, publicou um relatório em setembro de 2010 intitulado "Da série layout de anúncio: Anúncios acima da dobra obtêm um CTR* 44% maior".[37] A expressão *acima da dobra* é antiga nos jornais e quer dizer literalmente isso. Os jornais de grande formato (não os tabloides, como o *The New York Times*) são dobrados e, no sistema de castas da publicidade dos jornais e da colocação dos editoriais, "acima da dobra" é sempre melhor, não importa qual seja a página. On-line, "abaixo da dobra", refere-se ao espaço fora da área de visualização do navegador normal. O Chikita Research

---

* *Nota do Tradutor*: CTR (*Click-Through Rate*) é um sistema usado para medir o número de vezes que os usuários clicaram em um anúncio na Web.

descobriu que CTRs tanto acima quanto abaixo da dobra têm uma visualização inferior a 1% (0,939% e 0,651%, que, combinados, totalizam 0,818%).

Do lado da publicidade de sua Muralha da China, todo esse desperdício é normal, porque a publicidade é trabalho de adivinhação, e on-line é mais fácil ignorar o desperdício porque ele foi realocado: mudou das ondas de rádio, outdoors e jornais para fazendas de servidores, pixels e células do olho humano. Mas ele ainda está lá. Assim como os custos, que continuam sendo consideráveis.

Branding

Com certeza, essa é a visão do *nosso* lado da Muralha da China. Do lado de onde vem a publicidade, a maior parte desse desperdício pode ser desculpada, pois mesmo suas falhas podem ser racionalizadas como "branding", ou reforço da marca. Dentro da indústria – e mesmo fora dela (veja o quadro "Nada pessoal") –, *branding* é tema de inúmeros livros, artigos e publicações na Web. O que antes era uma "imagem" agora é uma "promessa", uma "experiência" e um "ativo" com "patrimônio".

É fácil esquecer que o termo *branding* foi emprestado da pecuária bovina. A ideia era marcar com ferro em brasa o nome de uma empresa ou produto no cérebro dos clientes potenciais.

A primeira marca da Procter & Gamble foi o sabonete Ivory, em 1878. O produto e sua estratégia foram tão bem-sucedidos nas décadas seguintes que *a gestão de marcas* se tornou uma disciplina de negócios séria.[38] Isso aconteceu na década de 1930, quando a América estava ficando viciada em rádio e as mulheres que ouviam rádio em casa eram entretidas pelas novelas, que, em sua maioria, eram patrocinadas por marcas de produtos de limpeza. Foi nessa época que as cadeias de supermercados também cresceram, e as "guerras de prateleira" foram vencidas por empresas que maximizaram variedades de embalagens e de promessas, minimizando as diferenças reais entre os próprios produtos. Foi nesse momento também que surgiram os primeiros jingles. Daí o antigo ditado da indústria: "Se você não tem nada a dizer, cante."

NADA PESSOAL

O personal branding na era das redes sociais tornou-se um cartão de visita para inúmeros conselheiros de marketing (atingindo muitos milhões de resultados em uma pesquisa no Google). Mas o termo é contraditório. O *branding* é uma prática corporativa, e não pessoal. Funciona para empresas e produtos, porque essas coisas não são pessoas. Ou seja, prédios, escritórios, estádios e sapatos podem ter qualidades humanas, mas não são humanos em si. Da mesma forma, os seres humanos podem ser engenhosos, duráveis ou atraentes, mas isso não faz deles empresas ou produtos. Você e eu não somos marcas. Nossos pais não nos criaram para sermos marcas. Também não queremos que nossos filhos sejam marcas e nunca vamos querer que sejam logotipos.

No seu melhor, o *branding* é inesquecível. Por exemplo, lembro-me com carinho das palavras dos jingles de marcas de cerveja que ouvia sem parar, quando era criança, atento aos jogos dos Dodgers, Giants, Yankees e Mets no rádio. Eis um deles:

Schaefer
Is the
One beer to have
When you're having more than one.

Schaefer Pleasur
Doesn't fade
Even when your thirst is done

The most rewarding flavor
In this man's world
For people who are having fun.
(repete primeiro verso)

Quatro fatos são dignos de nota aqui. Primeiro, a marca Schaefer foi gravada em meu córtex muito antes de eu ter idade suficiente para beber. Em segundo lugar, a Schaefer nunca esteve em nenhum lugar da minha lista de cervejas preferidas na minha fase adulta, mesmo quando tinha vinte e poucos anos e a Schaefer ainda era popular. Em terceiro lugar, a Schaefer, no auge, foi a cerveja mais vendida do mundo. Em quarto lugar, o *branding* não poderia salvá-la. Em 1981, a Schaefer foi vendida para a Stroh's e, em 1999, a Stroh's foi vendida para a Pabst. A Schaefer sobrevive até hoje como um dos muitos rótulos da Pabst: munição de pequeno calibre nas guerras de prateleiras das lojas de bebidas.[39]

No seu pior, o *branding* é brutal. Meu voto para a caracterização mais memorável da brutalidade do *branding* é uma cena em O *mercador de ilusões*, um filme em que Sydney Greenstreet interpreta Evan Evans, magnata da indústria de sabonetes cujo estilo grosseiro foi inspirado em George Washington Hill, da American Tobacco Company. Depois de cuspir na superfície brilhante de uma mesa de reuniões, Evans diz: "Senhores, vocês acabaram de me ver fazendo uma coisa repugnante. Mas vocês vão sempre se lembrar disso!"

Minha resposta favorita do nosso lado da Muralha da China é um cartum de Hugh MacLeod (ver Figura 2-1).[40]

Hoje, a categoria da publicidade que mais cresce é a on-line, em que os efeitos são mais fáceis de medir do que no antigo mundo off-line e de forma muito mais responsável. O Google lançou a era da contabilidade da publicidade com o AdWords – anúncios de texto colocados nas margens de resultados de pesquisa – em outubro de 2000.[41] O AdWords foi revolucionário de várias maneiras. Em primeiro lugar, os anunciantes pagavam somente por *click-throughs* (número de vezes que um anúncio é clicado). Em segundo lugar, os anúncios eram somente texto, sem nenhuma ênfase. Em terceiro lugar, os anúncios eram vendidos de acordo com sua eficiência. Os mais clicados conquistavam posições mais altas entre os anúncios que acompanhavam o resultado de uma pesquisa.

A publicidade on-line tem crescido a taxas de dois dígitos a cada ano de sua existência. Em 2010, as receitas anuais do Google, provenientes quase inteiramente da publicidade, passaram dos US$30 bilhões.[42] De acordo com o IAB, a publicidade da Internet nos Estados Unidos vendeu a uma taxa anual de US$25,4 bilhões no terceiro trimestre de 2010, com alta de 17% em relação ao mesmo período do ano anterior.[43]

Dentro do setor on-line, o subsetor que mais cresce é o móvel. Em abril de 2010, a AdMob gabou-se de ter servido 16,7 bilhões de anúncios para telefones celulares no mês anterior.[44] No mês seguinte, o Google adquiriu a AdMob por US$750 milhões.[45] Em setembro de 2010, a MobileSquared, empresa de pesquisa, disse que a previsão é que as receitas de publicidade móvel no Reino Unido, sozinhas, cresçam 850% até 2015.[46] Relatos de outras fontes não são menos otimistas e ambiciosos.

Levante a mão quem gosta de ver anúncios em seu telefone. (E abaixe essa mão quem vive de publicidade.) De fato, a maioria de nós ignora ou evita a enxurrada de mensagens indesejadas que recebe todo dia. Essa mesma "maioria de nós" inclui todos que estão no negócio da publicidade. Eles não estão impressionados com um ou outro, mesmo que não admitam.

Filtros entupidos

Em *The Filter Bubble: What the Internet is Hiding from You*, Eli Pariser escreveu:

"Você tem uma identidade", disse o fundador do Facebook, Mark Zuckerberg, ao jornalista David Kirkpatrick em seu livro O *Efeito Facebook*. "Os dias de ter uma imagem diferente para seus amigos ou colegas de trabalho e para outras pessoas que você pode conhecer provavelmente estão chegando ao fim muito rapidamente… Ter duas identidades é um exemplo de falta de integridade."[47]

Posteriormente, Zuckerberg minimizou o comentário como "apenas uma frase que eu disse", mas, para o Facebook, o único *você* que importa é aquele que o Facebook conhece. Não o que você *é*.

Nas frases finais de *The Shallows: What the Internet is Doing to our Brains*, Nicholas Carr escreve:

No mundo de 2001, as pessoas tornaram-se tão maquinais que o personagem mais humano acaba sendo uma máquina. Esta é a essência da sombria profecia de Kubrick: quando contamos com os computadores para mediar nossa compreensão do mundo, é nossa própria inteligência que se achata na inteligência artificial.[48]

Mesmo que nossa inteligência ainda não esteja artificializada, o que a alimenta certamente está.

FIGURA 2-1

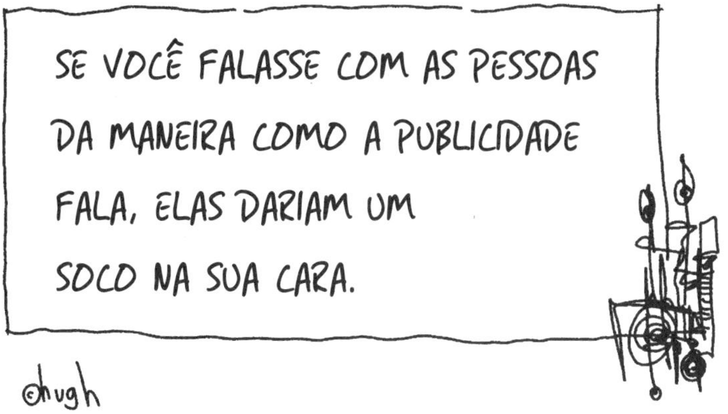

> SE VOCÊ FALASSE COM AS PESSOAS DA MANEIRA COMO A PUBLICIDADE FALA, ELAS DARIAM UM SOCO NA SUA CARA.
>
> ©hugh

Fonte: Hugh MacLeod, reproduzido com permissão.

Pariser resume o absurdo de tudo isso em um subcapítulo intitulado "Uma má teoria sobre você". Depois de explicar as abordagens muito diferentes do Google e do Facebook para a filtragem da "experiência" personalizada e os pressupostos por trás de ambas, ele conclui: "Ambas são representações muito pobres de quem somos nós, em parte porque não existe nenhum conjunto de dados que descreva quem somos." Ele diz que ambas as empresas nos largaram naquilo que animadores e engenheiros de robótica chamam de *"uncanny valley"* (ou "vale estranho"): "O lugar onde algo parece ser uma forma de vida, mas não convincentemente viva, e isso dá arrepio nas pessoas."[49]

Sinais perdidos

O ideal de uma publicidade perfeitamente personalizada também está em desacordo com a natureza da publicidade em sua forma mais ideal. Esse ideal talvez seja expresso melhor pelo mais canônico de todos os anúncios de publicidade: "O homem da cadeira", da McGraw-Hill. Sobre ele, David Ogilvy (a mais respeitada – e certamente a mais amplamente citada – figura na história da publicidade) escreveu: "Esse anúncio resume o caso da publicidade corporativa." Ele apresenta um sujeito careca de terno e gravata, sentado em uma cadeira de escritório com os dedos cruzados, olhando para o leitor. Ao lado dele, no espaço em branco do anúncio, aparece este texto:

> *Não sei quem você é. Não conheço sua empresa.*
> *Não conheço os produtos da sua empresa.*
> *Não sei o que sua empresa representa.*
> *Não conheço o registro da sua empresa.*

Não conheço a reputação da sua empresa.
Agora – o que era mesmo que você queria me vender?

MORAL: As vendas começam *antes* dos contatos telefônicos de seu vendedor – elas começam com a publicidade do negócio na mídia.

Em termos econômicos, o que o homem quer são sinais, e esses sinais não são apenas sobre o que está à venda. Em "Advertising as a Signal", Richard E. Kihlstrom e Michael H. Riordan explicam como a publicidade sinaliza a substância da empresa, destacando:

> Quando uma empresa sinaliza por meio da publicidade, demonstra aos consumidores que seus custos de produção e a demanda por seus produtos são tamanhos que os custos com publicidade podem ser recuperados. Para que a publicidade seja um sinal eficaz, as empresas de alta qualidade devem ser capazes de recuperar os custos com publicidade, enquanto as empresas de baixa qualidade, não.[50]

Em "The Waste in Advertising is the Part that Works", Tim Ambler e E. Ann Hollier comparam a publicidade com a cauda do pavão: um sinal de mérito que uma empresa forte, com um produto de qualidade, pode se dar ao luxo de exibir, mas uma empresa fraca, não.[51]

Portanto, colocar um anúncio em uma publicação da McGraw-Hill não era apenas um esforço de reforço da marca ou um *briefing* antes de uma chamada de vendas. Era um sinal de suficiência financeira. Mas esse anúncio foi veiculado novamente quando a Mad Men mandava no mundo da publicidade, e publicações impressas transmitiam mais substância. Hoje, os netos do homem da cadeira obtêm suas notícias na Internet. Assim, Don Marti, ex-editor-chefe do *Linux Journal*, sugere mais um item para a lista do Homem da Cadeira: "Não sei se sua empresa está realmente gastando bastante em publicidade ou se você a está direcionando apenas para mim." Ele explica:

> Aí está o problema. Como o direcionamento da publicidade on-line está ficando cada vez melhor, o homem na cadeira tem cada vez menos conhecimento de quanto as empresas cujos anúncios ele vê estão gastando para alcançá-lo. Ele está perdendo o sinal... Na Web, como você faz uma campanha de massa a partir de uma campanha bem direcionada? E se você não pode enfatizar o "desperdício", como escolhe o sinal?[52]

Talvez o sinal de suficiência financeira não importe muito em uma época em que a publicidade a partir de um zilhão de fontes desconhecidas é a norma e as empresas vêm e vão na velocidade dos modismos. Mas, se esse for o caso, a publicidade também não deve importar muito. Em outras palavras, a publicidade pode estar agora doando um pouco da alma que lhe restou.

A verdadeira estrela-guia da publicidade sempre tem sido o cliente. Por isso o anúncio do "homem da cadeira" era tão importante. Era um sinal enviado pela McGraw-Hill para os anunciantes, em nome de seus leitores. Ele falava sobre o relacionamento da empresa com esses leitores e dizia aos anunciantes que estava do lado dos leitores. Ele exigia substância, relevância, e ganhou reputação entre os anunciantes. Ele dizia que os relacionamentos eram possíveis, mas apenas quando os clientes se sentavam com as empresas à mesma mesa, no mesmo nível.

Anonimato

Rastreamento e "personalização" – a atual fronteira da publicidade on-line – exploram os limites da tolerância. Enquanto colhiam montanhas de dados sobre os indivíduos e não sinalizavam nada de óbvio sobre seus métodos, o rastreamento e a personalização, juntos, abandonam uma das poucas virtudes nobres a que a publicidade, em seu melhor, aspira: o respeito pela privacidade e a integridade do cliente no trabalho de prospecção, que há muito tempo incluiu um pressuposto padrão de anonimato.

Pergunte a qualquer celebridade sobre o preço da fama e ela lhe dirá: é o anonimato. Isso não seria uma barganha faustiana (ou de modo algum uma barganha) se o anonimato não tivesse valor real. Rastreamento, filtragem e personalização de publicidade comprometem, como um todo, nosso anonimato, mesmo que nenhuma informação de identificação pessoal (IIP) seja coletada. Ainda que esses sistemas não nos conheçam pelo nome, suas mãos ainda estão em nossas calças.

SelectOut.org é um site "gerenciador de privacidade" que, habilmente, revela todas as empresas anunciantes com mãos rastreadoras dentro das calças do seu navegador. A Tabela 2-3 mostra uma lista das empresas que a SelectOut descobriu com as mãos dentro de um de meus navegadores.

Se você não estiver familiarizado com as empresas listadas na tabela (e isso é apenas um subconjunto de todo o negócio), talvez ajude examinar o que dizem sobre si mesmas. Vou escolher uma delas aleatoriamente: a Reedge. Isto é da página Web "Our Company", da Reedge:

> A Reedge oferece software on-line que ajuda operadores de sites a identificar e rastrear o comportamento do usuário, otimizar o desempenho do site e servir páginas personalizadas para melhorar a conversão e gerar mais receita na transação. Os clientes da Reedge pagam uma taxa de assinatura mensal e recebem acesso ilimitado a ferramentas, software e suporte profissional da empresa.
>
> A Reedge trabalha com a segmentação do público com base em seu tipo de navegador, localização e comportamento on-line para identificar sua *intenção*, então personaliza dinamicamente os textos, imagens, pop-ups de ofertas e outros conteúdos para melhorar a conversão e impulsionar as vendas.[53]

E eis o que a Rocket Fuel diz em sua página "Sobre":

A Rocket Fuel vai além de outras tecnologias de direcionamento da audiência, combinando dados demográficos, estilo de vida, *intenção* de compra e dados sociais com seu próprio conjunto de algoritmos de segmentação, análises mescladas e análises especializadas para encontrar os clientes ativos. A Rocket Fuel usa sua tecnologia para oferecer melhor Retorno sobre o Investimento (ROI) para comerciantes de marcas *premium* – quer seus objetivos sejam orientados para a marca ou projetados para conduzir um evento de conversão.[54]

O grifo é meu.

Note como ambas as empresas assumem que a *intenção* do usuário é algo que *a empresa* precisa descobrir. Eles não estão sozinhos nessa. Todas as empresas listadas na tabela têm a mesma ambição.

A distância entre o que o rastreamento faz e o que os usuários querem, esperam e *pretendem* é tão extrema que a reação é inevitável. A única questão é quanto isso vai prejudicar um negócio que, em primeiro lugar, é vulnerável.

Delírios terminais

Eric K. Clemons, professor de Gestão de Operações e Informações da Wharton School da University of Pennsylvania, tratou dessas vulnerabilidades, em março de 2009, em um post hospedado na TechCrunch, intitulado "Por que a publicidade está fracassando na Internet".[55] Seu post é longo e detalhado, mas, resumido à sua essência, diz o seguinte:

1. Deve existir alguma outra coisa. (Existirão outros modelos de negócios.)
2. Não confiamos na publicidade. (É uma das formas menos confiáveis de comunicação.)
3. Não queremos ver publicidade. (Se tivermos a opção, nós a evitaremos.)
4. Não precisamos de publicidade. (Há muitas outras maneiras de se obter informações.)

Os leitores da TechCrunch não gostaram do que Clemons escreveu. Dos 600 comentários abaixo do post, quase todos foram negativos. "Puxa!", escreveu um leitor, "esse é um dos artigos mais ignorantes e desinformados que já li! Em primeiro lugar, a publicidade na Internet é uma das indústrias mais rentáveis e de mais rápido crescimento". Clemons respondeu:

Já fui atacado e ridicularizado anteriormente. Adverti os comerciantes de assoalhos em Nova York sobre a chegada do comércio on-line em 1989 e fui demitido por isso. Adverti os tradicionais agentes de viagens sobre a queda das comissões e o eventual contorno disso por meio de sistemas de reserva on-line e fui ridicularizado...

TABELA 2-3

Empresas de rastreamento on-line identificadas pela SelectOut

24/7 Real Media	BrightRoll	Lucid Media
33Across	Brilig	Magnetic
aCerno	BTBuckets	Maxpoint Interactive
Acxiom	BuySight	Media6degrees
Adara Media	BuzzLogic	MediaMath
AdBrite	BV! Media	MediaMind
AdBuyer	Casale Media	Mediaplex
AdChemy	Choice Stream	Microsoft Advertising
adConductor	CPX Interactive	Mindset Media
Adconion	Crimson Tangerine	Navegg
AdGear	Criteo	Netmining
Adify Media	Dapper	NexTag
AdInterax	DataLogix	OpenX
AdJuggler	DataXu	Outbrain
AdMeld	Datran Media	PeerSet
AdMotion	Demdex	PointRoll
adnetik	Dotomi	PrecisionClick
Adnologies	Double Verify	PrecisionClick Ads
Adperium	echoSearch	PredictAd
Adroit Interactive	Efficient Frontier	Proximic
AdShuffle	eXelate Media	Pubmatic
AdSpeed	Facilitate Digital	Quantcast
AdTech	FetchBack	QuinStreet
Advertising.com (AOL)	Freewheel.tv	Quisma
AggregateKnowledge	Full Circle Studies	RapLeaf
AlmondNet	Google (DoubleClick)	Red Aril
AppNexus	Groupon	Reedge
Atlas Technology	i-Behavior	richrelevance
BeenCounter	Infectious Media	Rocket Fuel
Bizo	interCLICK	Safecount
BlueKai	Invite Media	Smart AdServer
BlueStreak	Lijit	Specific Media LLC
brand.net	Lotame	SpongeCell Ads
Tatto Media	Tumri	Wall Street on Demand
TellApart	Turn	[x + 1]
Traffic Marketplace	Undertone Networks	XGraph
Travel Ad Network	ValueClick Media	Xtend Media
Tribal Fusion	Vibrant Media	YuMe
Triggit	Vindico	

E, mesmo que você continue a ridicularizar meu texto, há muitos outros profissionais fazendo o mesmo tipo de advertência. Considere o artigo recente da *Economist*[56] essencialmente sobre a mesma coisa: a publicidade não pode suportar completamente a Internet. Você não pode ridicularizar tudo que não aprecia fora da Internet.[57]

Contudo, não podemos ignorar o enorme número de pessoas que vivem dentro ou nas margens do vasto rio de dinheiro que flui por meio da publicidade, especialmente on-line. É daí que vem o ridículo, e não vai parar até que a bolha estoure.

Advertimania, ou a mania de publicidade

O etimologista Douglas Harper classifica mania como "um transtorno mental caracterizado por excitação e delírio", acrescentando que o termo, na língua inglesa, é usado no "sentido de 'modismo, mania'" desde 1680 e, já em 1500, "como o segundo elemento em expressões compostas de tipos específicos de loucura (cf. ninfomania, 1775; cleptomania, 1830; megalomania, 1890)".[58] Creio que hoje temos mania de publicidade (*advertimania*).[59] Eis as razões:

- **Uma infusão excessivamente generosa de liquidez**, na forma de capital de risco. Esse capital é investido em empresas que esperam ganhar dinheiro por meio da publicidade e também na publicidade de empresas e outros. Isso foi algo desenfreado no boom das pontocom (empresas de Internet) e hoje está de volta.
- **Fé no crescimento sem-fim** da publicidade e em sua capacidade ilimitada de financiar serviços gratuitos aos usuários.
- **Mentalidade de rebanho** – em torno da própria publicidade e na fé de que a mídia social suportada por anúncios persistirá e crescerá indefinidamente.
- Enorme aumento dos negócios. Isso está acontecendo com os dados dos usuários comprados e vendidos em mercados de apoio, que empregam os mesmos tipos de "crânios" que trabalharam em Wall Street ao longo da bolha imobiliária.[60]
- **Baixa qualidade das informações pessoais**, apesar das reivindicações de empresas especializadas em personalização.

E isso é somente no lado da propaganda da Muralha da China. Aqui, do nosso lado, podemos acrescentar a essa lista (principalmente o último item) seis delírios, inclusive aqueles listadas pelo Professor Clemons:

1. **Estamos sempre prontos para comprar algo.** Nós não estamos. Na verdade, na maioria das vezes não estamos prestes a comprar nada. Mesmo que não nos importemos em ser expostos à publicidade quando não estamos comprando, quase todos nós realmente sabemos que somos vigiados

constantemente – em especial, pelas partes cujo principal interesse é nos vender coisas.
2. **As pessoas darão boas-vindas à publicidade totalmente personalizada.** Mesmo que as próprias pessoas permitam ser constantemente rastreadas pelo mundo todo e ser compreendidas detalhadamente (um privilégio que os anunciantes pouco ou nada fazem para ganhar), o resultado ainda seria um trabalho de adivinhação, que é a própria natureza da publicidade. Para os clientes, a áspera adivinhação impessoal é tolerável, porque eles estão acostumados com isso. Não é o caso da adivinhação totalmente personalizada. Não pela publicidade, pelo menos. Para se tornar totalmente pessoal, a publicidade precisa atravessar uma ponte existencial, a fim de se tornar uma função corporativa diferente. Ela deve se tornar vendas – sem o som humano ou o toque humano.
3. **O mercado de rastreamento baseado em publicidade é suficientemente grande para justificar os enormes investimentos que estão sendo feitos nele.** Christopher Meyer, fundador da Monitor Talent e autor de livros sobre o impacto da tecnologia sobre os mercados (incluindo *Blur: The Speed of Change in the Connected Economy*,[61] em coautoria com Stanley M. Davis), diz: "É de arregalar os olhos. Os investimentos em rastreamento baseado na publicidade assumem valores incrivelmente altos para ganhar a atenção do cliente. Os negócios incrementais não serão tão grandes. E se olhos arregalados são supervalorizados, então a publicidade como uma categoria deve fracassar."[62]
4. **A publicidade é algo de que as pessoas realmente gostam ou que pode ser feita para que elas gostem.** Não é assim. Com algumas poucas exceções extremamente raras (como os anúncios do Super Bowl, que, em geral, são deles mesmos), a publicidade é algo que as pessoas, na melhor das hipóteses, toleram e, na pior, odeiam. Melhorar de uma dor no traseiro não transforma isso em um beijo. Nem colocar um botão de "curtir" com o polegar para cima ao lado de um anúncio que é ignorado 99% do tempo.
5. **A estrutura cliente-servidor do comércio eletrônico vai permanecer inalterada.** Não vai. Vou explicar por que no próximo capítulo. Enquanto isso, eis o que fala o CEO (Chief Executive Officer) da Kynetx, Phil Windley: "Há 1 bilhão de sites comerciais na Web, todos com seus próprios sistemas de venda, seus próprios cookies, sua própria maneira de lidar com os clientes e sua própria pilha de dados sobre cada cliente. Toda essa arquitetura entrará em colapso assim que os clientes tiverem os próprios sistemas para lidar com os vendedores, as próprias pilhas de dados e os próprios contextos de interação."[63]
6. **As empresas têm de anunciar.** Na verdade, a publicidade não é função essencial de uma empresa. A diferença entre um anunciante e uma empresa comum é zero. Mesmo que chamemos a publicidade de investimento, ela está no lado das despesas no balanço e é um item fácil de cortar.

Cada um desses delírios é um tijolo na Muralha da China entre a mentalidade da indústria e o mercado maior fora dela. Você poderia chamar essa muralha de lado cego, porém é mais do que isso. É uma tela na qual uma indústria que exala a própria fumaça projetou por muito tempo suas fantasias. Ela vê essas projeções em vez dos seres humanos reais do outro lado. Ela também não consegue ver o que esses seres humanos podem trazer para a mesa do mercado, além de dinheiro, cartões de crédito e "fidelidade" coagida.

A correção do problema

A publicidade pode financiar um monte de coisas que damos como garantidas (como a busca do Google), mas floresce na ausência de interações demanda-oferta mais eficientes e diretas. A Internet foi construída para facilitar exatamente esse tipo de interação. Ela tem feito isso desde meados dos anos 1990, mas apenas dentro de 1 bilhão de silos diferentes, cada qual com seu próprio sistema para interagir com os usuários e cada qual com sua própria relação assimétrica de poder entre vendedor e comprador.[64] Esse sistema é antigo, falido e é muito tarde para um conserto.

A Internet, porém, sempre foi um sistema simétrico. Sua arquitetura, definida por seus protocolos de fundação (que vamos abordar no Capítulo 9), incorpora princípios de interação ponta a ponta.* Cada ponta na Internet tem o mesmo status, seja essa ponta a Amazon.com, a Casa Branca, seu laptop ou seu telefone. Esse fato arquitetônico é um fundo no qual as assimetrias da publicidade, e seus pressupostos delirantes, permaneceram sempre em nítido relevo.

BEM, ENTÃO...

> Quando a agitação acabar e a bolha da publicidade esvaziar, a publicidade continuará a ser um negócio enorme e útil. Ainda vamos precisar da publicidade para fazer o que só ela pode fazer. O que emergirá, no entanto, é um mercado para aquilo que a publicidade *não pode* fazer. Esse novo mercado será definido por *aquilo que os clientes realmente querem*, e não por suposições/adivinhações a esse respeito.

---

* *Nota do Tradutor*: No original inglês, *end-to-end principles*. Princípio da arquitetura de computadores que sustenta que funções específicas de aplicativo devem residir nos hospedeiros finais de uma rede, e não em intermediários.

3
A escolha de seu captor

Descubra a que as pessoas irão se submeter resignadamente e você terá a medida exata da injustiça e do mal que serão impostos a elas.
Frederick Douglass[1]

O termo "cliente-servidor" foi inventado porque não queríamos chamá-lo de "mestre-escravo".
Craig Burton[2]

O ARGUMENTO

A World Wide Web, ou rede de alcance mundial, tornou-se um World Wide Ranch, ou rancho de alcance mundial, um curral em que somos tratados como bezerros pelos sites, que são as vacas que nos alimentam com leite e *cookies*.

Internet e Web não são a mesma coisa. A Internet é uma coleção de redes distintas, cujas diferenças são ultrapassadas por protocolos que colocam cada extremidade a uma distância funcional zero de cada outra extremidade. A World Wide Web é uma aplicação que roda na Internet. Outras incluem e-mail, mensagens instantâneas, transferência de arquivos, bate-papo e grupos de discussão, para citar apenas algumas. Mas a World Wide Web é a maior delas – é tão grande que tendemos a supor que é a coisa toda, especialmente porque a Web é o lugar no qual passamos a maior parte do tempo on-line e se concentram muitas outras atividades que antes eram separadas. O e-mail, por exemplo.

Sir Tim Berners-Lee, que inventou a Web em 1989, disse posteriormente que ela foi pensada para ser "um sistema universal de informações interligadas, em que a generalidade e a portabilidade fossem mais importantes do que gráficos decorativos e facilidades extras complicadas. O objetivo era permitir que um lugar fosse encontrado em função de uma informação ou referência considerada importante, e que depois fosse possível encontrá-lo facilmente".[3] Ele não tinha a intenção de criar um grande centro comercial on-line, um parque industrial de usinas de publicidade ou uma casa para uma "rede social" com 1 bilhão de membros de propriedade de uma única empresa. Mas isso é o que a Web é hoje. É verdade que, em algum lugar no meio de todas essas outras coisas, você ainda pode encontrar links para a coleção simples de documentos que *Sir* Tim pretendia que estivesse na Web em primeiro lugar. Mas essa coleção está ficando cada vez mais difícil de ser encontrada, principalmente porque há pouco dinheiro nisso.

Assim, a Web que conhecemos hoje é, em grande parte, a Web comercial que surgiu em 1995, quando a Netscape e a Microsoft criaram os primeiros servidores Web de varejo junto com os primeiros navegadores Web mais amplamente utilizados. Os primeiros sucessos de varejo da Web comercial – especialmente a Amazon e o eBay – continuam sendo exemplos poderosos de como vender bem on-line. A chave para seu sucesso contínuo é a personalização, possibilitada por uma coisa chamada *cookie*: um pequeno arquivo de texto, colocado no seu navegador pelo site, contendo informações para ajudar você e o site a se lembrarem de onde estavam na última visita.

Esses cookies, desde então, evoluíram e se ramificaram em muitas espécies de cavalos de Troia do marketing na forma de arquivos. Às vezes, chamados de "Flash cookies" (baseados no Flash, da Adobe), "bugs de rastreamento", "beacons" e outros nomes, eles monitoram suas atividades enquanto você faz seus negócios na Web, informando o que descobriram para uma ou mais das milhares de empresas de publicidade, sobre as quais você nunca ouviu falar (algumas delas, contudo, nós vimos no último capítulo).

As empresas de publicidade on-line afirmam que o propósito desses métodos de rastreamento é elevar a qualidade da publicidade que você recebe. Mas a maioria de nós se importa menos com isso do que com o que fazer quando somos monitorados por empresas e processos que não conhecemos e dos quais não gostaríamos se viéssemos a conhecer.

Enquanto muitas reclamações são corretamente dirigidas aos excessos assustadores do negócio da publicidade on-line, pouca atenção tem sido dada ao problema subjacente, que é o projeto da Web comercial propriamente dito. Esse projeto é o *cliente-servidor*, o que também pode ser chamado de bezerro-vaca. Os clientes são os bezerros. Os servidores são as vacas. Hoje, existem bilhões de vacas comerciais, todas elas misturando *cookies* (biscoitos) invisíveis no leite com que alimentam os bezerros visitantes.

A arquitetura cliente-servidor, por projeto, é submisso-dominante, o que significa colocar os servidores em posição de total responsabilidade por definir as relações e armazenar os detalhes sobre essas relações. E, como isso é tudo que conhecemos desde 1995, a maioria das "soluções" que surgiram são mais sites e serviços baseados em sites. Em outras palavras, melhores vacas.

Quais são seus nomes?

Lá atrás, antes de a computação se tornar pessoal, e quando toda a computação que importava era feita nas empresas, um dos maiores problemas era a proliferação de *namespaces*. (Em termos técnicos, um namespace é um identificador ou um diretório para eles.) Os diferentes sistemas de software tinham, cada um deles, o próprio namespace. Para a empresa, isso significava que um empregado – ou as informações sobre um empregado – podia ser conhecido por diferentes nomes e atributos, dentro de cada um dos sistemas separados de software usados nos recursos humanos, marketing, vendas, contabilidade e assim por diante. Para o empregado, isso significava manter dezenas de logins e senhas diferentes. Para os departamentos de RH e TI, significava o inferno da integração, ou a impossibilidade de qualquer integração. Hoje em dia, o problema do namespace é um dos mais irritantes de toda a computação corporativa.

Fora da Web, isso está resolvido para os vendedores, porque cada um tende a ter um sistema voltado para o cliente. Mas, para nós, clientes, ainda é uma bagunça, porque o velho problema do namespace corporativo agora é nosso, multiplicado pelo número de relacionamentos que temos na Web. Assim, somos obrigados a manter o controle de tantos logins e senhas diferentes, pois há sites que os exigem. Isso torna o problema quase tão grande quanto a soma de todos os sites. Na última contagem (quando escrevi este livro), existiam mais de 200 milhões de domínios registrados, dos quais cerca da metade tinha o sufixo comercial .com.[4] Como alguns domínios têm muitos sites de vendas (eBay e Etsy, por exemplo), o número total de sites comerciais é muito maior. Faça uma pesquisa com a expressão "privacy policy" e o Google vai dizer a você que isso aparece em mais de 3 bilhões de páginas da Web. Mesmo que um único login e uma única senha possam levá-lo a todos os sites do eBay e Etsy, ainda estamos falando de centenas de combinações de login e senha.[5] As empresas não se importam, porque não é problema delas. Só se importam com o relacionamento delas com você. E não com seu relacionamento com qualquer outra empresa. Isso deixa você e a mim com o imenso problema dos milhões (ou bilhões) de namespaces.

A solução do login único

Existem soluções parciais. Você pode configurar os navegadores para preencher automaticamente formulários e completar trechos comumente digitados de palavras e números. Existem programas que lembram as senhas para você. Mas os métodos de login com uma única inscrição (*single sign-on* – SSO) mais populares são fornecidos graças ao seu relacionamento com Facebook, Google, Twitter ou Yahoo. Aqueles onipresentes botões "Conectar com o Facebook", por exemplo, são o lado voltado para o usuário de um programa chamado Facebook Connect.

Quando o Facebook anunciou o Facebook Connect em dezembro de 2008, Mark Zuckerberg escreveu o seguinte no blog da empresa:

> Durante o verão, anunciamos uma extensão da plataforma Facebook chamada Facebook Connect. O Facebook Connect facilita levar sua identidade on-line

com você por toda a Web, compartilhar o que você faz on-line com seus amigos e ficar atualizado sobre o que eles estão fazendo. Você não precisará criar contas separadas para cada site; basta usar seu login do Facebook onde quer que o Connect esteja disponível.

A partir de hoje, você verá prompts do Facebook Connect em sites na Internet e terá a oportunidade de levar as informações de seu perfil, amigos e preferências de privacidade do Facebook para seus sites favoritos.[6]

Chamar sua identidade no Facebook de "sua identidade on-line" é delirante e também presunçoso, porque nenhum de nós interage somente com o Facebook na Web. Mas isso, por si só, não é o único problema. O maior problema com o Facebook Connect é o vazamento acidental de dados. Por exemplo, o que acontece se você não deseja compartilhar "o que faz on-line com os amigos" ou se pensa que está apenas pegando um atalho do Facebook quando faz login pela primeira vez em algum outro site? Em outras palavras, o que acontece se você só quer que o Facebook Connect seja como ele mesmo se apresenta: uma opção de login simples para você em outros sites – sem absolutamente nenhum propósito "social"? Ou, se quer ser "social", que tal ser seletivo sobre quais dados do Facebook você está disposto a compartilhar – expondo alguns dados para alguns sites e dados diferentes (ou nenhum) para outros sites? Em outras palavras, o que acontece se suas "preferências de privacidade" não forem do tipo "uma única configuração define todas as opções" que você fez no Facebook?

O site "I Shared What?!?" (ISharedWhat.com), criado pelo desenvolvedor de VRM Joe Andrieu, faz um excelente trabalho de simulação sobre o que você revela sobre si mesmo e sobre outras pessoas quando usa o Facebook Connect. Eis o que ele me disse:

> Você acabou de compartilhar: seus dados pessoais básicos, seu feed de notícias, seus amigos no Facebook, as atividades listadas em seu perfil, os interesses listados em seu perfil, as músicas listadas em seu perfil, os livros listados em seu perfil, os filmes listados em seu perfil, os programas de televisão listados em seu perfil, todas as páginas que você "gostou", seus links compartilhados.

E isso *depois* de eu ter ajustado minhas configurações de privacidade no Facebook para revelar o mínimo possível. Os resultados foram os mesmos nas duas vezes, antes e depois. Não sou nenhum idiota, mas – quando escrevi este livro – não tenho nenhuma ideia de como deixar de vazar rios de dados pessoais quando utilizo o Facebook Connect. Então, eu o evito.

Mas sou a exceção. Tanto que, em dezembro de 2010, um quarto de bilhão de pessoas efetuou login em 2 milhões de sites utilizando o Facebook Connect, com mais 10 mil sites sendo adicionados todos os dias.[7]

Privacidade é a questão destacada aqui, mas o problema mais profundo é o controle. Agora você não tem muito controle sobre sua identidade na Web. Kim

Cameron, pai da multiplataforma Identity Metasystem quando era arquiteto da Microsoft, dizia que sua "identidade natural" – quem você é e como deseja ser conhecido pelos outros – não é respeitada na Internet comercial.[8]

Cada vaca pensa que você é seu bezerro, quase literalmente "marcado". No World Wide Dairy, ou leiteria de alcance mundial, todos nós andamos por aí com uma marca de cada site que nos dá leite e cookies. Nossas peles virtuais estão mais lotadas de logotipos do que a de um piloto da NASCAR.

Quem você é para as outras vacas não é de muito interesse para uma vaca individual qualquer, a menos que elas "federalizem" sua identidade com as outras vacas. Pense em federação como "grandes empresas fazendo sexo seguro com os dados dos clientes". Foi isso que eu disse na abertura de uma palestra que proferi na Digital ID World, no início dos anos 2000. Isso ainda se aplica.

Tetas difíceis

Um problema semelhante surge quando você tem várias contas em um site ou serviço e, portanto, vários namespaces, cada qual com seu próprio login e senha. Por exemplo, eu uso quatro contas diferentes no Flickr, cada uma com seu próprio diretório de fotos:

1. Doc Searls – http://www.flickr.com/photos/docsearls/
2. *Linux Journal* – http://www.flickr.com/photos/linuxjournal/
3. Berkman Center – http://www.flickr.com/photos/berkmancenter/
4. Infraestrutura – http://www.flickr.com/photos/infrastructure/

A primeira é só minha. A segunda, compartilho com outras pessoas no *Linux Journal*. A terceira, compartilho com outras pessoas no Berkman Center. A quarta, compartilho com outras pessoas que também escrevem para o mesmo blog.

Em cada caso, o Flickr me chama pela terceira pessoa do singular, "você", e não federaliza os quatro. Para eles, sou quatro pessoas diferentes: uma vaca, quatro bezerros. (Não importa que três desses sites tenham muitas pessoas carregando fotos, cada qual fingindo ser o mesmo bezerro.) Minha única opção para lidar com esse absurdo é decidir que tipo de bezerro de quatro cabeças eu gostaria de ser. Ou uso um navegador com quatro logins e senhas diferentes ou uso quatro navegadores diferentes, cada qual com sua própria jarra de cookies. Ambas as escolhas são terríveis, mas é melhor escolher uma delas. Então pego a segunda opção e uso um navegador para cada conta – em apenas um laptop. Quando uso outros laptops, ou meu iPhone, meu Android, ou a família Nokia N900, iPod Touch ou iPad, normalmente sou o primeiro tipo de bezerro, usando um único navegador para entrar e sair toda vez que envio fotos para uma conta diferente. O que, em geral, não faço, pois causa uma grande dor em meus muitos traseiros.

Por mais insano que tudo isso possa parecer, pouco importa o lado da vaca na relação bezerro-vaca. Na verdade, a condição é geralmente considerada desejável. Afinal, o World Wide Ranch é um mercado real: aquele em que as vacas competem pelos bezerros. Ei, o que poderia ser mais natural?

Os meios de comunicação, mesmo on-line, também não ajudam. As publicações de negócios, tanto on-line quanto off-line, adoram cobrir o que chamo de "esportes de vendedor", em que os clientes são os prêmios para a sala de troféus das empresas. É por isso que os escritores de negócios geralmente se referem a "possuir" os clientes como uma coisa desejável. Por exemplo, em "Rim, Carriers Fight Over Digital Wallet", no *Wall Street Journal* de 18 de março de 2011, Dvorak Phred e Weinberg Stuart escreveram: "A RIM e operadoras como a Rogers Communications Inc., no Canadá, a AT&T Inc e a T-Mobile, nos Estados Unidos, discordam sobre onde exatamente no telefone as credenciais devem residir – e, portanto, *quem vai controlar os clientes*, a receita e os aplicativos que crescem com os pagamentos móveis."[9] O grifo é meu.

No modelo de fazenda leiteira do mercado, os clientes cativos são mais valiosos do que os livres. Como esse tem sido o *ethos* do marketing de massa durante um século e meio, o sistema "leite e cookies" de controle do cliente tem se mostrado atraente para os negócios fora do mundo on-line, bem como dentro dele. Atualmente, ambos os mundos estão em pior situação por isso também.

BEM, ENTÃO...

Para que mercados livres signifiquem mais do que "a escolha de seu captor", precisamos de novos sistemas que operem com base no princípio de que os consumidores livres são mais valiosos – tanto para os vendedores como para eles próprios – do que os cativos.

Melhorar a escravidão não torna as pessoas livres. Precisamos de emancipação completa. Essa é a única maneira pela qual vamos conseguir mercados livres dignos desse nome.

4

Lei torta

A lei nunca fará os homens livres.
São os homens que têm de fazer a lei livre.
Henry David Thoreau[1]

O ARGUMENTO

Temos vivido tanto tempo sem *liberdade de contrato* que esquecemos o que é isso e por que é bom para todos. Nossa cabeça agora está tão acostumada a *shrink wrap*, *click wrap** e a outros "acordos" unilaterais que mal podemos imaginar qualquer outra coisa no mundo conectado.

Em 8 de janeiro de 2011, Deepa Praveen estava adicionando marcadores às fotos de sua conta no Flickr quando um alçapão digital se abriu e ela descobriu que havia caído em uma página com uma estranha mensagem existencial: "O usuário não existe mais."[2]

Tudo o que ela havia criado no Flickr, incluindo sua própria identidade, tinha sumido. Assim, ela enviou um e-mail para o serviço de assistência do Flickr. Em 9 de janeiro, ela recebeu uma resposta dizendo que seu problema fora enviado para um representante sênior. Após ficar sem resposta por dois dias, ela criou uma nova conta e colocou uma foto de pôr do sol com este texto escrito em branco:

QUEM TEM A FORÇA TEM O DIREITO (?).

Mais de 1.000 dias,
mais de 10.000 horas de trabalho,
mais de 600 fotos,
mais de 6.000 e-mails de mais de 600 contatos,
mais de 2.000 chamadas para contato,
mais de 20.000 fvts para suas fotos,

---

* *Nota do Tradutor*: Sistemas de adesão a contratos em que o usuário aceita os termos do acordo abrindo um pacote lacrado (*shrink wrap*) ou clicando em um link (*click wrap*).

> mais de 35.000 comentários,
> mais de 250.000 visualizações...
> Tudo se foi em <um> segundo.
> Ele diz: "O usuário não existe mais."
> Para "eles", essa era apenas mais uma
> CONTA PRO.
> Não mereço uma explicação antes de eles pressionarem a tecla DEL?
>
> > Deepa Praveen
> > Outra vítima de exclusão de conta do Flickr...

Nesse mesmo dia, Thomas Hawk, fotógrafo conhecido por ter um dos maiores e mais familiares portfólios no Flickr, divulgou a foto de Deepa na postagem de um blog, sem observação.[3] Seguiram-se muitos comentários e postagens no blog, incluindo um post de minha autoria, intitulado "E se o Flickr falhar?".[4] Somente esse post reuniu 110 comentários.

Em 12 de janeiro, Deepa recebeu um e-mail em branco do Flickr. Confusa, ela escreveu de volta e recebeu o que parecia ser uma resposta automática:

> Ao aderir ao Flickr, nossos membros concordam com os Termos de Serviço Yahoo! e Diretrizes da Comunidade do Flickr:
>
> http://www.flickr.com/guidelines.gne
> http://www.flickr.com/terms.gne
>
> Sua conta foi trazida à nossa atenção por meio de um Relato de Abuso. Após análise, verificou-se que seu conteúdo e/ou comportamento foi uma violação e sua conta foi encerrada.

Deepa não era uma usuária comum do Flickr. Ela possuía uma conta pro, o que significa que pagou por benefícios além dos concedidos a usuários finais que o pai do Flicker, o Yahoo, vende para anunciantes. (Um benefício de nível pró no Flickr seria não ver nenhuma publicidade.)

Naturalmente, muitos usuários do Flickr ficaram assustados e mais histórias de exclusão de conta vieram à tona. Como as coisas esquentaram nas linhas de comentários em meu post, convidei funcionários do Flickr para participar da discussão. Em 14 de janeiro, dois deles atenderam ao convite: Blake Irving e Zack Sheppard (vice-presidente executivo, CPO (Chief Product Officer), Yahoo, e gerente sênior da comunidade no Flickr, diziam suas assinaturas). Os comentários de ambos foram simpáticos e cordiais, mas não ajudaram muito. Zack escreveu: "No tocante a exclusões de contas, não fazemos comentários sobre membros específicos, exceto para os próprios proprietários das contas. No entanto, é importante notar que, na maioria dos casos, damos um aviso ao membro antes de excluí-lo."

Em 27 de janeiro, Deepa finalmente recebeu uma mensagem do Flickr sobre a razão pela qual sua conta havia sido encerrada:

Olá!

Como eu disse anteriormente, verificamos que o comportamento de sua conta foi contra nossas diretrizes e isso nos obrigou a adotar algumas medidas – que incluíram excluir sua conta. Nossas orientações são aplicadas a todo e qualquer conteúdo que você posta no Flickr – as fotos que você carrega, os comentários que faz, os grupos de discussão de que você participa etc.

Sinto muito, mas não posso lhe dar nenhuma informação mais específica.

Obrigada pela sua compreensão,

Cathryn

No dia seguinte, Deepa escreveu para me contar que não era membro de nenhum grupo (pelo menos não recentemente), não se lembrava de ter feito quaisquer comentários que pudessem ser ofensivos, não havia violado conscientemente os direitos autorais de ninguém e não tinha postado nenhuma imagem que pudesse ser ofensiva. "O que solicitei foi uma razão", escreveu ela. "Uma razão específica para a exclusão de minha conta."

Outros que acompanhavam a história dela disseram que também não tinham pistas sobre as razões, pois as fotos de Deepa eram artísticas e incontroversas. Esse é o caso das fotos que ela postou em sua nova conta do Flickr, algumas das quais o pai do Flickr, o Yahoo, havia apresentado em um de seus outros sites. Em seu e-mail, ela acrescentou:

Se eles estão adotando uma ação de término do contrato legal e, assim, encerrando o serviço oferecido, posso aceitar. É justo. Mas, como um procedimento justo, será que não mereço uma explicação razoável deles antes de excluírem o serviço que me ofereceram, em primeiro lugar? Eles são obrigados a dar uma resposta a todos os serviços que encerram. Não merecemos um procedimento justo? Como uma das partes do contrato, não mereço o direito de ser ouvida?

É uma coisa pegajosa

Eticamente, a resposta é sim. Legalmente, não. Isso porque o Flickr é um *contrato de adesão*. De acordo com a *West's Encyclopedia of American Law*, um contrato de adesão é:

Um tipo de contrato, um acordo legalmente vinculativo entre duas partes para fazer determinada coisa, em que um lado tem todo o poder de negociação e usa isso para redigir o contrato principalmente em seu proveito.

Um exemplo de contrato de adesão é o tipo de contrato padronizado que oferece bens ou serviços aos consumidores, essencialmente, na base do "pegar ou largar", sem dar aos consumidores oportunidades realistas para negociar termos que poderiam beneficiar seus interesses. Quando isso ocorre, o consumidor não poderá receber o produto ou serviço desejado, a menos que concorde com o tipo de contrato.[5]

Os contratos de adesão, também conhecidos como *contratos padronizados* (*boilerplate contracts*) e *contratos de formulário-padrão* (*standard form contracts*) são os mais comuns nos negócios e incluem quase todos os contratos que os usuários encontram na Web. Os sites os chamam de "acordos", "*click wrap*", "termos de serviço" e nomes semelhantes. Os advogados também os chamam de "*click wrap*" e "*browse wrap*". (Esses são os nomes on-line para as licenças de software "*shrink wrap*" que antigamente vinham em caixas, diferentemente de hoje, quando o software é baixado ou reside na "nuvem".)

O que esses contratos de adesão fazem é enquadrar precisamente a parte submissa, enquanto a parte dominante está livre para mudar o que quiser. Friedrich Kessler, que popularizou os "contratos de adesão" em um artigo de referência com esse nome na edição de julho de 1943 da *Columbia Law Review*, explica como esses contratos surgiram:[6]

O desenvolvimento das empresas de grande porte com sua produção em massa e distribuição em massa tornou um novo tipo de contrato inevitável – o contrato padronizado para uso em massa. O contrato padronizado, uma vez que seu conteúdo foi formulado por uma empresa de negócios, é usado em todos os negócios que lidam com o mesmo produto ou serviço. A individualidade das partes, que, em geral, davam cor ao antigo tipo de contrato, desapareceu. O contrato estereotipado de hoje reflete a impessoalidade do mercado... Uma vez que a utilidade desses contratos foi descoberta e aperfeiçoada nos negócios dos transportes, seguros e bancos, seu uso se estendeu a todos outros os campos das empresas de grande porte, tanto no comércio internacional como no nacional e nas relações de trabalho.[7]

Meio século depois, essa mesma perfeição propagou-se também por toda a Web comercial.

Vejamos alguns exemplos, a começar pelas Contas do Google (que incluem o Gmail, histórico da Web personalizado, iGoogle e Google Checkout):[8]

2. Aceitação dos termos

2.1 A fim de utilizar os serviços, você terá primeiro de aceitar os Termos. Você não poderá utilizar os serviços se não aceitar os Termos.

2.2 *Você pode aceitar os Termos:*

(A) clicando em aceitar ou concordar com os Termos, quando essa opção for disponibilizada para você pelo Google na interface de usuário de qualquer serviço;

(B) *usando efetivamente os serviços. Neste caso, você entende e concorda que o Google considerará seu uso dos serviços uma aceitação dos Termos a partir desse ponto em diante.*

Grifei a parte que interessa. Isso se traduz como *uso* = *acordo*.

Em seguida, há este, também do Google:

19. Alterações nos Termos

19.1 O Google pode fazer alterações nos Termos Universais ou nos Termos Adicionais de tempos em tempos. Quando essas alterações forem efetuadas, o Google fará uma nova cópia dos Termos Universais disponíveis em http://www.google.com/accounts/TOS?hl=en e quaisquer Termos Adicionais novos serão disponibilizados para você dentro, ou por meio, dos Serviços afetados.

19.2 Você entende e concorda que, se utilizar os Serviços após a data em que os Termos Universais ou os Termos Adicionais foram alterados, o Google considerará seu uso uma aceitação dos Termos Universais ou dos Termos Adicionais atualizados.

Chamo isso de "cláusula de Vogon". Em *O guia do mochileiro das galáxias*, de Douglas Adams, a Terra é destruída sem aviso pelos Vogons (feias espécimes de burocratas alienígenas) para dar lugar a uma via expressa hiperespacial, cujos planos, explicam os Vogons, já estavam disponíveis nos últimos 50 anos no departamento de planejamento local em Alpha Centauri.[9]

Os contratos de adesão são também absurdos de uma forma mais básica: a parte dominante – aquela que está fornecendo todos os termos – pode alterar os termos sempre que quiser, enquanto a parte submissa não tem escolha senão concordar ou abandonar o produto ou serviço. Assim, o contrato é um velcro para o vendedor e uma Supercola para o cliente. É por isso, por exemplo, que a Apple pode alterar as 55 páginas de seus Termos de Uso para iPhones após algumas semanas, e a única escolha dos clientes é clicar em "aceitar". E, como uso = acordo, não há nenhuma razão para que o cliente examine o acordo, exceto que ficar sem o serviço seja uma opção legítima. Para a maioria dos clientes, não é.

E, até agora, falamos apenas sobre os termos de serviço. As políticas de privacidade são igualmente ruins, se não piores.

As RP na privacidade

Para quase todos os sites e seus serviços, as políticas de privacidade são a cobertura do traseiro para a empresa, e relações públicas (RP) para o cliente ou usuário. Por exemplo, a declaração de privacidade da Linden Lab, intitulada "Proteção e divulgação das suas informações", "exige" que a nova entidade siga a antiga política de privacidade; na frase seguinte, diz que suas informações pessoais podem ser usadas de forma "contrária" à política, desde que você receba um aviso prévio.[10] Supõe-se que será no modelo Vogon.[11]

Eis por que a *West's Encyclopedia of American Law* diz que toda essa fraude é normal:

Não há nada inaplicável ou mesmo errado com os contratos de adesão. Na verdade, a maioria das empresas nunca iria concluir seu volume de transações se fosse necessário negociar todos os termos...[12]

Na Era da Internet, essa razão se reduz a uma desculpa. Mas é uma desculpa que funciona enquanto *nós continuarmos* a acreditar que não existem alternativas.

O "antigo tipo de contrato", diz Kessler, "reflete um espírito orgulhoso do individualismo e do *laissez faire*. Os contratos foram construídos para manifestar "a autenticidade e a realidade do consentimento", que se harmonizavam com a ética e os ideais de "pequenos empresários, comerciantes individuais e artesãos independentes, dedicados à livre iniciativa".[13] Ele acrescenta:

Com o declínio do sistema da livre iniciativa, devido à tendência inata do capitalismo competitivo para o monopólio, o significado do contrato mudou radicalmente.[14]

Em outras palavras, "a autenticidade e a realidade do consentimento" não evoluíram, e pararam de evoluir logo que a produção em massa, as vendas em massa e o marketing de massa tornaram-se *pro forma* para as grandes empresas – há mais de um século. Renee Lloyd, advogado e ex-aluno do Berkman Center de Harvard, explica:

A revolução industrial introduziu um novo dilema para o direito contratual, porque o modelo de negócios "tudo em massa" exigia um mecanismo legal eficiente e padronizado para apoiá-lo. Então, tivemos os *contratos de adesão* de Kessler – não porque fossem bons, mas porque eram a única coisa que funcionava. Em outras palavras, tivemos de abandonar alguns dos princípios fundamentais dos contratos, apenas para progredirmos no mundo industrializado, em que uma empresa de sucesso pode ter milhares ou milhões de clientes.[15]

Os contratos de adesão como lei devem ser profundamente ofensivos para todos, assim como eram para Kessler. Mas também são profundamente normativos. Essa era a situação que Kessler abordou em 1943. Quando o poder se concentrou nas grandes empresas, o mesmo ocorreu com os contratos unilaterais e coercitivos, que eram livres apenas no nome.

No entanto, disse Kessler, o problema em 1943 era ainda mais sutil e pernicioso do que isso:

A sociedade, ao proclamar a liberdade de contrato, garante que não irá interferir no exercício do poder por contrato. A liberdade de contrato permite aos empreendedores legislar por contrato e... de uma maneira substancialmente autoritária sem usar a aparência de formas autoritárias.

Os contratos-padrão, em particular, puderam, assim, se tornar instrumentos eficazes nas mãos de poderosos soberanos da indústria e do comércio, permitindo-lhes impor uma nova ordem feudal de sua própria criação sobre um vasto exército de vassalos.[16]

E os vassalos somos nós.

Ainda assim, nossa aquiescência aos *contratos de adesão* não significa que todos esses contratos de adesão fiquem de pé em um tribunal. Diz a *West's Encyclopedia of American Law*: "Muitos contratos de adesão são inadmissíveis; eles são tão injustos com a parte mais fraca que um tribunal se recusará a aplicá-los."[17]

Isso ainda não aconteceu na Web comercial. De fato, os *contratos de adesão* tiveram um grande polegar apontado para cima no caso *ProCD vs. Zeidenberg*, que foi decidido pelo juiz Frank H. Easterbrook em 1995.[18] Nesse caso, a ProCD processava Matthew Zeidenberg por violação de seu contrato de *shrink-wrap*, que restringia a venda de informações da ProCD. Ela argumentava que, embora Zeidenberg não tivesse "manifestado o consentimento" clicando em uma declaração para concordar com os termos do contrato, as informações sobre o contrato de licença proposto apareciam em três lugares: no lado de fora do pacote, no texto da própria licença e no texto exibido toda vez que o software era carregado. Com base nesses fatos, o juiz Easterbrook concluiu que Zeidenberg estava comprometido com os termos da licença. O tribunal ainda considerou:

> As licenças Shrinkwrap são aplicáveis a menos que seus termos sejam ofensivos aos fundamentos aplicáveis aos contratos em geral (por exemplo, se violarem uma regra de direito positivo ou se forem inadmissíveis). Como ninguém argumentou que os termos da licença aqui em questão são problemáticos, damos encaminhamento à ação com instruções para incluir no julgamento do requerente.[19]

Assim, a ProCD validou os *contratos de adesão* nas transações eletrônicas. Bem ou mal, ela também abriu um caminho legal suave para o comércio eletrônico como o conhecemos hoje.

Questões de inconsciência

Assim, estaria o Flickr se comportando de maneira exorbitante com relação a Deepa Praveen? Eis os termos do Flickr:[20]

5. DIREITOS RESERVADOS AO FLICKR

O Flickr se reserva expressamente o direito de modificar ou deletar conteúdo de sua conta, suspender e cancelar seu uso, bem como impedir que você utilize no presente ou no futuro qualquer serviço Yahoo!, incluindo o Flickr Pro, se entender que: (i) você violou ou tentou violar direitos de terceiros, (ii) atuou de forma inconsistente com as disposições do TOS, nas Regras de Comunidade ou nestes Termos de Serviço Adicionais. Neste caso, sua conta Flickr pro poderá ser imediatamente suspensa ou cancelada, de acordo com a discricionariedade do Flickr, e toda informação e todo conteúdo serão deletados de forma permanente, não cabendo a você qualquer direito de reembolso a valores que tenha pago em razão desta conta. O Flickr não se responsabiliza pelas informações ou conteúdos excluídos.

6. INDENIZAÇÃO
Você concorda em indenizar e isentar o Flickr, suas subsidiárias, diretores, empregados e parceiros por qualquer ação ou questionamento de terceiros que surja em razão do seu acesso e utilização ao Flickr Pro, da violação dos TOS ou destes Termos de Serviço Adicionais, da violação de quaisquer direitos de terceiros ou de qualquer legislação ou regulamento aplicável.

Esses termos poderiam ser considerados injustos à primeira vista se fossem proferidos por, digamos, uma loja de câmeras do bairro. Mas a situação é diferente para uma empresa que hospeda mais de 5 bilhões de fotografias de 51 milhões de usuários registrados[21] e que acumula 3 mil novas fotos a cada minuto.[22] Uma empresa que opera nessa escala não é construída para dar as mãos aos clientes, muito menos para fazer julgamentos sobre cada foto enviada. Como uma empresa grande, com bolsos fundos, o Yahoo também é um alvo robusto para processos legais. Assim, dada a imensidão do risco de exposição da empresa, ser capaz de excluir as contas de forma rápida e completa parece ser uma postura prudente a tomar, mesmo em face de clientes irritados.

Então, você pode pensar, mesmo que isso seja uma boa desculpa para o Yahoo, não deveria ser para as empresas menores. Mas claro que é, porque os *contratos de adesão* são agora *pro forma* para as empresas de todos os portes que operam na Web. Examinei dezenas dessas coisas, e colegas meus (incluindo muitos advogados e professores de Direito) examinaram milhares. Os termos são praticamente os mesmos. Como as buscas de "política de privacidade" agora mostram mais de 3 bilhões de resultados, estamos falando de um problema extremamente entrincheirado – e que relativamente poucos se preocuparam em questionar, em juízo ou em qualquer outro lugar.[23]

A Electronic Frontier Foundation listou, em fevereiro de 2011, somente 25 desses casos.[24] Nenhum deles incentivaria Deepa – ou alguém – a se tornar o número 26.

É inútil contestar esses contratos, desde que três condições persistam: (1) apenas um lado começa a redigir os acordos, (2) os acordos devem cobrir todas as possibilidades imagináveis, e (3) a única chance de escolha do outro lado é concordar ou ir embora, o que é quase impossível em um mundo conectado.

É sem contexto

O âmbito de um contrato é definido por seu contexto. Quando estamos em casa, isso é um contexto. Quando estamos no trabalho, isso é um contexto. Quando estamos fazendo compras, isso é um contexto. Quando estamos dirigindo, isso é um contexto. Quando alugamos uma canoa, um smoking ou uma escada, esses são contextos. É por isso que, no mundo físico, a maioria dos contratos é simples e direta, fácil de entender, e não serve para acorrentar uma parte ou outra. Considere, por exemplo, um típico contrato de locação de equipamentos. Ele diz quem é responsável pelo quê e cobre coisas básicas, como quem paga, quanto, quando e onde o equipamento deve ser devolvido. Em contextos desse tipo, a liberdade de contrato ainda está viva.

Em mercados de massa, no entanto, o contexto é a necessidade de vender a maior quantidade de produtos para o maior número de clientes. Aqui é mais fácil e mais seguro para os advogados da empresa redigirem contratos que igualam o uso ao acordo, despejam todos os riscos e responsabilidade possíveis sobre o usuário ou cliente, liberam o fornecedor de todas as mais óbvias e inevitáveis responsabilidades, reservam-se o direito de alterar qualquer termo a qualquer momento e de publicar um aviso da mudança em uma página Web que quase ninguém olha.

Assim, a natureza sem contexto dos mercados de massa no mundo físico encontra correspondência ideal na natureza sem contexto da Web. É por isso que quase todos os contratos de adesão padronizados das empresas e serviços baseados na Web parecem muito com o que eu disse no último parágrafo, independentemente do tamanho da empresa.

Mas a história não termina aí. Os mercados em rede são enormes somente em suas geometrias. A atividade dentro deles ainda é de ponta a ponta, de alguém para alguém, envolvendo milhões de indivíduos separados e distintos. E a Net também está aberta a novos e ilimitados desenvolvimentos. Portanto, não há nada que impeça as pessoas de adquirir mais ferramentas e mais poder, incluindo a capacidade de fazer seus próprios termos valerem, de igual para igual, com os vendedores. Na verdade, essas ferramentas estão sendo empregadas neste exato instante e nós veremos seu progresso no Capítulo 20.

BEM, ENTÃO...

Embora a liberdade de contrato tenha se firmado na Web de maneira mais arcaica do que já era nos mercados de massa, agora quase todos os mercados estão estabelecendo redes no nível individual. Com isso, surgem inúmeras oportunidades de explorar novos meios para alcançar os fins da liberdade.

5

Relações assimétricas

> O CRM... mudou desde que surgiu como uma plataforma para a condução de melhorias na experiência do cliente, passando a ser executado como uma plataforma para corte de custos e gestão de riscos... em muitos casos, tudo o que fiz foi transferir o desperdício/ineficiência para o cliente.
>
> Iain Henderson[1]

O ARGUMENTO

Os relacionamentos são uma via de mão dupla. Eles exigem consentimento das partes, ausência de coerção, respeito, compromisso e outras propriedades que, em grande parte, estão ausentes nos grandes negócios e no CRM atualmente. Não teremos relações reais entre fornecedores e clientes até que os clientes estejam totalmente equipados para participar, ou seja, até que haja ferramentas e sistemas VRM para combinar com os de CRM.

O CRM entrou em voga como um rótulo em meados dos anos 1990, depois que a automação da força de vendas (SFA – *Sales Force Automation*) encontrou a Internet. O SFA começou como marketing de banco de dados (*database marketing*), na década de 1980, mas só começou a decolar mesmo quando Tom Siebel e Rebecca House fundaram a Siebel Systems (agora Oracle CRM) em 1993. O instituto de pesquisa Gartner projeta US$13,1 bilhões em vendas para fornecedores de CRM em 2012. Isso supera os US$8,9 bilhões de 2008.[2] De acordo com a empresa de pesquisa Trefis, "o mercado global de software de gestão de relacionamento com o cliente (CRM) aumentou de US$6,6 bilhões em 2006 para cerca de US$10 bilhões em 2009" e tem crescimento estável projetado para US$22 bilhões em 2017.[3]

Gartner, a grande empresa de análise de mercado às vezes citada por cunhar o termo CRM, continua a fazer uma distinção entre SFA e CRM, com o primeiro sendo um subconjunto do último.[4] Atualmente, ela classifica a Salesforce acima de ambos.[5] Eis o que a Salesforce diz sobre o CRM em sua página inicial:

> A gestão de relacionamento com o cliente (CRM) abrange tudo que é preciso para gerenciar os relacionamentos que você tem com seus clientes. O CRM

combina processos de negócios, pessoas e tecnologia para atingir este objetivo único: obter e manter clientes. É uma estratégia global para ajudá-lo a aprender mais sobre seu comportamento para que possa desenvolver relações fortes e duradouras que irão beneficiar tanto você quanto seu cliente. É muito difícil administrar um negócio bem-sucedido sem um forte foco em CRM, bem como adicionar elementos de mídia social e fazer a transição para um empreendimento social a fim de se conectar com os clientes de novas maneiras.

A terceira pessoa "você" e "seu" são os clientes corporativos da Salesforce. Cada um deles tem as próprias maneiras de se relacionar com clientes. Assim, enquanto Toyota, Siemens, Starbucks e Dell usam a Salesforce para se relacionar com seus clientes, como um cliente dessas quatro empresas, você não tem como mudar seu endereço ou número de telefone em todas elas ao mesmo tempo. Você tem de fazer isso separadamente. Multiplique esse tempo de trabalho por todas as diferentes empresas que o veem como um cliente único e você se defrontará com um problema que o CRM ainda não conseguiu resolver.

Como resultado, a satisfação com o trabalho do CRM não é especialmente alta em nossa ponta da cadeia de suprimentos. Em outubro de 2010, Michael Maoz, vice-presidente e analista do grupo Gartner, escreveu:

> Nos últimos 10 anos, o nível de satisfação do cliente subiu apenas ligeiramente – para a maioria das indústrias, entre 3% a 5%. Considerando que mais de US$75 bilhões foram gastos em aplicações de negócios relacionados com o CRM, nesse período, e o triplo dessa soma na melhoria dos processos, e centenas de livros foram escritos, era de se esperar muito mais...[6]

Mas isso não é tudo culpa do CRM. O CRM suporta toda a carga de relacionamento porque não existem ferramentas correspondentes do seu lado que lhe permitam gerenciar muitos fornecedores da mesma forma que os fornecedores gerenciam muitos de vocês. Essas ferramentas estão chegando, com o VRM, para a gestão do relacionamento com o fornecedor. Vamos abordar essa questão na Parte III. Enquanto isso, vamos examinar mais de perto onde o CRM está agora e para onde está indo, no seu caminho para encontrar o VRM.

Os caminhos do desperdício

Iain Henderson, que trabalhou muitos anos no negócio de CRM, caracteriza as relações baseadas em CRM como "ilhas de sucesso rodeadas por mares de conjecturas e desperdício". Nos relacionamentos, as ilhas e os mares parecem aqueles da Tabela 5-1, evoluindo ao longo do tempo de cima para baixo (os mares de suposições e desperdícios estão em letras maiúsculas).

Os itens em letras minúsculas "O que ambos fazem" e "O que o fornecedor faz" estão todos no jargão de CRM, que desenvolveu muitas maneiras de minimizar

TABELA 5-1

Relacionamentos baseados em CRM

O que o cliente faz	O que ambos fazem	O que o fornecedor faz
Articula a necessidade	ADIVINHA	Articula produto/serviço
Pesquisa	ADIVINHA	Direciona
Encontra (engaja-se)	ADIVINHA	Gerencia as consultas
Negocia	Começa a se RELACIONAR	Negocia
Transaciona	Transaciona	Transaciona
DESPERDIÇA	Recepciona	DESPERDIÇA
DESPERDIÇA	Presta serviços de relacionamento	DESPERDIÇA
DESPERDIÇA	Desenvolve o relacionamento	DESPERDIÇA
DESPERDIÇA	Gerencia problemas	DESPERDIÇA
DESPERDIÇA	Gerencia saídas	DESPERDIÇA
DESPERDIÇA	Reengajamento	DESPERDIÇA

o contato real com os clientes e normalizar o serviço todo com um conjunto minimizado de variáveis. Isso envolve ainda mais conjecturas e desperdícios do que podemos descrever aqui – novamente, de ambos os lados.

Como cliente, você costuma encontrar isso quando seu problema não está entre as poucas coisas que a central de atendimento telefônico fornece quando diz: "Pressione 4 para (qualquer coisa)."

Ao resumir sua pesquisa sobre a eficácia do CRM para diferentes tipos de empresas, Iain classifica o desempenho do CRM com diferentes tipos de dados, aos quais ele aplica marcas verdes, amarelas ou vermelhas. Verde é bom, amarelo é insatisfatório e vermelho é ruim. Transformei seus gráficos em uma tabela com valores: 1 para bom, 0 para insatisfatório, e –1 para ruim (ver Tabela 5-2).

TABELA 5-2

Eficácia do CRM para várias empresas

Tipo de dados	Banco comercial	Editora global	Fabricante de carros de luxo	Fabricante
Cliente ou prospecto	1	0	0	1
Associação		0		0
Relacionamento	0			0
Vida doméstica	0			
CEP	1			1
Localização		0	0	
Endereço	1	0	1	1
Detalhes do contato				1
Hierarquia interna		–1	–1	
Nome do contato	0	0	0	

Tipo de dados	Banco comercial	Editora global	Fabricante de carros de luxo	Fabricante
Meio	−1			−1
Outros dados pessoais	0			1
Permissões	1	−1	0	1
Aparência	−1			−1
Publicidade	0			
Interação com o cliente	−1			−1
Outlet	−1	−1	−1	−1
Campanha	1	1	−1	1
Oferta de produtos	0	−1	−1	
Produto	1	0	0	1
Produto concorrente	0	−1	−1	1
Grupo *ad hoc*	−1	0	0	1
Conta	1	0	0	1
Produto ao cliente	1	−1	0	0
Dados externos		0	0	
Dados adicionais	−1	−1	−1	−1
Status	1	0	0	0
Acompanhamento	−1	−1	−1	1
Pagamento	0	−1	−1	1
Fatura	0	−1	−1	−1
Total	**2**	**−9**	**−8**	**7**

Nem todas as empresas estudadas tinham os mesmos tipos de dados, e os tipos de dados têm pesos diferentes, mas isso oferece um bom panorama de como o CRM realmente funciona mal.

Desserviço ao cliente

Você já percebeu como as pessoas dos centros de atendimento telefônico se tornaram mais amigáveis e interessadas? Aqui está o aperto de mão verbal guiado por roteiro:

"Olá, meu nome é Bill. Como vai você hoje?"

"Estou bem. Como vai você?"

"Obrigado por perguntar. Estou bem. Como posso ajudá-lo hoje?"

"Meu produto X parou de funcionar."

"Lamento que você esteja tendo esse problema."

Eles sempre perguntam como você está, agradecem por perguntar como eles estão e lamentam por você ter um problema. Depois de instalar o mais recente pacote de aplicativos da Adobe em um de meus laptops, quase todos os meus aplicativos da Adobe pararam de funcionar, incluindo as gerações anteriores do mesmo pacote.

Passei *três dias* ao telefone com a Adobe, descrevendo todos os problemas. Perdi a conta do número de pessoas com quem falei. Com exceção da última chamada – a única finalmente bem-sucedida –, todas as outras começavam com uma conversa como a relatada anteriormente e acabavam sendo descartadas. E, em cada caso, o funcionário seguinte do centro de atendimento telefônico dizia que a última pessoa com quem eu tinha falado havia marcado meu problema como "resolvido".

Eles também falam dessa maneira pelos sistemas de atendimento on-line via sessões de chat. Algum tempo atrás, eu estava em quatro sessões de bate-papo enfileiradas com diferentes agentes da Charter Communications, a empresa a cabo que fornece serviços de Internet na casa de um parente. As sessões ocorriam em um laptop num espaço apertado, em que o equipamento da Charter estava localizado. Cada conversa era comicamente absurda e não envolvia nenhuma memória institucional da conversa anterior. A mensagem clara que percorria todas as conversas era a seguinte: *estamos aqui apenas para lhe dar uma lenta dose de futilidade e esperamos que você resolva sozinho seu problema enquanto isso.*

E muitos de nós fazemos isso. Na verdade, muitos acabam se cansando e abandonando o problema nos casos em que o suporte da empresa não existe ou não funciona. Em "Customer Service? Ask a Volunteer", Steve Lohr, do *The New York Times*, escreve sobre "um corpo emergente de ajudantes especialistas em Web que as grandes corporações, as novas empresas e os investidores de capital de risco apostam que irá transformar o campo dos serviços de atendimento ao cliente".[7] Ele cita o trabalho de voluntários motivados pelo prazer, "conhecidos como *lead users*, ou superusuários", que fazem contribuições não pagas ao desenvolvimento de produtos em uma diversidade de campos, de skate a software de código-fonte aberto. Em seguida, ele pergunta: "Mas será que esse mesmo tipo de economia de recompensas sociais poderá se desenvolver no âmbito dos serviços de atendimento ao cliente? Esse é, afinal de contas, um campo que as empresas normalmente consideram um incômodo caro e que os consumidores veem como uma fonte de frustração."

Tudo isso faz parte de uma tendência mais ampla que minha esposa chama de "terceirizar o serviço de atendimento ao cliente para outro cliente". Como evidência, ela cita caixas eletrônicos, postos de gasolina com autoatendimento, caixas de autosserviço de supermercados, labirintos de call centers que encaminham os clientes para sites e sites que escondem ou se recusam a revelar informações (tais como endereços e números de telefone) que ajudariam um cliente a contatar seres humanos de uma empresa diretamente.

Em sua melhor forma, esse tipo de terceirização recai em uma categoria criativa que Eric von Hippel, professor de Inovação Tecnológica no MIT Sloan School of Management, chama de *Inovação Democratizante* (também o nome de seu livro mais conhecido).[8] A procura e a oferta dão as mãos e ajudam uma à outra, em pleno respeito ao que o outro lado está mais bem equipado para trazer à mesa que ambos compartilham. Em sua pior forma, você tem clientes perambulando e, de vez em quando, desabafando em fóruns públicos, na vaga esperança de que alguma outra pessoa de lá possa ajudá-los a resolver um problema.

Essa foi minha experiência após um colapso total das comunicações com a Sprint. A saga começou quando recebi uma "chamada de cortesia" da Sprint, em julho de 2009, oferecendo-se para "chegar a um acordo" sobre uma fatura de mais de US$500, acumulados, supostamente, quando ultrapassei em junho o limite de uso de 5GB por mês do cartão de dados do meu laptop Sprint EvDO. Além de não saber que a Sprint havia imposto um limite de dados, eu a escolhera como fornecedora de dados móveis justamente porque ela *não tinha* um limite de dados. Além disso, eu tinha certeza de que meu uso normal por mês era muito inferior a 5GB, e que não tinha feito nada de especial em junho. Certamente havia um erro em algum lugar. Mas a pessoa que fez a chamada de cortesia não podia averiguar isso. Tudo que ela podia fazer era um "acordo" comigo. "O que você estaria disposto a pagar?", perguntou ela. "Nada", respondi. Os US$59,99 por mês que já pago era todo o "acordo" que eu estava disposto a fazer.

O que não era bem verdade. Eu tinha de descobrir o que estava errado e corrigir isso. Então, liguei para vários números da Sprint e, depois de muito tempo, não consegui rigorosamente nada. Então, coloquei um post no blog intitulado "O que são 10.241.704,22kb entre ex-amigos?" e esperava que expor o problema para milhares de leitores pudesse me levar a algum lugar.

Isso não aconteceu. Passados vários meses, a Sprint me cortou e, em seguida, começou a ameaçar com ação judicial para cobrar o suposto uso excedente. Assim, postei um tweet apelando para a @SprintCares no Twitter, com um link para a mensagem do meu blog. Uma pessoa da Sprint, então, entrou em contato comigo, averiguou novamente meu histórico de uso e o registro de pagamentos, percebeu que o mês esquisito era uma completa anomalia e cancelou as cobranças. (Quando escrevi este livro, a Sprint estava oferecendo dados ilimitados novamente.)

Socializando-se

Duvido que @SprintCares participasse de qualquer coisa que a Sprint tivesse na época relacionado com um sistema de CRM, e suspeito que ainda é assim, mais de dois anos depois. Mas a @SprintCares é considerada parte de uma nova geração de CRM, chamada sCRM, ou seja, CRM social. Pense no sCRM como uma maneira de "clientes sociais" interagirem com as empresas, e não como a oferta de um novo CRM. Não oficialmente, de qualquer maneira.

Na época em que fui consultor da BT no Reino Unido, assisti ao início do sCRM com uma pessoa que resolvia problemas de clientes no Twitter usando o nome @BT care. Isso se transformou em uma equipe inteira de pessoal de atendimento ao cliente, na medida em que a @BT care começou a funcionar 24/7 para lidar com clientes que se relacionavam com a BT por meio do Twitter, e não por meio do centro de atendimento ao cliente da empresa. Para facilitar essa mudança, estava J.P. Rangaswami, na época cientista-chefe da BT. Ele agora detém o mesmo título na Salesforce.

E eu mesmo, como um cliente social, achei o sCRM muito útil. Por exemplo, @CZ, um funcionário da Verizon, me ajudou com minha conta da Verizon FiOS. Também tive sorte ao me envolver com outras empresas, como jornalista, batendo primeiro à porta da @CompanyName. E, por último, mas não menos importante, há minha experiência social com a @Microsoft. Especificamente, no Microsoft Word para o Macintosh 2011. O Word é o programa padrão de edição de texto e é o que estou usando para escrever e editar este livro. Quando alguma coisa dava errado com o manuscrito (vou poupá-lo dos detalhes sórdidos), apelava para a @Microsoft no Twitter e conseguia ajuda diretamente da equipe de desenvolvimento do Word. Ainda assim, será que todo mundo que envia tweets para @Microsoft recebe o mesmo nível de ajuda? Duvido.

Portanto, há uma enorme lacuna aqui.

Os fornecedores de CRM estão tratando a questão com novas ofertas "sociais" para seus clientes, que são as empresas que vendem coisas para você e para mim.

Em *CRM at the Speed of Light*, Paul Greenberg diz que agora estamos na "era do cliente social", que "o cliente assumiu o controle da conversa" e que a transformação social em torno do CRM é muito maior do que aquela que acontece dentro do CRM ou das próprias empresas.[9]

Sem dúvida, isso é verdade. Mas as empresas de CRM agora estão realizando um grande esforço social. Em agosto de 2011, a Salesforce introduziu The Social Enterprise, que visa transformar os clientes da companhia – os negócios – em "empresas sociais". Isso significa três coisas:

1. Conectar a empresa às redes sociais, incluindo Facebook, Twitter e LinkedIn.
2. Criar redes sociais corporativas internas que funcionam da mesma maneira.
3. Tornar os aplicativos corporativos da empresa mais sociais.

Isso tudo é bom, mas não cobre toda a gama do que significa para os indivíduos ser social no mundo em rede:

1. Muitos clientes não estão nas redes sociais, e nunca estarão.
2. Muitos clientes das redes sociais desejam ser sociais com as empresas apenas quando há problemas, e não querem ser contatados ou ficar expostos nas outras vezes.
3. As interações diretas entre os clientes e as empresas são pessoais, e não sociais.
4. O sCRM é tão diferente do resto do CRM que a integração provavelmente exigirá muito tempo e trabalho.

Para um exemplo da grande distância que a indústria ainda precisa percorrer nesse novo caminho, Greenberg compara o sucesso de Bill Gerth – mais conhecido como @comcastcares no Twitter – com a péssima reputação do serviço de atendimento ao cliente da Comcast. Este último é exemplificado pela história tantas vezes contada de Mona Shaw, uma avó da Virgínia que perdeu o controle depois dos muitos maus-tratos do escritório local da Comcast, destruiu o lugar com um martelo e foi punida apenas com uma pequena multa por um tribunal simpático.

BEM, ENTÃO...

O C em CRM significa *cliente*, e não *clientes*. É pessoal, e não social. O que não funciona com o CRM não será corrigido até que ferramentas pessoais para relacionamento sejam desenvolvidas no lado do cliente. Essas serão as ferramentas VRM. Assim, VRM + CRM funcionará muito melhor do que CRM sozinho. Você pode ler sobre VRM na Parte III e sobre VRM + CRM no Capítulo 24.

6

A (dis)função da fidelidade

> A velhinha tentou roubar uma loja de departamentos com uma pistola etiquetadora. Ela disse: "Dê-me todo o dinheiro do cofre ou remarcarei todos os preços da loja."
> Stephen Wright[1]

> A honestidade é a melhor política. Se você puder fingir isso, seu trabalho está feito.
> George Burns[2]

O ARGUMENTO

No comércio atual, a fidelidade é mais propaganda do que fato.

Alguns vírus podem passar de uma espécie para outra. Raiva, gripe suína e HIV são três exemplos. O nome para essa transferência é *zoonose*.

O mesmo pode ocorrer com os mercados, em que tanto as boas quanto as más ideias podem "se tornar virais". Na última década e meia, vimos uma zoonose em curso entre o comércio tradicional e o comércio eletrônico da Web, à medida que novas ideias para captar clientes migravam, de forma viral, do mundo físico para o virtual.

Captar os clientes sempre foi, de qualquer modo, uma fantasia dos fornecedores e, portanto, o mercado off-line estava pronto para ouvir a voz virtual, que dizia algo como: "Ei, forçar as pessoas a se tornarem escravos voluntários de sites parece ser uma boa ideia; e os consumidores parecem não se importar de fazer o registro em todo lugar, em vez de apenas fazer uma visita. Então, vamos coagir a fidelidade fazendo nossos clientes terem de carregar cartões de fidelidade ou chaveiros de identificação (*key tags*). Postaremos preços com desconto apenas para clientes portadores de cartão e cobraremos mais caro de todos os outros pela mesma coisa. Podemos monitorar os clientes e suas compras por meio dos dados coletados, aumentar seus custos de troca e personalizar nossas promoções."

E aqui estamos nós, carregando uma confusão de cartões de fidelidade e chaveiros de identificação, para que possamos obter recompensas e descontos em todos os lugares em que fazemos compras.

O chaveiro do meu carro fica no nosso Volkswagen Passat 2000, que tem 162 mil milhas rodadas. A chave em si é um modelo proprietário da Volkswagen, projetada de modo que somente a Volkswagen possa substituí-la. Algum tempo atrás, a chave quebrou, mas nós a prendemos com elástico, pois a Volkswagen cobra centenas de dólares de seus clientes cativos para substituí-la.

No chaveiro estão os cartões da Shaw's e da Stop & Shop, duas lojas que às vezes visito. (Minha esposa, uma gourmet, prefere fazer compras na Trader Joe's. Explicarei a razão no Capítulo 25.) Não carrego cartões nem chaveiros de identificação na carteira, mas temos um monte deles no apoio de braço do carro. Minha esposa também tem uma carteira separada para os cartões de fidelidade em sua bolsa. Talvez seja a coisa mais pesada que carregue. Todos são uma chatice.

Programas de fidelidade de muitos tipos existem desde o século XIX (a maior tiragem da história foi o catálogo *Green Stamps* de 1966), mas a propagação dos sistemas de cartões de fidelidade do comércio no final da década de 1990 e início dos anos 2000 sugere com clareza que o modelo da Web comercial baseado nos cookies se espalhou off-line também.[3] O equivalente off-line dos cookies são as tiras magnéticas e os códigos de barras.

Obviamente, é justo supor que os programas funcionam muito bem ou são, pelo menos, racionalizados bem o suficiente para continuar justificando-os. Mas, até agora, não encontrei nenhuma pesquisa do lado do cliente que parta da premissa de que talvez não precisemos desses programas afinal – ou que faz sentido basear nossa compreensão de fidelidade no que os clientes realmente sentem.

Então, decidi fazer uma pesquisa por conta própria, com base em meus próprios sentimentos e em minha própria experiência, apenas com lojistas cujos cartões de fidelidade eu carrego. Sou apenas um cliente, mas acho que minha experiência é reveladora.

Mercados de massa

Vamos começar com a Shaw's, uma cadeia de supermercados de New England. Costumo comprar na Shaw's da área de Boston três coisas que raramente vejo em outras lojas: (1) pão La Brea Bakery, (2) molho Cholula Hot e (3) linguiça de porco. (Os dois primeiros são gostos adquiridos na Califórnia. O terceiro é um que adquiri na Carolina do Norte.) Costumo pegar outros produtos básicos quando estou na Shaw's: ovos, leite, frutas, legumes, carne etc. Mas não me incomodaria se a loja não tivesse esses três itens um pouco incomuns.

Os preços com "desconto" para os clientes portadores de cartão da Shaw's são quase iguais aos de outras lojas que não têm programas de fidelidade, tais como a Market Basket e a Trader Joe's (por exemplo, US$1,99 por uma dúzia de ovos grandes). Os preços "normais" da Shaw's são tão mais altos (por exemplo, US$2,99 pelos mesmos ovos) que presumo que ela cobre mais caro de clientes que não têm cartão.[4] Assim, o único "benefício" do meu cartão da Shaw's é um e-mail semanal que nunca me atraiu a voltar à loja para qualquer coisa. O assunto do mais recente deles foi: "David, use este cupom de desconto enviado somente por e-mail para comprar refrigerantes mais baratos." (Meu nome verdadeiro é David. Somente parentes, velhos amigos e conhecidos robóticos o usam.) O corpo do e-mail é uma bagunça de pequenos elementos gráficos, todos carregados no meu cliente de e-mail, com exceção de um deles. Ele tem "economias escolhidas a dedo exclusivamente para você", incluindo um cupom somente por e-mail de US$1 para produtos da Coca-Cola e de US$0,30 para o leite Hood. Nunca compro Coca-Cola e não ligo muito para refrigerantes em garrafa. Mas realmente compro muito leite, que uso para fazer iogurte. Então, me pergunto: *será que a Hood é uma marca de leite cara ou é a marca da casa que é sempre mais barata?* (Resposta: a primeira.) E o *que as frases "efetivo com o Cartão" e Nenhum cartão de recompensas exigido" significam? Será que preciso imprimir isso? Será que preciso clicar no botão Adicionar à minha lista?* Eles saberão, quando eu for pagar, que tenho esse desconto? As respostas não importam, porque US$0,30 não é nenhum grande negócio e vale menos do que o tempo que já gastei pensando nisso.

Quanto às ofertas semanais somente por e-mail, nunca me interessei por nenhuma delas, mas, por causa da pesquisa, pressionei a opção "download". Isso abre uma nova guia do navegador com o .pdf de uma folha de cupom. Nenhum dos itens me faz querer imprimir a folha inteira, o que também gastaria a tinta nova pela qual paguei quase US$80 na Staples, na semana passada. (Minhas duas impressoras são Epson gratuitas que vieram com os laptops que comprei. São impressoras boas, mas a tinta acaba depois de algumas poucas dezenas de páginas. Calculei o custo de possuir essas impressoras em centenas de dólares por ano, e mais de US$0,12 por página. Levanto essa questão porque isso é o que me custa imprimir o lixo eletrônico da Shaw's.)

É claro, estou longe de ser uma pessoa típica e não sou um colecionador de cupons desde a última vez em que fiquei desempregado, muitas décadas atrás. Mas talvez a Shaw's tenha muitos clientes que adoram esse tipo de coisa. Talvez esses clientes usem "meu carrinho" e "minha lista de compras".[5] Mas duvido. Em vez disso, presumo que a Shaw's, como qualquer outra cadeia varejista, está apenas tentando acompanhar a moda de tecnologia de varejo, que atualmente procura "personalizar" tudo eletronicamente, enquanto despersonaliza o lado "face a face" do negócio.

Para o caso em questão, eis outra história da Shaw's. Dois anos atrás, a loja instalou alguns desses agora onipresentes sistemas de pagamento automático. Nosso menino adora essas coisas, porque envolvem a leitura do código de barras, uma das emoções baratas de sua vida. Infelizmente, o sistema não conseguiu nos dar os preços exclusivos para associados. Depois de não conseguir resolver o problema com a tecnologia, a agradável mulher do balcão de atendimento nos deu um generoso crédito para compras futuras. Ela também nos deu algumas informações interessantes sobre o sistema de fidelidade. Embora não seja uma citação literal, foi basicamente isto o que ela disse: "Nós odiamos essas coisas. Temos caixas profissionais aqui. Eles sabem como examinar os códigos e empacotar suas compras. Eles são amigáveis e gostam de interagir com os clientes. Muitas vezes, os clientes cometem erros com o sistema de autoatendimento e nós temos de ajudá-los, o que anula todo o propósito do sistema. Os cartões de fidelidade não ajudam muito, até onde podemos falar, além de retardarem as coisas para todo mundo. Temos de manter dois preços para tudo e os cartões não impedem as pessoas de comprar em outros lugares. Acho que estaríamos em melhor situação sem essa coisa toda."

Ou talvez não.

John Deighton, professor de Administração de Empresas na Harvard Business School, é uma das maiores autoridades mundiais sobre esse tipo de coisa. Em um dia durante o almoço, quando lhe contei essa história da Shaw's, ele a descartou como uma exceção e me garantiu que esses programas funcionam muito bem para as lojas que são inventivas e que o executam bem. Como exemplo, ele destacou a Stop & Shop. Como a Stop & Shop está no nosso caminho de sempre, compro lá com muito mais frequência do que na Shaw's.

Recentemente (à época em que escrevia este livro), a Stop & Shop adicionou um sistema chamado Scan It!, que dá aos clientes aparelhos portáteis para ler códigos de barra, obter descontos promocionais e acompanhar a conta do que está no carrinho. Então, eu o experimentei tirando fotos da tela do aparelho com meu telefone, para que pudesse lembrar mais tarde do que acontecera.

O primeiro cupom que surgiu em minha primeira viagem com o aparelho foi: "Economize 75¢ comprando DOIS (2) produtos da Old El Paso. Limite de 1." Então, comprei dois pacotes de temperos da Old El Paso e uma lata de feijão Old El Paso. Em seguida, o aparelho sugeriu muitas outras coisas, e a maioria delas sem interesse, portanto ignorei-as. Mas o sistema funcionou muito bem, até a distância atingida, que foi realmente bem longe:

- Sofisticados (e potencialmente informativos) dispositivos para os clientes levarem consigo
- Carrinhos novos, com suportes para os novos dispositivos
- Aparelhos com nova tecnologia nas filas dos caixas de autoatendimento
- (Estou supondo) Novo CRM, gerenciamento de inventário, TI e outros ajustes de retaguarda para fazer o sistema todo funcionar

Isso é bastante. Também pensei comigo mesmo: *Por que não posso usar meu dispositivo aqui – como* meu *smartphone?* Como era de se esperar, uma pequena circular do tamanho de um cartão-postal no caixa dizia: "Apresentando o aplicativo Stop & Shop para iPhone e Android." Eis a cópia do texto:

Sua circular acaba de ficar móvel!

- Visualize-a em seu dispositivo móvel
- Acesse sua conta on-line
    - Acompanhe seus pontos de Recompensas de Gasolina
    - Veja quanto economizou
    - Veja ofertas on-line exclusivas
- Encontre a loja mais próxima no caminho

Levei o cartão de casa comigo, peguei o laptop, cadastrei-me no site da Stop & Shop (usando o número de membro do *key tag*), instalei o aplicativo em meu iPhone, executei o aplicativo e efetuei o login. Depois do que pareceu ser umas 10 mil batidas de teclas e dedos no telefone, consegui ver minha conta. No total, a conta já tinha 108 "pontos de gasolina", que (vi quando cliquei no link) me davam direito a um desconto de 10 centavos por litro, embora eu ainda não soubesse onde. O link do Anúncio Semanal levava a uma tela com o nome "Circular semanal da loja nº 0776". Abaixo dela, estavam as categorias mostradas na Tabela 6-1.

TABELA 6-1

Categorias do anúncio semanal

Produtos secos	22
Padaria	10
Bebidas	26
Alimentos enlatados	5
Condimentos, temperos, confeitaria	26
Laticínios	35
Delicatessen	11
Floral	3
Alimentos congelados	26
Produtos de limpeza doméstica	19
Alimentos para cães e gatos	11
Lanches e sobremesas	27
Hortifrutigranjeiros	24
Cuidados com o bebê	5
Carnes, frutos do mar e aves	47
Saúde, beleza, farmácia	37
Mercadorias em geral	1

Embora eu presuma que isso represente um grande avanço sobre a impressão, ainda é a velha tinta em novos frascos, e tudo inútil, exceto nesta loja.

Mais uma vez, devo dar os merecidos créditos: a Stop & Shop é uma loja pioneira e um exemplo para as outras lojas seguirem. Saúdo isso. Mas também quero meu próprio sistema de fidelização: um que possa operar com qualquer loja disposta a cooperar. Gostaria que a Stop & Shop saudasse isso também quando eu aparecer lá com esse sistema.

Gasolina baixa

Poucas semanas após minha primeira experiência com o aparelho e o aplicativo de telefone da Stop & Shop, fui até um posto da Shell para comprar gasolina e o encontrei enfeitado com cartazes promocionais da Stop & Shop. Havia uma grande faixa sob o letreiro da Shell à beira da estrada, um cartaz sozinho próximo dele, outro colado ao lado da bomba, outro pendurado na mangueira da gasolina e outro próximo ao teclado e ao leitor de cartões da bomba. Todos eles prometiam uma economia de até US$0,30 ou mais por litro.

Um adesivo próximo ao visor da bomba dizia:
ANTES de inserir o pagamento:

- Digite o número encontrado no verso do cupom ou seu *key tag*
- Ou insira o cartão Stop & Shop grande

Eu tinha jogado fora meu cartão Stop & Shop grande (tamanho do cartão de crédito) muito antes desse encontro, porque achei que tudo o que precisava era da *key tag*. (Afinal de contas, é o que funciona na loja.) Eu não estava com meus óculos de leitura lá na bomba, então segurei a etiqueta com o apoio do braço, inseri cuidadosamente os minúsculos números de 13 dígitos e pressionei Enter. Duas mensagens retornaram. A primeira era: "Você não tem descontos da Stop & Shop." E a segunda: "Inscreva-se no novo cartão Shell Drive for Five SM hoje e economize 5 centavos por litro."

Após terminar de abastecer pelo preço normal, fui ao posto de gasolina, onde um dos muitos cartazes promocionais da Stop & Shop diziam que eu poderia encontrar um folheto do programa. Encontrei uma pilha deles e levei um para casa. As regras para a elegibilidade aos pontos de recompensa e ao preço da gasolina eram bem detalhadas e terrivelmente complicadas. O painel no verso também apresentava a promoção da Shell para *cinco* cartões diferentes que você pode usar na estação.

Vejo apenas duas razões pelas quais os clientes estariam dispostos a fazer todo o trabalho exigido para obter esses descontos – e que eles representassem um valor significativo. Uma delas é que compram mantimentos apenas na Stop & Shop e gasolina apenas nos postos Shell. A outra é que eles são viciados em truques promocionais.

BEM, ENTÃO...

Os programas de fidelidade hoje ainda são normativos ao extremo e é provável que continuem assim até que surjam os meios para mostrar e alavancar a *verdadeira* fidelidade.

7
Big Data

*Acabei de ler que estou morto. Não se esqueça
de me excluir de sua lista de assinantes.*

Rudyard Kipling[1]

O ARGUMENTO

Produzir e integrar conjuntos de dados de todos os tamanhos pode ser bom e útil – especialmente se os clientes conseguem fazer isso também, com seus próprios dados.

No mundo digital de hoje, deixamos pistas sobre nossa vida em todo lugar. É por isso que há um grande negócio na "integração de dados". A Acxiom, por exemplo, mantém bilhões de registros sobre centenas de milhões de indivíduos, com mais de mil "elementos de identidade" por indivíduo. Estes são construídos com dados de todos os seguintes itens e mais:

- Listas telefônicas
- Licenças de pesca, caça, navegação e pilotagem
- Arquivos de propriedade e registros imobiliários de mais de 100 milhões de propriedades
- Registro eleitoral
- Arquivos proprietários de várias empresas
- Numerosos conjuntos de dados proprietários
- Arquivos criminais
- Licenças profissionais
- Mais de 40 milhões de empresas (incluindo, supomos, os varejistas)[2]

Então, existem empresas que colocam arquivos de rastreamento em seu navegador para informar sobre seus movimentos na Web, ou que seguem os rastros de fragmentos deixados pelos "serviços de localização" de seu smartphone. Todas essas informações conseguirão traçar um quadro bem claro de quem você é, o que gostaria de comprar e muito mais – incluindo, por exemplo, onde você está agora, para onde irá em seguida e que tipo de crédito e de dinheiro está carregando?

Não no meu caso e suspeito que não no seu também.

Em primeiro lugar, você poderia pegar todos os dados disponíveis no mundo sobre mim e, ainda assim, não saber as três coisas pelas quais vou até a Shaw's. (E aposto que, agora que isso está em um livro, os lojistas *ainda* não sabem. E, de qualquer maneira, também é bem provável que meu gosto mude.)

Em segundo lugar, não estou envolvido em todo esse processamento de dados. Na melhor das hipóteses, minha contribuição para os serviços de integração de dados é mínima.

Um caso exemplar: Rapleaf. De acordo com o *Wall Street Journal* (na série *What They Know*, já mencionada), a Rapleaf é a maior jogadora no novo jogo da personalização. Eis o que a Rapleaf diz sobre si mesmo no site da empresa:

> Rapleaf é uma empresa nova sediada em San Francisco com uma visão ambiciosa: queremos que cada pessoa tenha uma experiência significativa e personalizada – seja on-line, seja off-line. Queremos que você veja o conteúdo certo no momento certo, sempre. Queremos que você receba um serviço melhor e mais personalizado. Para realizar isso, ajudamos empresas da *Fortune 2000* a adquirir conhecimento sobre seus clientes, envolvê-los de maneira mais significativa e apresentar a mensagem certa no momento certo. Também ajudamos os consumidores a entender seu rastro digital.[3]

Não é para me gabar, mas tenho um grande rastro digital. Vivo na Web desde 1995. Revelo muito sobre minha vida pelo meu blog, desde 1999, para milhões de leitores. Navego na Web o dia todo, quase todos os dias, com dois laptops, um telefone, um iPad e tantos navegadores diferentes que nem me preocupo em contar. Meu telefone contém centenas de aplicativos, muitos dos quais estão relatando informações pessoais para anunciantes e terceiros. Coloquei milhares de tweets para mais de 15 mil seguidores no Twitter. Tenho centenas de amigos no Facebook e um CV no LinkedIn, que está preenchido com grandes detalhes. E também existem aquelas 50 mil fotos em quatro contas do Flickr das quais falei no Capítulo 4. Por isso, percebi que a Rapleaf deve saber bastante sobre mim.

Para descobrir isso, fui ao site da Rapleaf, em janeiro de 2011, me registrei e verifiquei meu perfil. O que encontrei lá (rufar de tambores...) não era muita coisa.[4] A Tabela 7-1 mostra o que copiei e colei da página sobre mim:

O código postal estava errado, então eu o retirei. (A única opção além de deixá-lo errado, estranhamente.) O palpite sobre nossa renda familiar também estava errado (era alto demais). Removi isso também (o que eu teria feito em qualquer caso). O resto, deixei da maneira como você vê na tabela. Não há muito a dizer a seu respeito, porque ela não diz muito.

Seis meses depois, em junho de 2011, 9 das 16 categorias ainda tinham informações erradas, incluindo o código postal de 10 anos atrás que eu havia removido na última visita.

TABELA 7-1

Perfil da Rapleaf

Seus interesses:	Seus dados demográficos:
Entretenimento	Idade: 55–64
Entretenimento > música	Sexo: Masculino
Notícias e eventos atuais	Localização: Santa Bárbara, Califórnia, Estados Unidos
Notícias e eventos atuais > notícias on-line	CEP: -
Compras	Pontuação como influenciador: 91–100
Compras > leilões	Escolaridade: -
Compras > comércio popular e lojas de departamentos:	Ocupação: -
Compras > compras on-line	Crianças em casa: Sim
Esportes e lazer	Renda familiar –
Esportes e lazer > basquete	Estado civil: Casado
Tecnologia > blogs	Status da residência: Própria
Tecnologia > revistas on-line	
Tecnologia > redes sociais	
Viagem	

Em dezembro de 2010, dois meses após a Rapleaf ser fortemente criticada pelo *Wall Street Journal* ("Perfis de usuários pioneiros da Web por nome", "Milhares de usuários da Web excluem perfis da Rapleaf", "Defensor da privacidade retira-se do Conselho Consultivo da Rapleaf", "Como sair do sistema da Rapleaf", "O fundador da Rapleaf fala sobre privacidade, negócios"), o blog da empresa publicou uma série intitulada "Os 12 dias de personalização".[5] O dia 12 começa assim:

> Como sabemos pelo dia 12, a personalização é tudo sobre empresas lhe dando o que você quer, quando quiser. As empresas podem utilizar a personalização em suas campanhas de marketing por e-mail para criar relações de valor entre seus clientes e marcas...
>
> Trazer oportunidades de compra direcionada e de alto valor diretamente para o espectador aumenta muito as chances de que um navegador se torne um comprador. E eles vão lhe agradecer por isso.[6]

Isso é fantasia. Doze anos se passaram desde que Christopher Locke brincou, em *The Cluetrain Manifesto*, sobre o desejo maluco dos comerciantes de transformar a Internet em "televisão com um botão de comprar", e aqui está a Rapleaf chamando-nos de "espectadores" e imaginando que vamos agradecer a eles por mais um aborrecimento – só que agora pessoal.[7]

Como não se engasgar com tantos dados

Nos últimos anos, as publicações de negócios se avolumaram com histórias sobre Bancos de Dados Gigantes (Big Data) e como o processamento de dados será a Grande Coisa para os Grandes Negócios e muitas *startups*. O pressuposto dos escritores e de suas fontes de dados é que os Grandes Bancos de Dados precisam das Grandes Nuvens (das empresas que vendem produtos e serviços para ambos). Acabei de fazer uma pesquisa com a expressão "big data" (com as aspas) no Google News. As principais matérias incluem:

- "CIOs (Chief Information Officer) recorrem às nuvens para o compartilhamento de bancos de dados gigantes." *Internet Evolution*
- "Analista da Forrester Research defende a integração dos bancos de dados gigantes..." TMC
- "Obstáculos para a integração dos bancos de dados gigantes." *IT Business Edge (blog)*
- "Projetos novos almejam criar aplicativos para os bancos de dados gigantes." *GigaOM*
- "É hora de analisar todos aqueles dados dos bancos de dados gigantes." *IT Business Edge (blog)*

Sem dúvida, toda loja com um programa de fidelidade já é uma "solução" à altura do tipo alardeado nessas novas notícias. No último item listado, o escritor Mike Vizard destaca um relatório da McKinsey intitulado "Bancos de dados gigantes: a próxima fronteira para a inovação, a concorrência e a produtividade".[8] Ele é denso, com fatos e achados interessantes, habilmente organizados e dirigidos à clientela da McKinsey: grandes empresas e governos. Mas eis um parágrafo que fala diretamente sobre o lugar no qual vivemos (ou vamos viver):

A publicidade móvel geograficamente direcionada é uma das formas mais comuns pelas quais as organizações podem criar valor a partir do uso de dados de localização pessoal. Por exemplo, os consumidores que optarem por receber anúncios geograficamente direcionados poderão receber um anúncio personalizado de sua loja favorita em seu smartphone quando estiverem perto da loja. Ou um usuário de smartphone reunido com amigos em um bar ou restaurante poderá receber um cupom com ofertas para bebidas ou alimentos a partir daquele estabelecimento... Em comparação com as formas mais tradicionais de publicidade, como a televisão ou a impressão, campanhas geograficamente direcionadas parecem ter maior relevância para o consumidor no momento em que uma decisão de compra está prestes a ser feita e, portanto, aumentam o potencial de uma venda real. Os anunciantes parecem acreditar que esse é o caso e estão pagando taxas crescentes por esse serviço, em comparação com a publicidade sem direcionamento geográfico.[9]

Não parece ruim, suponho. Mas também não é bom o bastante, porque o cliente – aquele que desfruta do "excedente do consumidor" – ainda é um bezerro para as vacas que produzem leite fortificado com Bancos de Dados Gigantes (e, é claro, *cookies*).

Meu voto para a melhor autoridade em dados totalmente personalizados vai para Jeff Jonas, cientista-chefe do IBM Entity Analytics Group e engenheiro emérito da IBM. Ele chegou à IBM por meio da aquisição da Systems Research and Development (SRD), que ele fundou em 1984. Além de ajudar os Estados Unidos na segurança nacional e nos esforços contra o terrorismo, a SRD trabalhou para cassinos de Las Vegas, projetando e desenvolvendo métodos para detectar trapaceiros e padrões de trapaças. O trabalho de Jeff é destacado em filmes e programas de televisão, bem como em revistas acadêmicas e de negócios.

Em 16 de agosto de 2009, Jeff colocou um post marcante em seu blog intitulado "Seus movimentos falam por si: dados de viagem no espaço-tempo são superalimentos analíticos!"[10] Eis os números relacionados com dinheiro:

> Os dispositivos móveis nos Estados Unidos estão gerando algo como 600 bilhões de transações marcadas geoespacialmente por dia. Cada chamada, mensagem de texto, e-mail e cada transferência de dados manipulados por seu dispositivo móvel criam uma transação com suas coordenadas de espaço-tempo (de até cerca de 60 metros de precisão, se houver três torres de celular nesse alcance), quer você tenha GPS ou não. Tem um Blackberry? A cada minuto, ele envia um batimento cardíaco, criando uma transação quer você esteja usando o telefone ou não. Se o dispositivo for habilitado para GPS e você estiver usando um serviço baseado em localização, sua localização é ajustada com precisão para um lugar entre 10 e 30 metros. Está usando Wi-Fi? Ele é ajustado para menos de 10 metros...
>
> Com dados assim expostos e análises especializadas emergindo, essa indústria nascente já está fazendo um trabalho incrível. Os dados de suas viagens no espaço-tempo se tornam evidências de onde você mora e de onde trabalha, e revela seus destinos mais frequentes, periódicos, menos frequentes e raros... informações certamente úteis para o atento pessoal de marketing direto.

Esse tipo de coisa dispara alarmes de privacidade em todo o lugar, naturalmente. E, na ausência de consciência por parte das empresas que fazem coleta e processamento – além de uma ausência quase completa de ferramentas de controle para os usuários –, os defensores da privacidade se voltam para o governo a fim de pedir ajuda. E eles estão obtendo relativamente bons resultados.

Uma delas é a Lei "Do-Not-Track Online" (Não me monitore on-line), de 2011, patrocinada pelo Senador Jay Rockefeller.[11] Ela obriga a FTC "a prescrever normas relativas à coleta e à utilização de informações pessoais obtidas por meio do rastreamento das atividades on-line de um indivíduo, e para outros fins". Por volta da mesma época, um relatório da equipe da FTC deixou claro que a comissão não deseja fazer isso, preferindo diretrizes, princípios e opções para "educar o negócio".[12] Um "artigo verde" do Departamento de Comércio sobre o mesmo tema é embalado com frases da moda como "Reforçando a confiança do consumidor on-line por meio dos princípios das boas práticas de informação do século XXI".[13]

Eu poderia citar muitos mais exemplos parecidos, mas nenhum deles dá aos "consumidores" qualquer esperança de resgate pelos federais.

BEM, ENTÃO...

Não precisaríamos ser rastreados se não fôssemos tratados como gado. E não iremos resolver o problema da privacidade até que os clientes apareçam para os fornecedores na forma humana.

8

Complicações

Virgem: Você vai dar o primeiro passo infernal por um caminho escuro sem volta quando concordar em obter atualizações sobre promoções e descontos de cruzeiros de Carnaval.

The Onion[1]

O ARGUMENTO

Tornamos os negócios – especialmente o varejo – muito complicados e realizamos isso distanciando os negócios dos seres humanos, especialmente os clientes.

Em outubro de 2000, tive a sorte de ser convidado para o almoço em uma conferência sobre varejo por um dos outros oradores presentes: Lee Scott, na época CEO do Walmart. Uma das perguntas que fiz: "O que aconteceu com o Kmart?" Sua resposta, em uma palavra, foi: "Cupons." Como Lee explicou, o Kmart exagerou com os cupons, que se tornaram uma fatia muito grande de sua despesa, ao mesmo tempo reduzindo a base de seus clientes a colecionadores de cupons. Ele tinha outros problemas, disse, mas esse era um dos grandes. Em contraste, o Walmart minimizou esse tipo de coisa, concentrando-se em prometer "preços baixos todo dia", que era um antigo lema de Sam Walton. A despesa com essa política era basicamente zero.

O Walmart também foi bem-sucedido, disse Lee, porque sua abordagem básica era simples. No fundo, ainda era o mesmo antigo mercadinho da família Walton, por mais complexo que o negócio tenha ficado quando cresceu.

Ainda assim, o varejo é complicado. Se você trabalha em uma operação mais sofisticada do que uma barraca de limonada, lida com bancos, burocracia governamental (municipal, estadual, federal), advogados, companhias de seguros, locadores (e/ou locatários) de imóveis, empregados, transportadoras, questões relativas a computadores e redes, clientes e todas as complexidades de adquirir, pagar, vender e dar suporte a seus bens e serviços. Por que tornar isso mais difícil do que precisa ser?

Fácil: porque as operações de varejo exigem ações específicas. É necessário criar demanda, diferenciar seus produtos e serviços de todos os outros e tornar a "experiência" de comprar mais interessante, atraente etc.

Tudo isso é aceitável, do ponto de vista do cliente, mas só até certo ponto. O problema é que o negócio tende a se afastar do cliente.

Armando o palco

No início da década de 1990, quando eu ganhava bem como consultor de marketing, perguntei à minha esposa – mulher de negócios bem-sucedida e veterana no varejo – por que os chefes dos departamentos de vendas corporativas e de marketing vinham sempre da área de vendas, e não de marketing. Sua resposta: "Simples: Vendas são reais. Marketing é besteira."

Quando pedi para explicar, ela disse que isso não era culpa do marketing. O problema era o papel que o marketing era forçado a representar. "Veja, as vendas tocam o cliente, mas o marketing não, porque esse é o trabalho das vendas. Assim, o marketing tem que ser 'estratégico'." Ela colocou "estratégico" entre aspas. Ela sabia que isso era uma simplificação exagerada e que não era justo com todas as boas pessoas no marketing (como eu) que tentavam fazer o certo pelos clientes. Mas sua observação falava da necessidade de distinguir entre o que é real e o que não é, e se aprofundar na razão pela qual o último se tornou uma parte tão grande dos negócios.

A maior parte do que um cliente enxerga do marketing é a publicidade e o material promocional de que falamos nos capítulos anteriores. Mas há mais coisas acontecendo nos bastidores. *Muito* mais.

Eis uma lista de frases esotéricas extraídas do dialeto das interações varejista-fornecedor, apoiadas na cadeia de suprimentos:

- **Verba cooperada** (*advertising allowances*). Taxas fixas ou percentuais dos preços de compra no atacado, pagas ao varejista pelos fornecedores a fim de ajudar a cobrir os custos de publicidade do varejista.
- **Venda consignada** (*buyback allowances*). Disposições que autorizam o varejista a devolver produtos velhos ou não vendidos aos fornecedores.
- **Concursos e prêmios.** Incentivos oferecidos pelos fornecedores aos varejistas.
- **Convenções e reuniões de associações.** Locais onde fornecedores e varejistas se reúnem para discutir novos produtos ou linhas de produtos, juntamente com planos promocionais para eles; onde oradores com autoridade falam sobre as novas modas, tendências ou conceitos do setor; onde os varejistas podem ser treinados por especialistas ou fornecedores; e onde o setor fala para si mesmo, face a face.
- **Publicidade cooperada** (*co-op advertising*). Uma forma de o fornecedor reembolsar o varejista pela publicidade de mercadorias do fornecedor, utilizando o logotipo (ou todo um material publicitário preparado) do fornecedor e atendendo a outros requisitos do fornecedor.

- **Prêmios do negociante.** São prêmios ou presentes dos fornecedores para os varejistas e sua equipe de vendas quando as metas de vendas ou outros valores de referência são atingidos.
- **Desconto por exposição** (*display allowances*). Taxas que os varejistas cobram de seus fornecedores pelo espaço em prateleira e no chão, onde displays, estandes com balcão, racks, suportes e cartazes de prateleiras podem ser montados.
- **Desvio** (*diverting*). A compra, pelo varejista, de um volume com desconto do fornecedor de uma região e, em seguida, o envio das mercadorias para outra região onde não há desconto.
- **Compra antecipada/compra a termo** (*forward-buying*). O estoque de produtos pelos varejistas, geralmente quando oferecidos pelo fabricante com desconto por volume, em antecipação à "venda" das mercadorias na loja ou à demanda real dos clientes.
- **Incentivos de vendas ou bônus de vendas do varejista a seus funcionários** (*push money* ou *spiffs*). Incentivo em dinheiro pago aos vendedores do varejo pela promoção de produtos, linhas de produtos ou marcas específicos.
- **Taxas por ocupação de espaço** (*slotting fees*). Também conhecidas como "*pay-to-stay*" ou "*allowances*", estes são valores pagos pelos fornecedores aos varejistas por espaço em prateleiras ou no chão.
- **Acordos comerciais** (*trade deals*). Descontos e outros incentivos de curto prazo que os fornecedores oferecem aos varejistas por "vendas" e "promoções".
- **Gasto comercial variável** (*variable trade spending*). Descontos e subsídios dos fornecedores para os varejistas que criam diferenciais atraentes de preços entre os produtos dos fornecedores e os dos concorrentes. Estes podem ser vinculados ao volume de vendas e usados para manter esse volume a um preço baixo na prateleira.

Nem todas essas coisas estão sob a liderança do marketing, mas todas são causadas ou influenciadas por imperativos de marketing, principalmente do tipo "estratégico".

Eis outra maneira de examinar essa lista: os clientes não pediram nada disso. É verdade, alguns clientes gostam de concursos e adoram brincar com os jogos que os lojistas os seduzem a jogar – o suficiente para justificar o show *Extreme Couponing* da Rede TLC. ("Doze dos melhores e mais radicais colecionadores de cupom correrão com carrinhos em uma disputa para definir quem levará para casa o título de Maior Superpoupador da América", diz um dos anúncios da promoção.)[2] Mas que tipo de loja quer apenas Superpoupadores? Nem mesmo o Walmart, como Lee Scott deixou claro.

Os programadores de computador têm um nome para a confusão que fica acumulada no código, mas que sobrevive à sua finalidade original, a qual pode não ter sido inteiramente legítima, para início de conversa. A palavra é "*cruft*" ("lixo", "bagunça"). No âmbito restrito ao "marketing como de costume", a lista citada pode parecer boa, mas, no âmbito do relacionamento com os clientes, ou do mercado mais amplo, boa parte disso é "lixo". Mesmo que veiculado pela televisão.

Necessidades *versus* desejos

Uma das primeiras coisas sábias que aprendi sobre compras de mantimentos é que a maior parte do que você precisa para permanecer vivo está junto das paredes, e não nos corredores. É nesse perímetro que você encontra os produtos frescos, legumes, queijos, carnes e produtos lácteos. Os corredores são para materiais mais duráveis em sacos, latas, garrafas e caixas: batatas fritas, caixas de cereais, fraldas descartáveis, refrigerantes, lâmpadas etc. Das 15 mil às 60 mil SKUs (S*tockKeeping Units* – Unidades Mantidas em Estoque – isto é, produtos diferentes) estocadas nos supermercados americanos, a maioria está nos corredores.[3] E muitas (se não a maioria) delas são complicadas pelas manobras promocionais que acabei de relacionar.

A distinção entre "preciso comprar" e "poderia desejar comprar" ajuda a separar mercados e marketing. Os supermercados não precisam criar demanda para seus produtos. Os seres humanos precisam comer e, no mundo civilizado, os supermercados são os lugares nos quais os seres humanos vão comprar alimentos que podem preparar para si próprios. Mas os supermercados querem ganhar mais dinheiro do que apenas a venda de mercadorias do tipo "preciso comprar" pode proporcionar, tanto que criaram formas sofisticadas e complexas de oferecer uma variedade alucinante de coisas, algumas que seria bom ter (digamos, temperos, sabonete e papel higiênico) e a maioria das quais talvez você não queira ou precise (por exemplo, potes de picles ou cera de assoalho).

O resultado é uma sobrecarga cognitiva incrível – para as lojas, bem como para os clientes. Quais são os custos dessa sobrecarga? Será que vale mesmo a pena mensurá-los, se a maior questão ainda é "Qual complicação funciona melhor?"? Não importa a resposta, deveria ficar claro que precisamos menos disso.

BEM, ENTÃO...

> O marketing não será besteira quando os clientes deixarem claro que essa besteira não vai mais funcionar. Felizmente, há muito mais maneiras para os clientes fazerem isso nos mercados em rede do que nos industriais, nos quais os clientes não tinham escolha a não ser brincar com os jogos de marketing.

PARTE II

O mercado em rede

Começou uma poderosa discussão global. Pela Internet, as pessoas estão descobrindo e inventando novas maneiras de compartilhar conhecimentos relevantes a uma velocidade estonteante.
Como resultado direto disso, os mercados estão ficando mais espertos – e ficando espertos mais rápidos do que a maioria das empresas.

The Cluetrain Manifesto

9
Definindo o futuro da Internet

> A Web é uma bagunça, tão organizada quanto uma orgia.
> David Weinberger[1]

O ARGUMENTO

Para que a Economia da Intenção possa emergir, a Internet precisa suportar a atividade econômica maximizada, movida pelos abundantes sinais de clientes e usuários individuais e pelas respostas dadas a eles pelos fornecedores. Como isso acontecerá dependerá do modo como compreendemos a Internet em si mesma e suas propriedades generativas – e mantemos essas propriedades vivas e bem.

Em uma noite pouco tempo atrás, meu filho Jeffrey (então com 14 anos) e eu assistimos a *Blade Runner* na Netflix. Ali estávamos, no ano de 2011, assistindo a um clássico *noir* sobre o *futuro* no ano de 2019 que foi filmado em 1982. Apreciamos o filme, mas não podíamos deixar de nos maravilhar com seus acertos e erros proféticos.

No futuro de *Blade Runner*, Los Angeles havia se tornado uma distopia poluída em que edifícios de escritório do tamanho de montanhas se erguiam em meio a uma paisagem de refinarias de petróleo e ruas urbanas lotadas. A neblina paira por todos os lugares, especialmente em ambientes fechados, onde fumar é a regra. Carros policiais antigravidade cruzam o céu, enquanto outdoors na forma de dirigíveis flutuam acima das ruas, exibindo anúncios em vídeo para férias fora do mundo. Humanos fabricados, chamados de *replicantes*, são indistinguíveis da coisa real – exceto para detetives profissionais chamados de "blade runners", ou caçadores de androides (como Harrison Ford, o astro do filme).

Como os palpites de *Blade Runner* sobre o futuro não eram implausíveis na plenitude do tempo, era fácil suspender a descrença e aproveitar o show. Mas a ficção científica do passado encalha quando seus palpites são comprovadamente errados no presente; assim, *Blade Runner* também nos ofereceu muitas mancadas para saborear. A mais comum foi o "merchandising" de produtos – uma convenção para financiamento de filmes em que *Blade Runner* foi pioneiro. Os logotipos de pelo menos 30 empresas aparecem no filme.[2] Algumas marcas, como a Coca-Cola, ainda estão por aí, mas muitas outras, incluindo TDK, Bell System, Atari e RCA perderam a força ou desapareceram. (O garoto perguntava: "O que é RCA?") Mas as mancadas técnicas se destacaram mais. Os computadores do filme ainda têm monitores de tubo e, quando o personagem de Harrison Ford precisa fazer uma ligação urgente, usa um telefone público. A Internet não está em nenhum lugar à vista.

Agora imagine que você retornou a 1982. Alguém lhe diz que em, 12 anos, o mundo vai adotar um novo sistema de comunicações que não pertencerá a ninguém, todo mundo poderá usar e qualquer um poderá melhorar. O sistema será totalmente digital e fornecerá os meios para qualquer pessoa se comunicar com qualquer pessoa, em qualquer lugar do mundo, e copiar e compartilhar qualquer coisa que possa ser digitalizada – incluindo e-mail, publicações impressas, músicas, transmissões de rádio, programas de televisão e filmes – a custos que se aproximam de zero. Você acreditaria nisso? Ou soaria tão absurdo quanto os carros antigravidade?

Que tal se também lhe dissessem que o mesmo sistema acabaria com o meio de sustento de muitos jornalistas e artistas de gravadoras, minaria empresas de mídia de todos os tipos, exporia milhões de comunicações diplomáticas para o mundo, ofereceria novos caminhos para as pessoas más e também para as boas colaborarem em segredo, e minaria a civilização tal como a conhecemos?

Ambas as previsões se tornaram verdadeiras.

Minha questão: a Internet é mais do que um novo desenvolvimento, mais do que uma troca de jogo. É um novo ambiente para os negócios, para a cultura e para interações humanas de todos os tipos. É também um exemplo perfeito de como o milagroso se torna banal. A Internet agora é tão comum, tão normal, que dificilmente paramos para pensar em como mudou radicalmente quase tudo a que se conecta. Nem paramos para contemplar seu progresso em direção a (e longe de) estados finais bons ou maus – ou como podemos estar retardando o progresso em uma ou em ambas as direções.

Assim, para uma medida aproximada do progresso até agora, eis mais duas histórias familiares, ambas com Jeffrey estrelando em idade precoce.

História 1. É 2002 e Jeffrey está com 7 anos. Como sempre, ele está cheio de perguntas. Como acontece às vezes, não tenho uma resposta. Mas, dessa vez, ele volta com um pedido simples:

"Olhe isso", diz ele. "Não posso.
Estou dirigindo". "Olhe de qualquer maneira."
"Preciso de um computador para isso."
"Por quê?

História 2. É 2007 e estamos passando a noite na casa de um velho amigo da família. No quarto de hóspedes, há uma pequena e rara televisão em preto e branco portátil dos anos 1970. Na frente do aparelho, há um controle de volume e dois seletores de sintonia: um para os canais de 2 a 13 e outro para o 14 ao 83. Jeffrey examina o aparelho por um minuto ou dois e diz: "O que é isso?" Eu digo que é uma televisão. Ele aponta para os dois seletores e pergunta: "Então, para que *eles servem?*"

O progresso é a maneira como o milagre se torna banal. A beleza das estrelas seria uma lenda, dizia Emerson, se elas somente se mostrassem através das nuvens uma única vez a cada mil anos. O que ele teria feito com a aviação comercial, um sistema pelo qual milhões de pessoas voam por todo o mundo, todo dia, saltando continentes e oceanos em apenas algumas horas, enquanto se queixam da comida ruim e do atendimento lento e fecham suas janelas para bloquear a luz que vem das nuvens abaixo para que possam assistir a um filme de terceira categoria com som ruim em uma tela minúscula?

A Internet é um céu de estrelas que fizemos para nós mesmos (e *de* nós mesmos), todas a apenas alguns cliques de distância. Descobri recentemente que a Searls.com, que estava hospedada em Rackspace.com desde que a empresa era um projeto paralelo de alguns alunos no Texas, está atualmente na Virgínia. Ao longo dos anos, os servidores do *Linux Journal* estiveram em muitos lugares: Seattle, Amsterdã, Costa Rica, Texas...[3] Em Paris, no verão passado, minha esposa teve inúmeras sessões ao vivo do Skype com sua empresa em Los Angeles, muitas delas usando o vídeo, com pouca demora aparente. Sem dúvida, houve custos em algum lugar. Mas o Skype opera com lucro, de alguma forma. Assim como, presumivelmente, os provedores de serviços de Internet (ISPs) em L.A. e Paris. Temos essas coisas como dadas também.

Hoje em dia, Jeffrey já não depende muito dos pais (ou de qualquer pessoa, na verdade) para obter as respostas. Ele vai para a Internet usando um laptop, um smartphone ou um tablet, todos com conexão sem fio. É verdade que essas opções ainda são luxos (ou inexistem) na maior parte do mundo, mas podemos ver dois vetores de progresso na forma como uma criança toma a Internet como algo dado. Alguns assinalam o fim da mídia controlada centralmente. Outros assinalam o que Bob Frankston, coinventor do software de planilha eletrônica, chama de *conectividade ambiente*.[4]

Atualmente dois obstáculos permanecem atravessados no caminho do progresso rumo a esses fins. Um deles é que não existe nenhum entendimento acordado sobre o que é a Internet. O outro é que as empresas de telefonia e cabo – juntamente com legisladores e reguladores submissos – insistem em manter o legado desses negócios a todo custo. Esses custos incluem as oportunidades ilimitadas em um mundo em rede que eles estão em melhor posição para ajudar a criar. Ambos estão retardando a evolução e o crescimento da Internet, e os benefícios econômicos que se seguirão.

O que ela não é

Procure "The Internet is" (com as aspas) no Google e verifique os resultados. Eis as principais respostas, na época em que escrevi este livro, por ordem:[5]

> terrível (theinternetisterrible.com)
> uma máquina de copiar (kk.org/thetechnium)
> ... um sistema global de redes de computadores interligados que usam o padrão Internet Protocol Suite (TCP/IP) (Wikipedia)
> para pornografia (um vídeo de 2005 carregado por Evilhoof e Flayed)
> ... expandindo (um vídeo de 2006 carregado por Chocolate Tampon)
> ... bobagem (theinternetisshit.com)
> ... feita de gatos (rathergood.com/cats)
> ... afetando o jornalismo tradicional (mashable.com)
> ... agora suficientemente incorporada na sociedade (David Clark)
> ... morta (Prince)
> ... um acordo (Doc Searls e David Weinberger em World Of Ends.com)
> ... nos mudando (Nicholas Carr em seu livro The Shallows)

As respostas estão por todo lugar, porque a Internet não é uma *coisa*, mesmo que possa suportar *qualquer coisa*. Portanto, como pode suportar qualquer coisa, é entendida de inúmeras maneiras diferentes. Assim como o universo, não existem outros exemplos dela e toda nossa compreensão a seu respeito está incompleta.

Mas, como seres humanos, temos de proceder a partir do que entendemos, a partir dos *protocolos*. Estes são acordos entre computadores e outros dispositivos sobre o modo como os dados se movem entre as redes físicas. Os protocolos básicos da Internet são o *Transmission Control Protocol* e o *Internet Protocol* (combinados como TCP/IP). Estes são tão mínimos quanto os protocolos podem ser, definindo, em termos simples, como qualquer coisa pode se conectar a qualquer outra, a qualquer distância, por meio de quaisquer caminhos disponíveis, e transferir pacotes entre essas extremidades na base do "melhor esforço".

Pelo projeto do TCP/IP, a Internet não tem um único ou exclusivo propósito – ou absolutamente nenhum propósito – a não ser o de mover pacotes de dados de uma ponta qualquer para outra ponta qualquer. Isso empurra para zero a distância funcional entre essas extremidades e minimiza os esforços exigidos para encontrar os caminhos de dados entre elas. Embora esses esforços não tenham custos, a própria Internet não tem interesse nesses custos. Ela não tem de criar nenhuma agenda nem se proteger da escassez, porque não é um negócio e, portanto, não tem um modelo de negócio. É tão elementar quanto o oxigênio ou um pinheiro. Estes não têm modelos de negócios, também, mas são muito úteis para os negócios. Assim, graças a seu projeto sem nenhum propósito e a seu modelo de negócio inexistente, a Internet suporta trilhões de dólares em atividade empresarial, muitos dos quais não existiriam se ela não estivesse lá.

No entanto, pouco nesse último parágrafo é óbvio para a maioria das pessoas. Em vez disso, o que é óbvio para as pessoas é que elas são cobradas por algo chamado de "banda larga" ou "Internet de alta velocidade" por seu ISP, que, em quase todos os casos (pelo menos na América do Norte), é uma empresa de telefonia ou de TV a cabo. Essas empresas não definem a Internet da mesma forma que o TCP/IP, mesmo que usem esses protocolos. Em vez disso, os ISPs definem a Internet como um dentre os três serviços que eles vendem como um "trio". Os outros dois são telefonia e TV a cabo.

Entre esses pontos de vista bem diferentes, uma linha de batalha foi desenhada.

Qualquer um *versus* somente um

Para simplificar as coisas um pouco, olhe para o futuro da Internet como um campo de batalha onde o *qualquer um* e o *somente um* combatem. No lado do *qualquer um*, estão os protocolos da Internet. No lado do *somente um*, estão governos e empresas com interesses em restringir e controlar o acesso à Internet e frustrar muitos propósitos para os quais a Internet pode ser direcionada. Essa batalha também acontece dentro de nossa cabeça, porque tendemos a ver a Internet das duas maneiras. As ironias abundam.

Por exemplo, a Internet é muitas vezes chamada de "a rede das redes", embora tenha sido concebida para transcender as conexões que emprega e, portanto, não se reduz a elas. Ela não é composta de fios e não é um "serviço", mesmo que seja chamada assim pelos provedores.

Então, vamos olhar para os lados aqui. No lado do *qualquer um*, os "net-heads" (sim, eles chamam a si próprios dessa forma) enquadram sua compreensão da Internet nos termos de seus protocolos e das virtudes desses protocolos. No lado do *somente um*, os "bell-heads" (sim, eles também chamam a si mesmos assim) enquadram sua compreensão da Internet em termos de infraestrutura de cabeamento e sistemas de faturamento.

Para os net-heads, a Internet é um novo e vasto espaço virtual com qualidades como *neutralidade* e *geratividade*. Para maximizar as oportunidades econômicas e a vitalidade, essas virtudes devem ser maximizadas, mesmo que as empresas de telefonia e TV a cabo não desejem reconhecer ou apoiar essas virtudes.

Para os bell-heads, a "rede das redes" é uma coleção de propriedades privadas em sua maior parte, na qual os donos devem ser livres para fazer o que bem entenderem. Assim, se o que lhes agrada é controlar certos tipos de tráfego de dados para maximizar o QoS (Quality of Service), isso é muito ruim. Eles são O Mercado, que crescerá melhor se eles agirem em seu próprio autointeresse econômico. Ei, olhe para todo o bem que eles já fazem. (Alguém aí quer uma conexão discada?) E olhe para a concorrência saudável entre as empresas de cabo e telefonia. Isso não está produzindo benefícios econômicos suficientes para todos?

Como os net-heads tendem a apresentar argumentos sociais enquanto os bell-heads tendem aos econômicos, os primeiros se posicionam à esquerda e os segundos à direita. Entre ambos, estão infinitos argumentos técnicos que não merecem ser detalhados aqui.

Sou um net-head, mas daqueles que desejam que ambos os lados reconheçam que o projeto original da Internet é abrangente e benéfico para as economias e sociedades de todos os lugares. Ou seja, acredito no argumento de que a Internet é igual à gravidade, à luz solar, à tabela periódica e aos pinheiros: que faz parte da própria natureza. O que torna a Internet diferente de todos os outros produtos da natureza é que os seres humanos a fizeram para si mesmos.

A natureza da Internet – seu propósito essencial – é apoiar tudo o que a utiliza, assim como o propósito essencial de um relógio é contar o tempo. Assim, embora a rede hoje dependa das conexões por telefone e por cabo, sua finalidade de apoiar tudo não deve ser subordinada ao legado das empresas de telefonia e TV a cabo. A Internet, na forma neutra e gerativa definida por seus protocolos, é um ambiente de mercado muito maior e mais interessante do que aquele definido pelos interesses paroquiais e limitados das empresas de telefonia e cabo, que tentam desesperadamente manter o legado de suas empresas e que seriam mais bem atendidas se abraçassem todas as oportunidades abertas pela Internet, para todos.

De qualquer maneira, vamos evoluir a partir do passado desses antigos negócios. Os engenheiros das empresas de telefonia e cabo sabem disso, assim como muitos líderes de negócios dessas empresas, mesmo que lutem para proteger o legado de seus negócios a todo custo.

Como alguém pró-negócios, simpatizo com as empresas de telefonia e cabo, que são amaldiçoadas pela necessidade de manter as margens dos negócios já existentes e, ao tempo, construir infraestruturas que tornam esses negócios obsoletos. Essas empresas recebem pouco crédito (especialmente dos net-heads) por suas inovações genuínas e por sua capacidade de inovar mais. Nós realmente precisamos delas, quer gostemos delas ou não.

Da mesma forma, simpatizo com os primeiros ISPs: os provedores de serviços de Internet originais e sobreviventes, que entraram no negócio de fazer tudo o que o Protocolo Internet encorajava e que, no processo, lidaram com os limites do mundo real em cabeamento e instalações, as complicações regulatórias e o jogo político praticado em todos os níveis. Essas empresas nunca quiseram estar nos negócios de televisão ou telefonia e tinham pouco (ou nenhum) amor por qualquer lado dos negócios e das batalhas políticas.

Mas respeito a natureza da Internet principalmente como um ambiente profundamente favorável a tudo o que depende dele, incluindo todo tipo de negócio que requeira uma conexão de dados com o mundo. E não acho que deixar as operadoras (ou os governos) executarem todo o show irá nos levar à Internet totalmente favorável ao mercado de que precisamos.

A oportunidade batendo à porta

A economia mundial tem sua própria Internet virtual, na malha de protocolos por meio dos quais vendedores e compradores fazem negócios. Esta é uma das razões para os negócios e a Internet se darem tão bem, e a Web que conhecemos hoje ser, em grande parte, comercial.

Compreender que a Internet e os negócios se baseiam em protocolos nos ajuda a ver como a Internet libera as atividades econômicas e como é importante libertá-la dos "negócios de propósito único" (hotéis, cinemas) que se colocam na "última milha" das conexões em rede. Mesmo as companhias de telefonia e cabo precisam perceber quantos negócios são impedidos pela subordinação da Internet a seus sistemas de propósito único – e quantas oportunidades a mais se abrirão se eles ajudarem a construir a infraestrutura sem nenhum propósito da Internet.

Minha perspectiva própria sobre a Internet baseada na oportunidade está ancorada no verão de 1976. Eu ainda tinha meus vinte e poucos anos, casado, pai de dois filhos, ex-jornalista e personalidade do rádio que vivia em um pequeno enclave rural isolado de Chapel Hill, na Carolina do Norte. Digo *ex* porque não conseguia arrumar emprego em jornalismo ou rádio. Eu tinha sido demitido de uma estação de rádio local e recusado pelo restante delas. Não havia vagas de emprego em nenhum dos jornais ou revistas da área, e os esforços para vender meu trabalho para editoras em Nova York e em outros lugares também haviam fracassado. Eu ainda ganhava um pouco como free-lancer, mas não o suficiente para sustentar minha família. Então acabei fazendo bicos. Cheguei até a trabalhar na serraria do meu locador em troca do aluguel do imóvel. Quando finalmente me dei bem em outras profissões, desisti de minhas ambições no jornalismo e no rádio, porque as oportunidades nesses campos haviam se esgotado.

Minha visão para essas oportunidades foi limitada pela geografia e pelas opções de emprego na Carolina do Norte – limites posteriormente destruídos pela Internet. Eu podia ver que essa destruição chegando quando comecei a aprender sobre a Internet na década de 1980. Experimentei-a pela primeira vez quando Phil Hughes, editor do *Linux Journal*, contratou-me para escrever para a revista e para uma publicação que a acompanhava, chamada *Websmith*, em 1996. Esse foi meu primeiro emprego como jornalista em mais de 20 anos. Uma década e meio depois, eu continuava trabalhando como editor da *Linux Journal*, sempre seguindo a Internet bem de perto, nunca deixando de me maravilhar com a parafernália tecnológica que tornou possível essa coisa milagrosa. Também fico exasperado com a maneira como confundimos os fins das empresas de telefonia e cabo com os fins reais da Internet.

Esses fins são infinitos, porque a capacidade da Internet se expande a cada novo protocolo adicionado ao conjunto deles na Internet – e porque esses protocolos, em geral, são compatíveis com o "princípio ponta a ponta", que foi descrito pela primeira vez por Jerome H. Saltzer, David P. Reed e David D. Clark, em 1981, no ensaio "End-to-End Arguments in System Design".[6] Em resumo, o princípio ponta a ponta diz que a inteligência mais importante é a que existe na ilimitada variedade das extremidades de uma rede, e não nos sistemas de mediação que residem no meio. Portanto, dizem eles, os protocolos de rede devem ser concebidos principalmente como meios para esses fins, em vez de servir aos interesses paroquiais de operadores intermediários, tais como as empresas de telefonia e cabo.

Em maio de 1997, Isenberg David, na época trabalhando na AT&T, publicou por conta própria um estudo intitulado "The Rise of the Stupid Network" – seu próprio argumento ponta a ponta contra a crença acalentada pela AT&T de que uma rede deveria ser inteligente, no sentido de que precisava de uma grande empresa sabe-tudo, faz-tudo e pensa-tudo como a AT&T no meio, fazendo as coisas importantes. David escreveu: "Os primeiros indicadores mais poderosos da Stupid Network começaram a chegar quando os empresários que não tinham interesse em manter os pressupostos das companhias telefônicas começaram a oferecer serviços de dados lucrativos, a preços acessíveis e amplamente disponíveis."[7] Nesse período, a Amazon.com e o eBay eram dois grandes exemplos. Agora temos Wikipedia, Skype, Google, Twitter, Facebook, LinkedIn e todo o comércio eletrônico.

A AT&T foi, sem dúvida, uma empresa inteligente, assim como todas as outras empresas de telefonia e TV a cabo do mundo. Mas nenhuma delas podia começar a contemplar, ou muito menos suportar, qualquer das coisas novas e surpreendentes que nascem e crescem na Internet estúpida, todos os dias. Por que não é óbvio para todo mundo que a Internet estúpida hospeda um novo mundo de oportunidades?

A resposta simples é que não entendemos isso. A resposta mais complexa é que entendemos isso de muitas maneiras diferentes.

Estruturas

Nós entendemos tudo metaforicamente. Ou seja, pensamos e falamos sobre tudo em termos de outra coisa. Essa outra coisa é uma *metáfora conceitual*, ou o que os linguistas cognitivos também chamam de *quadro*.

Por exemplo, o quadro mais comum para o tempo é o dinheiro. É por isso que *economizamos, gastamos, perdemos, investimos* e *reservamos* tempo. Então, pense em cada quadro como uma caixa de palavras para um assunto que tomamos por empréstimo quando falamos de outra coisa. Assim, tomamos emprestado o vocabulário do dinheiro quando falamos sobre o tempo.

Outro exemplo: vida. O quadro mais comum para vida é viagem. Tomando emprestado do quadro da viagem, dizemos que o nascimento é a *chegada*, a morte é a *partida*, as escolhas são as *encruzilhadas* e as carreiras são os *caminhos*. Também dizemos que *ficamos presos em um barranco, caímos do trem, ficamos perdidos na floresta, pegamos a via rápida, cruzamos essa ponte quando chegamos lá* e *ganhamos a corrida*.

A ironia das metáforas é que elas estão certas ao mesmo tempo que estão erradas. Na verdade, tempo não é dinheiro e a vida não é uma viagem. O tempo é um sistema de medição. A vida é um processo autossustentável. Mas, como seres vivos, experimentamos o tempo como algo valioso. Experimentamos a vida como um movimento dirigido. Então, falamos sobre tempo em termos de dinheiro e sobre a vida em termos de viagem.

Isso vale mesmo para nossos sistemas morais. Dizemos que *bom é para cima* e *ruim é para baixo* porque andamos eretos. Dizemos que *bom é luz* e *ruim é escuro* porque somos diurnos: animais da luz do dia. Se as corujas pudessem falar, diriam que *bom é escuro* e *ruim é para cima*.[8]

Eu nos obrigo a fazer essa digressão porque existem alguns conceitos – o tempo e a vida, entre outros – que são tão gerais e abrangentes que nunca iremos explicá-los perfeitamente, por mais que os conheçamos por experiência própria. Tal é o caso da Internet, que é amaldiçoada por não ser parecida com absolutamente nada. Ou com tudo.

Assim, o desafio de definir a Internet sempre me faz lembrar uma velha questão: "Defina o universo e dê três exemplos."

Terminando em zero

Em *Small Pieces Loosely Joined*, David Weinberger escreve:[9]

> Suponha – apenas suponha – que a Web seja um novo mundo que estamos apenas começando a habitar. Somos como os primeiros colonizadores europeus nos Estados Unidos, vivendo à beira da floresta... Claro que, embora os colonos talvez não imaginassem no que a geografia do Novo Mundo viria a se transformar, ao menos sabiam que havia uma geografia. A Web, por outro lado, não tem geografia nem paisagem. Não tem distância. Não tem nada natural nela. Ela tem poucas regras de comportamento e menos ainda hierarquias de autoridade. O senso comum não se abriga lá e o senso incomum não emergiu... Nós nem sabemos como falar sobre um lugar que não tem solo, não tem fronteiras, não é longe nem perto.[10]

Craig Burton, analista sênior da Kuppinger Cole, combina essas três ideias que abordamos até agora – *ponta a ponta*, *estúpida* e *um novo mundo* – descrevendo a Internet como uma vasta esfera oca, composta inteiramente de pontas:

> Vejo a Internet como um mundo que poderíamos ver como uma bolha. Uma esfera. Ela está crescendo cada vez mais e, lá dentro, cada ponto nessa esfera é visível para todos os outros. Essa é a arquitetura de uma esfera. Nada se interpõe entre dois pontos quaisquer. Essa é sua virtude: é vazia no meio. A distância entre dois pontos quaisquer é funcionalmente zero, e não apenas porque podem ver uns aos outros, mas porque nada interfere na operação entre dois pontos

quaisquer. Existe uma palavra para o que está acontecendo aqui: *terraformação*. É o verbo para a criação de um mundo. Isso é o que estamos fazendo aqui: um novo mundo.[11]

Imagino a esfera oca de Craig como um zero tridimensional gigante. Graças a esse zero, fiquei sentado em Paris, em julho de 2010, ouvindo a uma transmissão para o idioma inglês da Copa do Mundo, na WDNC: a mesma estação de rádio da Carolina do Norte cujo transmissor eu costumava operar nos fins de semana, em 1974. O custo disso não era zero, assim como o custo da água de uma torneira não é zero. Mas o custo era baixo o suficiente para ser ignorado, e essa é uma grande parte do que torna a Internet tão atraente e útil.

Na época em que trabalhei na WDNC, ficávamos orgulhosos porque nosso sinal chegava a dezenas de condados da Carolina do Norte e da Virgínia. E ainda chega, mas a estação também atinge o mundo inteiro através da Internet, sem se preocupar muito com alguém extraindo tarifas ou taxas entre a estação em uma ponta e os ouvintes em muitas outras. Graças ao mesmo conjunto de protocolos, posso escrever o texto de um blog em qualquer lugar, colocá-lo em um servidor em Cambridge, Massachusetts, e ele será lido por inúmeras pessoas em todo o mundo, muitas das quais foram notificadas por RSS – Really Simple Syndication – sem que qualquer um de nós pertença a qualquer sindicato controlado pelas editoras.

O RSS, tal como o conhecemos hoje, foi projetado e definido por Dave Winer, que também foi pioneiro em blogs e podcasts. Hoje, se você procurar por RSS no Google, poderá obter mais de 12 bilhões de resultados.[12] Isso porque Dave sempre procurou obedecer a um de seus provérbios favoritos: "Não pergunte o que a Internet pode fazer por você; pergunte o que você pode fazer pela Internet."[13] (Ele às vezes substitui Web por Internet. Ambas expressam a mesma ideia.) Os autores de outros protocolos de Internet obedecem ao mesmo imperativo. À época em que escrevia isto, a Wikipedia listava 43 protocolos de Internet em seus resultados do termo Internet Protocol, e isso sem contar "mais" em cada uma das quatro categorias de protocolos.[14]

O TCP/IP foi proposto em 1974. Alguns protocolos, como FTP (File Transfer Protocol), são mais antigos. Outros, como o HTTP (Hypertext Transfer Protocol), surgiram mais tarde. A maioria deles é tão sem dono quanto um aperto de mão ou um passo de dança. Nenhum é sobrecarregado com reclamações sobre propriedade intelectual, mesmo que a propriedade intelectual esteja envolvida. Ao contrário disso, os protocolos da Internet incorporam princípios que são abreviados como "NEA". Isso quer dizer:

- Nobody owns it (Ninguém é o dono).
- Everybody can use it (Todo mundo pode usá-la).
- Anybody can improve it (Qualquer um pode melhorá-la).

Embora alguém possa argumentar que o primeiro ideal exagera ou distorce os fatos, isso não é problema. Por exemplo, não importa para o restante de nós que alguém seja dono das patentes da Ethernet. Os detentores dessas patentes decidiram há muito tempo libertar a Ethernet,[15] por custo de utilização zero e melhoramento por qualquer pessoa (exemplificando as outras duas letras em NEA). Um dos resultados é que quase ninguém fora do mundo da rede se lembra do token ring da IBM, que competiu com a Ethernet no passado, quando ambos eram jovens e atraentes. Ainda hoje, alguns técnicos consideram o token ring uma tecnologia superior. Mas a IBM queria vender o token ring para os clientes, enquanto os donos da Ethernet (Xerox, Intel e Digital Equipment Corporation) e os detentores da patente (em especial, Bob Metcalfe, amplamente considerado o pai do protocolo) queriam torná-lo útil para todos e, dessa forma, criar mercados inteiramente novos. Então, eles doaram os direitos do protocolo para uso público.

A diferença estava entre duas preposições: *com* e *porque*. A IBM queria ganhar dinheiro *com* o token ring, enquanto a Xerox, a Intel e a Digital queriam ganhar dinheiro *porque* a Ethernet estava livre. O resultado foi uma grande vitória para todos, incluindo a IBM, graças à natureza livre e aberta da Ethernet.

No final da década de 1980, quando Craig Burton era vice-presidente executivo de Marketing Corporativo da Novell, descobri, através de um amigo que trabalhava em um fornecedor de componentes, que a Novell era realmente a maior fabricante mundial de placas de rede Ethernet. Isso foi na época em que quase todo mundo nos negócios usava clones de PC, e poucos vinham com a Ethernet instalada. Isso deixou em aberto um mercado para placas de rede Ethernet. Essas placas custavam cerca de US$1 mil cada uma. Era amplamente aceito àquela época que a 3Com era o rei das placas Ethernet, mas aqui aprendi que a Novell era a real detentora do título. Então perguntei a Craig por que a Novell não fez um grande negócio com sua posição no mercado de placas de rede Ethernet. Ele respondeu: "Porque será um negócio de investimento zero. Em poucos anos, a Ethernet será uma tomada padrão na parte de trás de cada computador." E assim foi e ainda é.

Hoje, Craig diz a mesma coisa sobre o serviço de Internet. O primeiro custo da Internet é como o primeiro custo da Ethernet. É zero, ou bem perto disso. Sim, é bom ter os ISPs, mas seu modelo devem ser as estradas, os serviços de energia elétrica ou de distribuição de água, e não a telefonia ou a TV a cabo. (Embora eles devam ser livres para vender esses serviços.) O departamento de estradas de rodagem não diz se sua entrada de garagem deve ser de concreto ou de cascalho. O departamento de água também não é seu "provedor de serviços de encanamento". Sim, há entendimentos sobre como e onde você faz a conexão de sua ponta na rede. Mas poucos, ou nenhum deles, dizem o que você pode fazer no seu lado do relacionamento.

O que necessitamos aqui é o que J.P. Rangaswami (cientista-chefe da Salesforce) e eu chamamos de "efeitos por causa" e os economistas chamam de externalidades positivas. J.P. e eu cunhamos o termo "efeitos por causa", porque eles são fáceis de explicar dessa maneira: você ganha dinheiro *por causa* deles, e não *com* eles. O "efeito por causa" total da Internet é incalculável. A Internet se tornou uma onda crescente de capacidade de conexão que levanta todos os barcos – econômicos, sociais e outros. Essa capacidade aumenta na medida inversa do próprio movimento da Internet rumo a zero em facilidade e custo de conectividade.

O terceiro ideal NEA – *Qualquer um pode melhorá-la* – é o que torna a Internet uma forma de infraestrutura tão adaptativa. É também por isso que a Internet melhora constantemente como mercado, tornando-se cada vez mais útil e eficiente para todos e para tudo que depende dela. Assim, enquanto a Internet pode suportar inconveniências de vendedores que limitam as escolhas do cliente, também pode oferecer aos clientes formas de trabalhar na solução dessas limitações.

BEM, ENTÃO...

A capacidade da Internet de apoiar a atividade econômica e o crescimento ilimitado ganhará no longo prazo, porque isso será provado nos próprios mercados suportados por ela. Mas haverá uma grande dose de resistência ao longo do caminho, como os interesses estreitos do Grande Governo e do Grande Negócio para tentar conter o potencial da Internet no âmbito de suas próprias ambições. Ainda assim, a direção evolutiva da Internet é no sentido da conectividade ambiente. Seja qual for sua aparência ou funcionamento, ela não se parecerá nem com o sistema de telefonia nem com o de TV a cabo. Em vez disso, ela se parecerá com tudo isso junto.

10
A Live Web

> Ímpeto e ímpeto e ímpeto...
> Sempre o fecundante ímpeto do mundo...
> Da penumbra, opostos iguais avançam,...
> Sempre substância e aumento...
> Sempre um tecer de identidade...
> Sempre distinção...
> Sempre uma geração de vida.
>
> Walt Whitman[1]

> A rede é o sítio urbano antes de nós, um convite para projetar e construir a Cidade de Bits (capital do século XXI), assim como, há muito tempo, uma estreita península ao lado do Meandro se tornou o lugar para Mileto.
>
> William J. Mitchell[2]

O ARGUMENTO

A Live Web não é apenas em tempo real. É o lugar real também. E o melhor modelo do mundo real para esse lugar é a cidade.

Em 2003, meu filho Allen e eu estávamos falando sobre a futura evolução da Internet e da Web em particular. Como ele percebeu em seguida, a Web que conhecíamos era mais estática. Os sites mudavam constantemente, mas não tão rápido que o Google e outros mecanismos de busca não pudessem indexar tudo em toda a Web todos os dias. Mas os mecanismos de busca não mostravam o que estava acontecendo agora, em tempo real. Isso porque praticamente todos os sites naquela época eram mais um projeto em construção do que um local para eventos ao vivo. Allen não via isso como um problema, mas muito mais como uma limitação inicial que seria superada quando qualquer um e qualquer coisa pudessem se envolver em tempo real. Ele chamou esse ambiente futuro de "Live Web", a Web ao vivo.

Os blogs foram uma das primeiras formas generalizadas de vida da Live Web. O que faz com que um blog seja ao vivo é a *sindicação*, ou *agregação*. Quando o texto de um blog (ou uma notícia) é publicado, ele notifica o mundo desse fato por meio de um feed de RSS. Esse fato tornou-se útil quando David Sifry e eu trabalhávamos juntos em uma matéria sobre blogs para o *Linux Journal*, em novembro de 2002. Para nos ajudar a fazer a investigação necessária, David inventou o Technorati, que veio a se tornar o que ele chamou de mecanismo de busca "Live Web", tomando o termo emprestado de Allen.

Allen e David se revelaram estar à frente de seu tempo, que começou a chegar em grande estilo quando o Twitter e o Facebook tornaram a natureza ao vivo da Web óbvia para todo mundo.

Para mim, o exemplo mais significativo da Live Web em funcionamento veio quando minha filha ligou para mim em Boston, à tarde, de sua casa em Baltimore. "Acabamos de ter um terremoto!", disse ela. "Parece que acabou de acontecer o mesmo na Califórnia. Todos correram para fora e começaram a gritar 'Você está bem?' uns para os outros. Você ouviu falar de alguma coisa?" Procurei por #terremoto no Twitter. Os primeiros resultados eram de Virginia, D.C., Maryland, em seguida, Filadélfia e, depois, Nova York. "Ele deve estar vindo de algum lugar ao sul de vocês", disse eu. Então, nossa casa começou a balançar. "Nossa! Estou sentindo isso aqui agora", disse, e via tweets novos de outras pessoas em Boston.

Mas eis o mais importante: o Twitter e o Facebook são apenas as primeiras versões de espécies muito mais evoluídas. Eles são como protótipos da futura Live Web, como a AOL e a Compuserve foram para a Web estática. Eles também são empresas e, portanto, com um único ponto de falha. Eles vão morrer. Isso significa que não podemos depender deles ou de qualquer outra empresa sozinha para nos dar a Live Web. Para imaginar nosso caminho para a Live Web, precisamos olhar para além do Vale do Silício, de Wall Street e do ambiente natural que vemos fora da humanidade: as florestas, as selvas e os oceanos do mundo. Em vez disso, precisamos olhar para as cidades.

Como vivemos

A população humana da Terra passava de 7 bilhões enquanto eu escrevia este livro. Em 2006, mais de metade da nossa população já vivia nas cidades. (Nos Estados Unidos, já passamos dos 82%.) A partir de agora até 2050, mais de 1 milhão de pessoas por semana serão adicionadas às cidades. Embora esses sejam fatos interessantes que podem levar em muitas direções, a mais pertinente para nós aqui é a mortalidade no mundo dos negócios. Isso porque as cidades vivem, enquanto as empresas morrem – assim como as pessoas e outros seres vivos. O que as cidades têm que as empresas e outros sistemas vivos não têm?

Geoffrey West tem uma resposta para isso. West é físico teórico com uma carreira longa e notável em sua área antes que ele e alguns colegas começassem a procurar um modelo científico para as cidades. Ao longo desse trabalho, eles também estudaram as empresas. O que eles descobriram foi que as cidades continuam a crescer em tamanho e vitalidade, enquanto as plantas, os animais e as empresas crescem somente até um ponto em que não podem crescer mais. "É muito difícil matar uma cidade", diz West. "Você pode soltar uma bomba atômica sobre uma cidade e, 30 anos depois, ela ainda sobrevive. Poucas cidades falham. Todas as empresas morrem."[3]

Isso porque as cidades aumentam de forma *superlinear*, enquanto as plantas, os animais e as empresas aumentam de forma *sublinear*. Em termos matemáticos, a alavancagem do crescimento é maior para as cidades e menor para plantas, animais e empresas. Então, à medida que uma cidade cresce, necessita de *menos* energia para continuar crescendo, enquanto uma empresa precisa de *mais*. Portanto, uma cidade não tem cargas inerentes ao tamanho, enquanto um organismo sim. Como minha esposa gosta de dizer: "As árvores não crescem até o céu." O aumento sublinear é a razão. O caminho típico do aumento sublinear é sigmoidal: após ser arremessado por uma tacada de hóquei para um declive íngreme de crescimento, ele logo se inclina para a posição plana. West e seus colegas estudaram 23 mil empresas e descobriram que "todas começam parecendo tacadas de hóquei, todas acabam se curvando e todas morrem como você e eu".[4]

Sim, as empresas podem se renovar. Elas podem inventar novos produtos e serviços que são arremessados para o céu à velocidade de uma *startup*. No entanto, cada sucesso torna a empresa maior de novo e a grandeza tem custos que só podem ser compensados por inovação constante e crescimento ainda maior. Isso não acontece para além de certo nível de grandeza, a menos que a empresa seja partida em pedaços menores que crescem de forma independente. Mas, então, não é mais uma única empresa. Sendo dividida em partes separadas, a empresa original morre.

As cidades, por outro lado, são, por natureza, arranjos de muitos seres vivos. Todas essas coisas morrem individualmente, enquanto a cidade vive como um sistema coletivo, com benefícios que transcendem a mortalidade de tudo que a compõe. West diz que isso funciona porque as *cidades são redes*.

Worldwide City, a urbe em rede

"Tudo na vida é controlado por redes", diz West. Mas quando você contém essa rede numa única entidade, isso é mortal. Quando você combina essas redes vivas com outras do mesmo tipo e afins, as economias de escala trazem retornos crescentes. "Quanto maior você for, mais você tem, *per capita*." Por exemplo, "salários mais altos, mais pessoas supercriativas, mais patentes..."[5] Você também terá mais crimes, doenças e outros aspectos negativos. Mas as cidades também aumentam a esperança de solução dessas coisas, porque as fontes das soluções estão em rede.

O que a Internet faz é dar a toda a civilização conectada os benefícios – pelo menos on-line – de viver em uma cidade. Ao conectar cada um de nós a todos nós, a Internet é a maior cidade de todas.

BEM, ENTÃO...

As cidades são gerativas. Elas promovem inovação, invenção, iniciativa, adaptação e proliferação. Elas também têm as propriedades dos recursos comuns (*commons*) e são os hábitats dos mercados. De fato, as cidades sempre crescem em torno de mercados e conexões para o comércio, especialmente o transporte. (Não é coincidência o fato de os cabos submarinos de fibra ótica da Internet conectarem cidades e países em "pontos de desembarque".)

Acima de tudo, as cidades são coleções de clientes. E os melhores clientes são agentes plenamente ativos.

11
Agência

Confia em ti: todo coração vibra ao som dessa corda de aço.
Ralph Waldo Emerson[1]

O ARGUMENTO

Agência é pessoal. É a fonte de confiança por trás de toda intenção. Por sua natureza, o mercado de rede saúda a plena agência dos clientes. Então, como os melhores fornecedores são orientados para o cliente, haverá muitas maneiras para ambos, fornecedores e clientes, prosperarem no mercado de rede e, portanto, também na Economia da Intenção.

Hoje, quando usamos a palavra *agência*, geralmente nos referimos a uma parte que age em nome de outra – como uma agência de propaganda, relações públicas, imóveis, artistas ou escritores. Mas os significados originais mais profundos de agência dizem respeito a *agir por si mesmo*. Eis as definições relevantes do *Dicionário Oxford* para *agente*:

1. a. Aquele que... age ou exerce poder.
2. Aquele que opera em determinada direção, que produz um efeito.
3. a. De pessoas: aquele que faz o trabalho real de qualquer coisa, distinguindo-se do instigador ou empregador, portanto aquele que age por outro, um deputado, administrador, intermediário, substituto, representante ou emissário.[2]

Na Economia da Intenção, os clientes libertados desfrutam de sua total *agência* e empregam *agentes* que respeitam e aplicam os poderes que os clientes lhes concedem.

Trabalho

A era da indústria começou na navegação e no comércio. Na quarta definição do *Oxford English Dictionary*, os primeiros exemplos de *agency* referem-se a atividades em lugares distantes. O dicionário cita Jonathan Swift (1745), cujo personagem preferia não ficar "com a incumbência do câmbio e das agências", e um documento de 1800 referindo-se a "casas estrangeiras de agência". A próxima definição, "um estabelecimento que tem por objetivo fazer negócios por outro, geralmente a certa distância", cita exemplos que se iniciam com Agência Reuters, em 1861. A primeira agência do governo surge duas décadas mais tarde.

Os negócios no mundo industrial são complicados. Ninguém pode fazer tudo, e essa é uma das razões por que os mercados funcionam. A oportunidade aparece onde algo pode ser feito que outros não estejam fazendo ou não estejam fazendo bem o suficiente. Muitas dessas oportunidades são representativas, no sentido de que a agência, sob a forma de trabalho, é transferida. Nós contratamos agentes para trabalhar como extensões de nós mesmos.

As democracias também são acordos de representação. Os governos democráticos são as agências de seu povo. Faz sentido que essas agências também tenham agências.

Mas, em primeiro lugar, a agência é pessoal. Ter agência nos torna eficazes no mundo, o que inclui o mercado. Isso levanta algumas questões interessantes. O que significa para um cliente ter agência total no mercado? Será que é apenas para mostrar que tem dinheiro e crédito suficientes? Será que é suficiente ser conhecido como um bom cliente apenas no âmbito do sistema de CRM de uma empresa? Esse é o pressuposto padrão atual, e é terrivelmente limitador.

Tomemos, por exemplo, minha agência como um cliente do negócio de transporte aéreo. Há muitos anos, voo mais de 100 mil milhas. Trago para o mercado um portfólio de conhecimento, experiência e *intenção* (ou seja, agência) que deve ser valioso para mim e valioso para as empresas com as quais tenho de lidar. Sei muito sobre a ciência e a história da aviação; sobre muitas companhias aéreas velhas e novas; sobre muitos aeroportos e suas cidades; e sobre geografia, geologia, astronomia, meteorologia e outras ciências relevantes. Sou um fotógrafo cujo trabalho é conhecido em alguns círculos da aviação e que, em pequeno grau, adiciona valor à viagem aérea em geral. Também sou um passageiro bastante fácil de agradar. Não necessito de assistência, não tenho restrições alimentares, chego cedo e não perturbo o pessoal da companhia aérea com perguntas de novato. Prefiro certos lugares no avião, mas não enlouqueço quando não os consigo, e, frequentemente, sou um dos primeiros a ceder o assento se isso ajuda um casal ou família a se sentar lado a lado no avião. Também estou disposto a pagar por certos privilégios. No entanto, somente o primeiro item – milhas voadas – é de sério interesse para a companhia aérea em que viajo normalmente, que é a United. É fato conhecido e sem interesse para as pessoas que sou um passageiro de 1 milhão de milhas com a United, à exceção dessa única companhia aérea.

Assim, tenho uma medida da agência apenas dentro do sistema da United e um pouco menos com o sistema de outros membros da Star Alliance, à qual a United pertence. Minha autoatualização como passageiro não é minha, mas daquele "1K" (100 mil milhas por ano) ou do que quer que esteja anotado em meu cartão de sócio United Mileage Plus em determinado ano. Sou um bezerro de alto valor em seu curral bem-cuidado. O bom é que meu status de uma só companhia me dá alguns privilégios em outras companhias aéreas da Star Alliance. Mas, como os sistemas de TI das linhas aéreas que integram a Star Alliance não se comunicam entre si totalmente, esses privilégios são ocasionais. Pedir a qualquer companhia aérea da Star Alliance para ser a vaca dos bezerros de outras companhias aéreas faz cada uma delas gemer.

As outras companhias aéreas não sabem o que estão perdendo, porque *não podem* saber. Todas as suas heurísticas estão confinadas em seus próprios sistemas de CRM, além de toda a tolice especulativa "personalizada" que elas compram de empresas de mineração de dados. Nenhum desses dados minerados vem diretamente de você ou de mim. Se a Delta compra informações sobre mim da Acxiom, digamos, minha agência está longe de ser encontrada. Toda a agência é da Acxiom, e ela nem sequer está agindo como *uma* agência para mim no sentido representativo da palavra. Não transferi nenhum trabalho para ela, mas ela está fazendo um trabalho em meu nome, de certa forma.[3]

Só podemos fazer melhor se a agência for nossa, e não deles.

Autoatualização

Para considerar o que autoatualização significa no mercado, é útil analisar as seções de negócios das livrarias e bibliotecas. Elas estão cheias de livros sobre autoatualização para as empresas e seus empregados, mas há poucos ou sequer nenhum livro para os clientes. Mas não há nada sobre o que significa para você e para mim ser autoatualizado como cliente. Se houvesse, o que um livro assim diria?

Em *Theory of Human Motivation*, o psicólogo Abraham Maslow colocou "a necessidade de autoatualização" no topo da lista das motivações humanas – acima de sobrevivência, segurança, amor e estima.[4] Especificamente,

> Mesmo que todas essas necessidades sejam satisfeitas, ainda podemos muitas vezes (se não sempre) esperar que um novo descontentamento e inquietação se desenvolvam em breve, a menos que o indivíduo esteja fazendo o que é preparado para fazer. Um músico deve fazer música, um pintor deve pintar e um poeta deve escrever, se quiserem ser felizes. O que um homem pode ser deve ser. Podemos chamar essa necessidade de autoatualização.
>
> O termo, cunhado pela primeira vez por Kurt Goldstein, é utilizado neste livro de maneira muito mais específica e limitada. Refere-se ao desejo de autorrealização, ou seja, à tendência de alguém se tornar atualizado naquilo que é em potencial. Essa tendência pode ser expressa como o desejo de se tornar cada vez mais o que se é, para se tornar tudo o que se é capaz de se tornar.[5]

Vamos esquecer, por ora, que Maslow escreveu isso em 1943, que depois o revisou e que outros contestaram essa assertiva. Vamos apenas reconhecer que Maslow nos ajuda a entender algumas coisas sobre o que os seres humanos desejam ser.

Ser cliente é trabalho de meio período para a maioria de nós (mesmo para os viciados em compras). No entanto, trazemos mais para o mercado do que o adequado ao escopo dos sistemas atuais de qualquer vendedor, que aceitam apenas um pequeno número dos sinais provenientes dos clientes. Quanto mais os clientes podem trazer, e os vendedores podem abraçar, se a gama de sinais e ações do lado do cliente for liberada? Ainda não sabemos, mas estamos começando a descobrir.

In *Here Comes Everybody: The Power of Organizing Without Organizations*, o autor Clay Shirky examina os efeitos das ferramentas das redes sociais, um fato perturbador na vida do mercado, no qual o mundo dos negócios se tornou refém máximo em 2011. (E com boa razão: o Facebook ostentou, sozinho, 750 milhões de usuários.) "Nenhuma das vantagens *absolutas* de instituições como empresas, escolas ou governos desapareceu. Em vez disso... a maioria das vantagens *relativas* dessas instituições desapareceu – relativamente ao esforço direto das pessoas que elas representam."[6]

Embora o foco de Clay esteja no social, o pessoal continua a ser mais do que implícito. Cada um de nós tem muito mais agência no mercado de rede do que poderia desfrutar no mercado industrializado. Uma vez que os dois estão se tornando um só, nossa agência se tornará valiosa para a indústria.

BEM, ENTÃO...

Quando você limita o que os clientes podem trazer para os mercados, acaba limitando o que pode acontecer nesses mercados.

No restante da Parte II (Capítulos 12 a 15), vamos examinar de que maneira esses limites vão acabar e as oportunidades para a agência pessoal serão abertas.

12

Livre e aberto

> Nós, hackers, estávamos ativamente visando a criação de novos tipos de discussão fora das instituições tradicionais... Isso não era um subproduto acidental de se fazer apenas o tecnológico; era uma meta explícita para muitos de nós desde a década de 1970. Nós pretendíamos essa revolução.
>
> Eric S. Raymond[1]

O ARGUMENTO

Os mercados livres na Internet dependem do código FOSS (*Free and Open Source Software*), ou software de código-fonte livre e aberto, e de métodos de desenvolvimento. Por isso, vale a pena entender ambos.

Nenhuma pergunta é mais importante para os repórteres do que "Qual é a história aqui?". Se o repórter não fizer essa pergunta que cabe a ele, algum editor-chefe fará.

Ainda que o formato da história seja incapaz de conter a verdade completa por trás de todo e qualquer assunto que o repórter poderia cobrir, isso irá acontecer. É por isso que as histórias, por concepção, exigem conflito ou luta. Se o assunto for política, clima, moda ou esporte, você precisa de algum tipo de problema ou o leitor se afasta. As metáforas mais baratas para problema – aquelas com os maiores espaços a ocupar – dizem respeito a guerra e esportes. Assim, quando se escreve sobre tecnologia, as histórias mais fáceis de escrever são produto *versus* produto, empresa *versus* empresa, CEO *versus* CEO. Mas nem tudo o que importa pode ser encontrado nos campos de batalha e nas arenas, reais ou imaginários. Isso é o que ocorre com o FOSS.

Embora um zilhão de histórias "Windows *versus* Linux" e "Bill *versus* Linus" tenha corrido na década de 1990 e 2000, nunca houve muita luta, porque Bill Gates, Linus Torvalds e seus respectivos projetos eram conduzidos por motivações diferentes, e eles trabalhavam de modos diferentes em organizações diferentes rumo a objetivos que eram semelhantes e competitivos apenas superficialmente. Sim, Windows e Linux ambos eram sistemas operacionais e, em alguns casos, competiam. Mas o Windows tinha de ganhar dinheiro para a Microsoft, enquanto o

Linux tinha apenas de fazer as coisas funcionarem. Essa diferença mais profunda é muito mais importante do que as semelhanças superficiais entre os dois sistemas operacionais e os mercados que eles atendem.

Eis outra maneira de ver a questão: a Microsoft tinha uma história, enquanto o Linux não. Enquanto a Microsoft precisava ter sucesso no mercado comercial, o Linux precisava ter sucesso como uma bolha de código útil.

A história tediosa e sem fatos da vida do Linux é porque sua única tarefa é ser o melhor sistema operacional possível para a mais ampla variedade de aplicações. Todos os outros projetos FOSS têm o mesmo tipo de propósitos mundanos e diretos. Assim, eles triunfam funcionando e sendo utilizados. Perguntar a Linux, Perl ou Python qual é seu modelo de negócios é como fazer o mesmo com o granito ou a luz solar.

Poderiam ter feito ótimas cópias se Torvalds, o criador do Linux, fosse um Filippo Brunelleschi ou um Christopher Wren, e se os programadores do Linux estivessem construindo uma grande catedral. Mas Linus apresentou o Linux "just for fun" (também o título de seu livro sobre o assunto),[2] e é isso que o sustenta como o mantenedor alfa do Linux. Em vez de esculpirem belas obras de arte, os programadores do Linux "apresentam patches". Quando indagado especificamente sobre o que o Linux realmente faz no mundo, Linus responde: "Esse é o espaço do usuário. Eu só faço o espaço do kernel."[3] Esse não é o tipo de coisa que Brunelleschi ou Wren teriam dito.

Ainda assim, os resultados do trabalho dos programadores Linux são bem profundos. Hoje, a maioria dos sites e serviços que desfrutamos na Internet e na Web (incluindo quase todos os do Google, Yahoo, Amazon, Facebook, Twitter e Wikipedia) é construída em cima do Linux ou de seus parentes próximos, além do Apache, outra base do código FOSS, que atende cerca de 60% de todas as páginas da Web.[4] Tanto o Linux quanto o Apache têm o carisma da pavimentação. E são apenas dois entre milhões de outras bases de código maçantes, mas essenciais, com FOSS.

O número total de projetos FOSS talvez nunca seja conhecido. À taxa de crescimento atual, o GitHub provavelmente passará em breve dos 2,5 milhões de repositórios de código para mais de 1 milhão de programadores, se ainda não tiver atingido isso enquanto você lê este livro. O SourceForge passará dos 300 mil, e quem sabe quantos mais estarão usando o Google Code (que não tem números divulgados)! Todas essas bases de código foram criadas por e para mentes inteligentes nas pontas da Internet. Quase todas elas começaram com o trabalho de um único indivíduo. E todas crescem com a agregação de contribuições originais de outros indivíduos, todos colaborando por meio da Internet.

O ativo e útil código FOSS é social e também pessoal, no sentido de que os escritores de código livre e aberto precisam cooperar uns com os outros. Yochai Benkler explica isso em "Coase's Penguin, or Linux and the Nature of the Firm" e em *The Wealth of Networks*. Em "Coase's Penguin", ele escreve:

O princípio organizador central é que o software continua livre da maioria das restrições sobre a cópia e o uso comum de materiais patenteados. Ninguém "possui" o software no sentido tradicional de ser capaz de comandar como é usado ou desenvolvido, ou para controlar sua disposição...

Sugiro que estamos vendo... o surgimento amplo e profundo de um terceiro e novo modo de produção no ambiente digital em rede. Chamo esse modo de "produção por pares baseada em recursos comuns", para distingui-lo dos modelos de empresas e mercados baseados em propriedade e contrato. Sua característica central é que grupos de indivíduos colaboram com sucesso em projetos de grande escala seguindo um conjunto diversificado de unidades motivacionais e sinais sociais, em vez de preços de mercado ou comandos gerenciais.[5]

Assim, embora a produção de pares baseada em recursos comuns possa ser melhor para a produção de código do que os "modelos baseados em propriedade e contrato", as empresas inteligentes também são favorecidas pela adaptação ao modelo de produção de código-fonte aberto, em vez de combatê-lo.

A IBM oferece um bom exemplo de adaptação. No final da década de 1990, enquanto outras empresas lutavam contra a adoção do Linux por seus clientes e seus próprios engenheiros e departamentos de TI, a IBM levou a sério as lições da perda do token ring para a Ethernet. Ao descobrir a extensão do desenvolvimento Linux que acontecia dentro da empresa, a IBM decidiu não apenas adotar o Linux, mas também vangloriar-se de haver investido US$1 bilhão nele.[6] Todo esse barulho fez o esforço da IBM parecer muito mais fácil do que realmente era. Dan Frye, vice-presidente de desenvolvimento de sistemas abertos da IBM Systems and Technology Group, contou-me que levou vários anos para a direção da IBM aprender que não poderia dizer a seus desenvolvedores Linux o que fazer – mas que, em vez disso, o contrário era verdade: os desenvolvedores do Linux eram os que estavam assumindo a liderança. Eis como Andrew Morton, um dos principais mantenedores do kernel do Linux, explicou a relação entre sábias empresas e desenvolvedores de código-fonte aberto:

> Olhe, por exemplo, para os engenheiros da IBM que trabalham no kernel. Eles entendem (como isso funciona) agora. Eles não são mais engenheiros da IBM que trabalham no kernel. Eles são desenvolvedores do kernel que trabalham para a IBM. Minha teoria é que, se a direção da IBM se aproximasse de um dos desenvolvedores do kernel e dissesse "Olha, precisamos fazer isso", o engenheiro da IBM não diria "Ei, a equipe do kernel não vai aceitar isso". Ele diria "NÓS não aceitaremos isso". Porque agora eles conseguiram. Agora entendem a preocupação global que temos com a coerência e a longevidade da base do código.
>
> Como essas empresas estão nisso há bastante tempo, entendem que nossas preocupações sejam sobre a base do código do kernel.[7]

Andrew agora trabalha para o Google.[8]

Melhores intenções

A produção de pares baseada em recursos comuns também tem se mostrado útil para difundir ideias, incluindo o próprio código-fonte aberto. Pesquise no Google a expressão "open source" (com as aspas) e você obterá resultados de dezenas de milhões. Mas o termo só começou a ser amplamente utilizado a partir de 8 de fevereiro de 1998. Nessa data, Eric S. Raymond (conhecido por manter o Jargon File e editar o *The New Hacker's Dictionary*, entre outras coisas) emitiu um boletim para a comunidade de programação, intitulado "Goodbye, 'free software'; hello, 'open source'" (Adeus 'software livre', olá 'código-fonte aberto').[9] Ele decidiu, com um bom grau de cálculo, estabelecer o código-fonte aberto como um conceito comum e bem compreendido.[10]

A estratégia funcionou com perfeição, graças, em larga medida, à personalidade carismática e ao gênio polêmico de Eric, que Christopher Locke chama de "retórico de primeira classe".[11] O que importa aqui – e é fácil esquecer – é que o "código-fonte aberto" era *intencional*. Como explicou Eric em *The Cluetrain Manifesto* (e na citação que incluí no início deste capítulo), "Nós pretendíamos essa revolução".

Os esforços de Eric também se beneficiaram de um movimento que já estava bem encaminhado. Esse movimento começou em 1983, quando Richard Stallman anunciou o Projeto GNU. O Manifesto GNU, a Definição de Software Livre, a Free Software Foundation e a GNU General Public License (GPL) vieram em seguida. O Manifesto GNU dizia: "O 'software livre' é uma questão de liberdade, não de preço. Para entender o conceito, você deve pensar em 'livre' ('free') como em 'liberdade de expressão' ('free speech'), e não como em 'cerveja grátis' ('free beer'). O software livre diz respeito à liberdade dos usuários para executar, copiar, distribuir, estudar, mudar e melhorar o software."[12] Assim, apesar de Eric e seus amigos corretamente reconhecerem problemas com o "software livre" como rótulo, a importância do estabelecimento da liberdade não foi diminuída com o esforço de mudança de marca da Open Source Initiative.

BEM, ENTÃO...

> Liberdade, abertura e independência persistem como valores – não só no código FOSS, mas também como suporte para a construção de organizações, negócios e bens no mundo conectado.
>
> O que você e eu trazemos para o mercado também precisa incorporar esses mesmos valores. Precisamos contribuir diretamente para a Live Web que compartilhamos. Poucos de nós podem fazer isso hoje, o que também expõe uma oportunidade. Poderemos ver essa oportunidade se abrir se compreendermos com quais matérias-primas trabalhamos. Em resumo, os bits.

13

Bits significam negócios

> Os bits se comportam de maneira estranha. Eles viajam quase simultaneamente e não tomam quase nenhum espaço para ser armazenados. Temos de usar metáforas físicas para torná-los compreensíveis...
> A Internet foi concebida para lidar apenas com bits, e não com e-mails ou anexos, que são invenções de engenheiros de software. Não poderíamos viver sem esses conceitos mais intuitivos, mas eles são artifícios. Por baixo, tudo é apenas bits.
>
> Hal Abelson, Ken Ledeen e Harry Lewis[1]

O ARGUMENTO

Abundância de dados não é nem problema nem solução. É uma oportunidade. Mas nós temos problemas para resolver ao longo do caminho.

A Internet torna os dados produtivos, abundantes e – em muitos aspectos – inestimáveis, ainda que os dados não tenham escassez natural e, portanto, custem tão pouco quanto a luz do sol e a gravidade. Os dados também anseiam por abundância, proliferando-se de tal maneira que a gravidade e a luz do sol não conseguem. "A Internet é uma máquina de copiar", diz Kevin Kelly.[2] Isso amplifica um problema que Thomas Jefferson enfrentou há 200 anos quando argumentou contra ideias relativas à propriedade. Em uma carta a Isaac McPherson, em 1813, Jefferson escreveu:

Aquele que recebe uma ideia de mim recebe um conhecimento sem diminuir o meu; como aquele que acende sua vela na minha recebe luz sem me escurecer.

Essas ideias, que devem se espalhar livremente de uma pessoa para outra em todo o globo – para a instrução moral e mútua do homem e a melhoria de sua condição –, parecem ter sido peculiar e benevolentemente concebidas pela natureza, quando ela faz com que sejam, como o fogo, expansíveis sobre todo espaço, sem reduzir sua densidade em nenhum ponto e, como o ar que respiramos, movimentam-se e têm nosso ser físico, incapaz de confinamento ou apropriação exclusiva. Portanto, as invenções não podem, em essência, ser objeto de propriedade.

Os dados têm o mesmo poder de combustão e iluminação que as ideias. Em *Code and Other Laws of Cyberspace*, Lawrence Lessig, professor de Harvard Law School, resume o efeito seminal disso:

Nascido em um projeto de pesquisa no Departamento de Defesa, o ciberespaço também surgiu a partir do deslocamento não planejado de determinada arquitetura de controle. A rede de telefonia taxada e de um único uso foi substituída pela rede não taxada e multiuso da comutação de pacotes de dados. E, assim, as antigas arquiteturas de publicação de "um para muitos" (televisão, rádio, jornais, livros) foram complementadas por um mundo em que qualquer pessoa poderia tornar-se um editor. As pessoas poderiam comunicar-se e se associar de um modo que nunca tinham feito antes. O espaço parecia prometer um tipo de sociedade que o espaço real nunca permitiria – liberdade sem anarquia, controle sem governo, consenso sem poder. Nas palavras de um manifesto que definia esse ideal: "Nós rejeitamos: reis, presidentes e voto. Nós acreditamos em: consenso aproximado e código em funcionamento."[3]

As palavras que Lessig está citando foram pronunciadas em 1992 por David Clark, um dos três autores de *End to End Arguments in System Design* e figura de destaque na Internet Engineering Task Force (IETF), que produziu muitos dos protocolos que definiram a Internet.[4]

Alguns outros protocolos da Internet, porém – especialmente aqueles que as empresas de telefonia e cabo usam para a transmissão de dados –, não são definidos pela IETF. Nem expressam a ética do "consenso aproximado e do código em funcionamento". Se sua conexão Internet é ADSL (geralmente abreviada apenas como DSL) ou através de conexão de fibra ótica de uma empresa de telefonia, ela utiliza protocolos definidos pela International Telecommunications Union, ou ITU, que começou como International Telegraph Union, em 1865.[5] Se sua conexão com a Internet é através de um sistema de TV a cabo, os padrões utilizados são DOCSIS, ou seja, um padrão ITU mantido pela CableLabs, uma associação da indústria de TV a cabo.[6]

Nos últimos 100 anos ou mais, a ITU tem sido principalmente uma instituição das empresas de telefonia e continua sendo assim. Portanto, seu interesse em apoiar as novas economias é comprometido por seu interesse em manter as antigas – e também pelos interesses governamentais que estão envolvidos no processo. Os interesses do governo incluem imposição de tarifas e impostos, proteção de indústrias nacionais, censura por motivos políticos ou de segurança e coisas piores. Em outras palavras, a ITU se preocupa menos com a alavancagem econômica da Internet e mais com o que isso faz para as empresas que, nesse negócio, são chamadas de "operadoras": as empresas de telefonia e cabo. Durante um discurso na conferência da Techonomy, em agosto de 2010, Reinhard Scholl, da ITU, falou brilhantemente sobre o futuro em rede, mas nem uma vez pronunciou a palavra *Internet*.[7] Em vez disso, ele falou da *banda larga*, um antigo termo do setor que coloca em destaque os planos das operadoras de moldar a Internet para que se ajuste a seus modelos de negócios e planos de crescimento.

Desde então, a divisão retórica entre net-heads e bell-heads tornou-se mais ampla e a distinção entre a Internet e a banda larga tornou-se mais nítida – pelo menos quando as duas palavras são usadas por cada um dos grupos. Por exemplo, em dezembro de 2011, Susan Crawford, professora de Direito e net-head destacada, escreveu um artigo opinativo para o *The New York Times* intitulado "The New Digital Divide". Uma amostra:

> Embora ainda falemos sobre "a" Internet, temos cada vez mais dois mercados de acesso separados: conexão com fio de alta velocidade e conexão sem fio de segunda classe. O acesso de alta velocidade é uma super-rodovia para aqueles que podem pagar, enquanto as minorias raciais e os americanos mais pobres e das zonas rurais devem contentar-se com uma ciclovia.

Observe que ela diz "acesso de alta velocidade" em vez de "banda larga".[8]

Ela também usa a palavra "Internet" 26 vezes no artigo. Do lado dos bell-heads, Ivan G. Seidenberg, CEO da Verizon, respondeu com uma carta ao editor que usou a palavra "banda larga" seis vezes e "Internet" apenas uma vez, porque ele não podia evitar isso se quisesse dizer (como disse) "O levantamento global do Fórum Econômico Mundial de 2011 classifica os Estados Unidos em primeiro lugar na competição da Internet".[9]

No mês anterior, em outra conferência da Techonomy, Hamadoun Touré, secretário-geral da ITU, falou sobre banda larga novamente. De acordo com um relatório *da Forbes*, Hamadoun "explicou por que a Comissão de Banda Larga de sua agência declarou, há duas semanas, as comunicações de banda larga como um direito humano universal básico – agora listado com o direito a alimentação, saúde e habitação". O relatório continua:

> O acesso universal à banda larga é um passo crucial para atingir os Objetivos de Desenvolvimento do Milênio de erradicar a pobreza global até 2015...
>
> A chave para se alcançar acesso global à banda larga, disse ele, é a parceria público-privada. Tendo ingressado na ITU vindo de uma carreira na indústria de comunicações por satélite, Touré se afirma "uma pessoa do setor privado" que conseguiu assegurar a participação de mais de 700 empresas na iniciativa da ITU para ampliar o acesso à banda larga.[10]

Sem dúvida, esse é, de muitas maneiras, um esforço digno, mas também é um trabalho de pintura da autópsia que a "banda larga" está fazendo na "Internet". É mais uma das formas de a ITU e seus constituintes tentarem colocar o gênio da Internet de volta na lâmpada mágica pré-1984.[11]

De certa forma, já vivemos dentro dessa lâmpada. Considere, por exemplo, os serviços de dados de telefonia móvel que têm a marca 3G ou 4G. Esses são apelidos curtos para os padrões da ITU para a terceira e a quarta geração das comunicações de dados móveis.[12] O maior problema de ambos (assim como ocorreu com o 1G e o 2G) é que eles param nas fronteiras nacionais que a Internet foi construída para ignorar.

É por isso que, mesmo que você possa ser capaz de usar seus dispositivos 3G em outro país, também se arrisca a contas de muitas centenas ou milhares de dólares (ou libras ou euros) por "roaming" – mesmo que esteja se conectando através da mesma empresa de telefonia móvel (Orange, Vodafone ou T-Mobile, digamos). Para a ITU e as operadoras, as tarifas de roaming são um recurso, não um bug. As fronteiras nacionais trazem não só renda extra para as empresas de telefonia, como também pagamentos de impostos aos governos. Elas também florescem no nevoeiro das complicadas ofertas e políticas das empresas de telecomunicações, que Scott Adams, criador da tira de quadrinhos *Dilbert*, chama de "confusópole":

> A "confusópole" é qualquer grupo de empresas de um ramo industrial que, intencionalmente, confunde os consumidores com seus planos de preços e produtos. As "confusópoles" fazem isso para que os clientes não saibam qual delas está oferecendo o melhor valor. Dessa forma, cada empresa recebe uma parte justa dos clientes confusos e a indústria não precisa competir por preços. Os exemplos clássicos de confusópoles são as empresas de telefonia, as seguradoras e os bancos.[13]

Ryan Singel, da *Wired*, sintetiza esse problema em "Wireless Oligopoly Is Smother of Invention":

> Imagine se as operadoras sem fio controlassem sua conexão de banda larga com fio ou seu aparelho de televisão. Você teria de comprar sua televisão da empresa de cabo, com um contrato de dois anos, e, quando este terminasse, teria de pedir a eles para desbloqueá-la para você levá-la para outro provedor.
>
> Se a empresa sem fio operasse seu ISP, você teria de usar o computador que eles aprovaram e, se quisesse usar um diferente, teria de pagar mais. Quer Wi-Fi em sua casa? Isso custará mais US$30 por mês e US$150 para comprar um dispositivo Wi-Fi aprovado, mas funcionalmente limitado.[14]

Assim, no lado net-head, temos protocolos abertos e software livre criando a infraestrutura aberta que estimula oportunidades ilimitadas para cada entidade econômica, social, governamental, ou entidade que for. No lado bell-head, temos empresas de telefonia vendendo-lhe "serviços de dados" embalados e medidos que trabalham quase exclusivamente para o benefício econômico dessas empresas e de seus parceiros no governo e nos negócios de "conteúdo". Qual lado vai ganhar?

No longo prazo, ambos, mas somente quando as operadoras e suas tecnologias subordinarem o legado de seus negócios à Internet e aos seus imperativos, que estimulam oportunidades de negócio ilimitadas pelas quais as operadoras vão se beneficiar das vantagens do pioneirismo, da propriedade e da proximidade geográfica. Talvez a Verizon e a ITU venham a ajudar nisso. Mas não porque queiram, para dizer o mínimo.

Como dissemos no Capítulo 9, essa é uma luta entre *qualquer um* e *somente um*. E há muito mais oportunidades no lado do *qualquer um*.

Pré-pensando o impossível

Um dos primeiros a ver essas oportunidades foi Reese Jones. No final da década de 1980, Jones era estudante de pós-graduação em pesquisas sobre o cérebro na UC Berkeley e cofundador do grupo local de usuários Macintosh. Foi nessa segunda qualidade que Jones viu uma oportunidade: executar uma rede de computadores através de fios de telefone comuns. Naquela época, a Apple utilizava um protocolo poderoso chamado AppleTalk, que permitia conectar qualquer número de computador entre si, utilizando o cabeamento patenteado da Apple. Jones viu que o cabeamento da Apple era nada mais do que aquilo que é chamado de "par trançado". Mais importante ainda: Jones viu abundantes pares trançados no cabeamento de telefone existente na maioria dos lares e empresas. Isso porque a maioria dos telefones e dos sistemas telefônicos usava apenas dois fios, em vez de quatro. O "par inativo" poderia ser usado para conectar computadores. Tudo o que eles precisavam era de um pequeno adaptador para a ponte entre o conector na parte de trás do computador e um plug de telefone RJ-11 padrão. Jones inventou esse adaptador, chamou-o de conector PhoneNet e abriu uma empresa chamada Farallon Computing para vendê-lo.

Os conectores PhoneNet permitiam aos usuários conectar, de modo confiável, redes do tipo "faça você mesmo" praticamente de qualquer tamanho. Como um sistema plug-and-play, o PhoneNet desobrigou os clientes da necessidade de comprar o caro cabeamento patenteado pela Apple. O PhoneNet também ajudou a Apple a ter sucesso. (Isso foi no interregno de Steve Jobs, quando a Apple estava defasada em comparação com a empresa que Jobs reconstruiu após seu retorno, em 1998.) O PhoneNet também trouxe telefonia e computação juntas, de maneira informal, pela primeira vez. Isso foi intencional. Jones realmente gostava de telefonia, que ele via como um negócio que já havia resolvido muitos problemas, e o principal deles era o apoio a uma das necessidades humanas mais básicas: falar uns com os outros.

Quando isso aconteceu, o final da década de 1980 foi recheado de novidades na indústria de informática em torno do "groupware" e da "computação em grupo de trabalho" – algo semelhante ao que há hoje em torno da "nuvem" e da "computação social". Jones não comprou isso. "As pessoas não fazem cálculos em grupos, pela mesma razão que não falam todas ao mesmo tempo em grupos", disse ele. "O que elas fazem é conversar. Duas por vez. Entenda, a cada vez, o cérebro humano só pode prestar completa atenção àquilo que uma só pessoa diz. Mesmo quando uma pessoa fala para um grupo grande, a relação ainda é de "um para um", do orador para o ouvinte. O diálogo é fundamental. Se a computação não for um diálogo, não irá a lugar algum."[15]

Assim, ainda que a Farallon fosse um negócio de PC, Jones dizia que sua ambição no longo prazo era fazer "software para telefones". Ele via os telefones como mais pessoais do que os PCs e como plataformas ideais para uma variedade ilimitada de aplicações, e todas iriam prosperar em dispositivos inteligentes, otimizados para conversas entre os indivíduos, mas raramente limitados a somente isso.

Foram necessários mais de 20 anos, mas agora temos isso com os smartphones. A Nokia apresentou o primeiro, por volta da virada do milênio, mas a Nokia foi prejudicada por suas parcerias com as empresas de telefonia móvel. Lembro-me de quando comparei meu smartphone Nokia E62 com o E61 de uma amiga, bebendo cerveja em Bruxelas, na primavera de 2007. Seu E61 tinha uma conexão wi-fi. O meu E62 não. Quando perguntei às pessoas que me emprestaram o telefone (uma das vantagens de ser jornalista de uma revista de tecnologia é conseguir esse tipo de informação) por que o E62 não tinha os recursos do E61, eles explicaram que as operadoras americanas (a minha era a AT&T) não quiseram esses recursos.

Não fiquei surpreso. Alguns anos antes, eu havia participado de um encontro organizado pela Nokia. Depois de ouvir inovadores de uma dezena de empresas – que abrangia de *startups* a gigantes – explicarem as surpreendentes coisas novas que estavam fazendo, e como essas coisas deveriam funcionar em celulares e outros computadores de mão, um dos principais engenheiros da Nokia explicou que a indústria de telefonia era diferente da indústria de informática de forma fundamental: os OEMs (o nome para os fabricantes de dispositivos, como a Nokia) conheciam seus roteiros, e estavam anos adiante para o futuro, e foi isso que fizeram as operadoras, que eram "parceiras" nesses planos. Ouvir essa pessoa falar me fez sentir como se o ano fosse 1450 e eu estivesse assistindo a uma sessão dos planos preparados entre o banco dos Medici e o Vaticano.

Ele, então, explicou que já sabia o que iria acontecer com os telefones da Nokia, detalhadamente, com anos de antecedência. Além disso, mal podia se imaginar acrescentando os tipos de coisas de que estávamos falando. A mensagem clara: ninguém iria dizer à Nokia o que fazer. Exceto, naturalmente, as operadoras. Foi por isso que, se a AT&T não quisesse wi-fi em um Nokia E62, esse recurso não estaria lá.

World Wide Marketplace, a Internet como um grande mercado

Do modo como vão os mercados, a Internet é o maior de todos. Ela não favorece ninguém e apoia todo mundo, em todos os lugares em que funciona no mundo. Mas as oportunidades que a Internet propicia não podem ser vistas na totalidade se olharmos para ela somente através das lentes fornecidas pelas empresas de telefonia e pelos governos. Bob Frankston, coinventor do software de planilhas junto com Dan Bricklin, dá o melhor de si para revelar essa oportunidade em um ensaio intitulado "A primeira milha quadrada, nosso bairro":

> As palavras têm um jeito de refletir e reforçar nossos modelos mentais. Pensamos em telecomunicações nos termos do conteúdo que é apresentado (como no caso da televisão), portanto muitas vezes ouvimos falar em "última milha", ou mesmo em "primeira milha". Devemos pensar na conectividade dentro de nossos bairros – a primeira milha quadrada para contrastar com a primeira milha percorrida...

O problema com o setor de telecomunicações hoje é ser uma indústria de serviços em que o incentivo dos provedores é aumentar seus lucros vendendo mais serviços para nós. "Internet"... é uma adição recente ao mix de produtos. Quanto mais acesso à Internet elas fornecem, menor é o valor dos serviços, pois podemos criar nossas próprias soluções. O outro problema com a Internet é que bits são apenas bits e podem seguir qualquer caminho. Comparo a tentativa de ganhar dinheiro vendendo bits com a tentativa de operar um canal através de um oceano. Em outras palavras, as operadoras devem limitar-nos a usar caminhos estreitos através do mar de bits. É por isso que estamos colocando fibras ao longo de todas as nossas estradas, mas apenas uma pequena fração de fibras é realmente usada e, mesmo assim, apenas uma pequena parte da capacidade potencial está disponível.

Estamos presos no Regulatorium – isto é, o sistema regulatório da FCC que foi criado durante a Grande Depressão de 1934, quando o mercado não devia ser confiável. Mudar a legislação requer consenso político, mas você não pode obter esse consenso até que tenha uma alternativa acordada. Isso é difícil quando não temos exemplos e quando as próprias premissas que definem o Regulatorium estão ameaçadas pela ideia de que networking – conexões em rede – é algo que nós mesmos fazemos. É como pedir aos reguladores das ferrovias para tolerar a condução de carros não regulamentados.[16]

Pense em carros como ferramentas VRM, que é o que eles são. Eles proporcionam independência aos clientes e formas de envolvimento com os fornecedores. Para envolver os clientes que têm carros, as empresas oferecem estacionamentos e vias expressas. Em geral, o governo ajuda, com melhoria de estradas, espaços para estacionar nas ruas e estacionamentos públicos.

A popularidade dos carros é que causou a pavimentação das estradas, a construção de rodovias, a expansão dos bairros e o crescimento dos negócios nos cruzamentos e saídas de rodovias em toda parte. Na evolução da infraestrutura da Internet, hoje estamos exatamente onde as estradas e os estacionamentos estavam em 1900, quando as ferrovias ainda governavam o mundo do transporte comercial – mas estava começando a ficar claro que os carros viriam a se tornar a primeira opção para as pessoas que queriam fazer compras em lugares mais distantes que a curta distância de uma caminhada a pé.

O mar de bits, laptops e smartphones da Internet dá a nós várias maneiras de ver, ouvir e estar presentes em qualquer lugar do mundo, ao mesmo tempo. Nesse sentido, suas funções aparentemente se aproximam mais do teletransporte do que do transporte. Mas o transporte de bits está envolvido, e a metáfora do carro se aplica – especialmente em suas implicações.

Olhe o que o carro faz para os clientes e para as empresas, e você terá dicas sobre quanto mais a Internet irá fazer por ambos.

Para ver a diferença entre as possibilidades da Internet e aquelas mais limitadas da banda larga, considere dois contextos: "a nuvem" e a Live Web.

Com a nuvem, seus dados podem estar em qualquer lugar. E, como seus dados tendem a crescer, você precisará de capacidade maximizada para transportar os dados para lá e para cá entre os locais. As conexões de banda larga atuais ainda são altamente assimétricas: rápidas para baixar (download), lentas para subir arquivos (upload). A principal razão para isso é que, em primeiro lugar, estava a televisão, que é principalmente um fluxo descendente (downstream). Mas o percentual da movimentação de dados dedicada ao que costumava ser a televisão vai cair com o tempo, mesmo que continue elevado no curto prazo. O crescimento do uso da Internet e a natureza da nuvem garantem isso.

Com a Live Web, você precisará mover dados de um lado para outro constantemente entre seus dispositivos e entre os serviços de APIs e os de nuvem. Isso também requer capacidade maximizada de tráfego de dados e interferências minimizadas por restrições de operadoras ou bloqueios do governo.

Quantas oportunidades de negócios encontraremos na pista de dança mundial da Internet? A melhor resposta pode ser esta pergunta, feita em 1900: Quantos negócios o automóvel trará no século XX?

BEM, ENTÃO...

A Internet é melhor para os negócios do que a banda larga, porque a primeira é um mercado público, enquanto a segunda é um negócio privado que fornece acesso controlado a esse mercado. A diferença se tornará mais clara quando os clientes ficarem mais independentes e todas as implicações da nuvem e da Live Web se tornarem manifestas.

14

Vertical e horizontal

Então a Apple é o último antiGoogle. Certo? Não tão rápido.
Jeff Jarvis[1]

O ARGUMENTO

Os mercados crescem em pelo menos duas dimensões. Não faz sentido argumentar que um eixo é melhor que o outro quando os dois estão trabalhando juntos.

O negócio do smartphone foi inventado pela Nokia e a RIM por volta da virada do milênio e, então, foi regiamente interrompido pela Apple e a Google, alguns anos mais tarde. Hoje, a Apple e a Google definem o negócio de smartphones, juntos, embora nem sempre em concorrência direta. É importante entender como isso funciona, pois as direções das duas empresas são ortogonais: 90 graus distantes uma da outra. E porque elas fazem isso, o mercado para ambas – e para todos os outros também – é enorme.

O impulso da Apple para o mercado de smartphones foi vertical. Veio de baixo para cima como um vulcão e foi direto para o céu. Com o iPhone, a Apple mostrou quanto de invenção e inovação o casamento do antigo fabricante de equipamento original (O*riginal Equipment Manufacturer* – OEM) com as operadoras havia excluído do mercado de smartphones, redefinindo por completo o smartphone como um computador de bolso que também funcionava como um telefone.[2] Os iPhones eram bonitos, fáceis de usar e abertos a um zilhão de aplicações que eram fáceis para os programadores escreverem e para os usuários instalarem.

O impulso da Google foi horizontal. Ele veio dos lados, espalhando sua plataforma aberta do Android para os horizontes distantes. Como plataforma, o Android tinha suporte para tudo o que o iOS da Apple tinha – e muito mais, porque era aberto a qualquer pessoa, o que o torna mais parecido com a geologia do que com a fundação. Os antigos cartéis ainda podiam construir silos verticais no Android, mas qualquer um podia construir praticamente qualquer coisa, em qualquer lugar.[3]

Assim, enquanto a Apple mostra quão alto alguém pode empilhar recursos e serviços nas altas torres de um silo, a Google fornece uma maneira não só de igualar ou superar o portfólio da Apple, mas também de mostrar quão amplo e rico o mercado aberto pode ser.

Precisamos de inovação em ambas as direções, mas não podemos ver como esses vetores são complementares se lançarmos as empresas inovadoras em ambas as direções como concorrentes de apenas um único espaço. Assim, embora seja verdade que os telefones da Apple competem diretamente com os telefones baseados em Android, também é verdade que a Apple faz telefones e a Google não.[4] E, embora seja verdade que o iOS e o Android competem pelos desenvolvedores, o iOS opera somente em dispositivos da Apple; não há limite para o número e a variedade de dispositivos que funcionam com o Android. No quadro mais amplo aqui, a Apple e a Google estão esticando o mercado em direções ortogonais. O resultado é um grande mercado para ambos e para todo mundo que depende de smartphones.

Os principais são os usuários. Agora há muito mais usuários de smartphones do que de laptops, assim como existem muito mais usuários de computadores de bolso do que de carros. O que os smartphones fazem pelos usuários – mais especificamente, para os *clientes* – é fornecer uma caixa de ferramentas que os clientes podem usar para se relacionar com os fornecedores no mercado. Os clientes liberados contarão mais com os smartphones do que com qualquer outro dispositivo. Em outras palavras, nenhum dispositivo será mais essencial para o desenvolvimento e o crescimento da Economia da Intenção do que os smartphones.

Para entender o que fará a Economia da Intenção brotar das bolsas e dos bolsos dos clientes, vamos olhar para as direções ortogonais em que a Apple e a Google estão nos levando.

Steve sendo Steve

Para entender o iPhone, é preciso entender a Apple e, para entender a Apple, é preciso entender Steve Jobs. Isso é difícil, porque a Apple é como o Steve e o Steve era como ninguém. Como resultado, ambos são exemplos apenas de si mesmos: únicos em um grau quase absoluto. É por isso que faz pouco ou nenhum sentido "ser como a Apple". Isso não pode ser feito, exceto em algumas das formas exemplares que a Apple faz o que qualquer outra empresa deve fazer, mas muitas vezes negligencia, tal como o atendimento ao cliente. Mas nenhuma empresa pode fazer a única coisa que a Apple faz melhor: transformar as indústrias ao abrir mercados inteiramente novos repetidas vezes. Isso foi o que Steve fez, e não é algo que qualquer outra empresa já tenha feito tão bem e por tanto tempo – ou que possa vir a fazer novamente.

Um caso exemplar: pouco tempo depois de Steve haver retornado para a Apple, uma das primeiras coisas que ele fez foi acabar com os clones da Apple. Naturalmente, um grande grito de indignação se levantou. Uma resposta à indignação foi um e-mail que escrevi para Dave Winer, que ele publicou em 4 de setembro de 1997:

Então, Steve Jobs acabou de atirar na cabeça dos clonadores, indiretamente fazendo o mesmo com a porcentagem crescente de usuários do Mac que preferiram os sistemas clonados do Mac aos da própria Apple. Assim, sua mensagem a todos não foi diferente daquela do Primeiro Dia: tudo que eu quero do resto de vocês é seu dinheiro e sua apreciação de minha arte.

Foi uma jogada suja, mas abençoada: a arte de Steve sempre foi de primeira classe, e valorizada. Não havia nada de banal nela. O "ecossistema" do Mac de que Steve fala é aquele que nasce da Arte, e não da demanda do mercado ou de outras forças mais óbvias. E, assim como a arte de Van Gogh nada tem a ver com a Sotheby's, a Christie's e os colecionadores de arte... a arte de Jobs nada tem a ver com os desenvolvedores, clientes e usuários.

O fato simples é que a Apple sempre foi a empresa do Steve, mesmo quando ele não estava lá. A força que permitiu à Apple sobreviver a mais de uma década de liderança ruim, à falta de noção e aos erros constantes foi o legado da arte original de Steve. Esse legado não era apenas um OS, que estava 10 anos à frente do resto do mundo, mas uma Causa que induziu a uma retidão de propósitos centrada na vontade de inovar – para perpetuar as realizações artísticas originais...

Agora Steve está de volta e, gradualmente, renovando sua antiga empresa. Ele vai fazer isso do jeito dele e vai mais uma vez expressar sua Arte.

Estas coisas eu posso garantir sobre o que a Apple fará desse ponto em diante:

1. Será original.
2. Será inovadora.
3. Será exclusiva.
4. Será cara.
5. Sua estética será impecável.

A influência dos desenvolvedores, até mesmo de desenvolvedores influentes como você, será mínima. A influência dos clientes e usuários será tratada com desprezo ainda maior.

A influência de artesãos colegas de negócio, como Larry Ellison (e mesmo o inimigo de Larry, Bill Gates), será significativa, porém secundária, na melhor das hipóteses, à própria musa de Steve.[5]

Compartilho isso porque acho que precisamos de pelo menos *um pouco* do que Steve fez de melhor e que quase todos os CEOs nada podem fazer: criar mercados e, ao mesmo tempo, provar ideias em um espaço contido vertical que o fornecedor fundador controla sozinho. Embora a natureza controladora da Apple seja contrária aos meus ideais de software livre e código-fonte aberto, baixei um pouco a guarda com relação a Steve e sua empresa, porque a criação construtiva é uma coisa boa e grandes artistas não podem ajudar querendo controlar as coisas.

Em meados dos anos 2000, eu estava falando com Tony Fadell ao telefone. Na época, Tony era vice-presidente de Engenharia da Apple e estava envolvido em muitos sucessos lá, a começar pelo iPod. (Ele se demitiu em 2008, mas permaneceu como consultor especial até 2010.) Conheço Tony desde meados da década de 1990 e o encontrei excepcionalmente bem-disposto a prestar informações úteis sobre a Apple, embora sem revelar absolutamente nada sobre os segredos da empresa. Nessa ligação, ele disse: "Se você quer entender o Steve, não olhe para a Apple, olhe para a Pixar." Seus pontos, a partir de itens que anotei na época:

- O mínimo de produtos possível.
- Cada produto é original (derivado de nada).
- Cada produto é encantador, bonito, bem-sucedido e rentável.
- Cada produto inova e move a tecnologia e a arte para a frente.

Naquela época, as Apple Stores ainda eram novas e existiam poucas. Tony assinalou que não havia nada na história do varejo que incentivasse alguém a inaugurar outra loja de informática. A fumaça das ruínas dos esforços semelhantes da ComputerLand, Radio Shack, CompUSA, Circuit City, Gateway e Sony emitia, unanimemente, mensagens desesperadas. Enquanto isso, a Dell e muitas outras empresas se esforçavam para vender diretamente para clientes individuais ou para o mercado corporativo. No entanto, Steve queria criar esse novo canal de varejo e sabia que teria sucesso. E teve.

O mesmo ocorreu com o iPhone.

É daí que vem outra das motivações de Steve. Ele gostava de consertar categorias de produtos que estavam parados ou quebrados. Foi o que o Macintosh fez pela computação pessoal em 1984, com sua interface gráfica e seu desenho industrial simples. Foi o que o iPod fez pelos aparelhos de som digital em 2001.

Os smartphones, em meados dos anos 2000, estavam tão presos a alianças profanas entre operadoras e OEMs que pouco do que havia de promissor ou interessante tinha acontecido – ou jamais aconteceria, se o progresso fosse deixado a cargo apenas dessas duas partes. A Apple quebrou esse impasse fazendo seu próprio telefone: aquele que incorporava todos os itens listados em minhas anotações. A Apple também eliminou a complexidade da cobrança pelos dados móveis, com um plano de dados original, ilimitado, de US$25 por mês, da AT&T.[6] (Simplicidades semelhantes para a cobrança das chamadas telefônicas estavam além do alcance da Apple.) Isso foi de enorme importância e nunca teria acontecido sem o trabalho inspirado por parte da Apple.

Então, no verão de 2007, a Apple abriu a loja de aplicativos iTunes e apresentou o iPhone 3G. O mercado de aplicativos para smartphones explodiu. Isso mudou o mercado de dispositivos de dados portáteis para sempre, assim como o Macintosh mudou o mercado de PCs para sempre em 1984. A diferença dessa vez foi que o iPhone se tornou extremamente popular, enquanto o Mac original serviu principalmente como um protótipo.

Mas, embora o crescimento dos smartphones e aplicativos tenha sido enorme, suas dimensões eram aquelas do monopólio vertical da Apple. A coisa toda estava contida no silo da Apple. A fim de crescer, os mercados de smartphones e aplicativos precisavam se espalhar horizontalmente. Foi quando a Google e o Android surgiram.

O mundo da Google

Se a filosofia da Apple é Pense Diferente, o corolário ortogonal da Google seria Pense Igual – criando um novo, amplo e totalmente aberto espaço de mercado, em que muitas coisas semelhantes poderiam ser cultivadas, fora do silo de qualquer um.

Isso provavelmente lisonjeia a Google um pouco demais, porque ele não é todo aberto e tem seus silos também. (Mais problemas. Alguns deles já abordamos; com outros, vamos lidar mais tarde.)

Veja, a Google é uma empresa net-head. De maneira profunda e permanente, ela *se torna* a Internet e o que a Internet faz pelo mundo conectado. Assim, o livro de Jeff Jarvis, O *que a Google faria?*, também poderia ter o título O *que o Internet faria?*. Nas palavras de Jeff, a Internet "transforma tudo em mercadoria".[7]

A Google e a Internet fazem isso para obter *efeitos por causa (because effects)*. Em vez de ganhar dinheiro *com* o Android, a Google quer ganhar dinheiro *por causa dele*. E não importa que muitas outras empresas também estejam ganhando dinheiro por causa dele. Na verdade, é exatamente isso que a Google quer.

Então, como a Apple, a Google quer consertar mercados lentos, danificados ou quebrados. Mas, ao contrário da Apple, a Google quer consertar esses mercados tornando-os mais livres e abertos a todos – e, portanto, muito maiores também. Ou seja, cultivar mercados horizontalmente.

A Google também gosta de explorar e demonstrar o que pode ser feito com uma nova ideia, um novo código, novas tecnologias de hardware, novos aplicativos, novas formas de infraestrutura e novas maneiras de fazer negócios. A Google também está comprometido com o código-fonte aberto e sabe muito bem como funciona o código-fonte aberto, que é de maneira horizontal, e não vertical. E quem domina esse conhecimento são seus engenheiros: milhares deles, incluindo os dois fundadores da empresa.

Materiais e projetos construídos com código-fonte aberto são ideais para a criação das fundações de novos e amplos mercados. Essa era a ideia por trás do Android, e foi por isso que ele teve êxito. Graças ao Android, os clientes podem escolher entre mais de um smartphone de verdade e incontáveis novos dispositivos inteligentes portáteis. Nenhum hardware de OEM pode mais controlar os mercados; e os desenvolvedores têm a opção de outras plataformas que não sejam fechadas como a da Apple.

É verdade que há problemas com o Android para os desenvolvedores, assim como há problemas com o iOS da Apple. O maior deles, com o Android, é a diversidade de dispositivos e as muitas diferenças de recursos entre eles. Os desenvolvedores tiveram o mesmo problema com o BlackBerry da RIM e os smartphones da Nokia, que utilizavam vários sistemas operacionais diferentes e tinham versões radicalmente distintas para operadoras diferentes. A diferença com o Android, contudo, é que existem centenas de milhares de aplicações funcionando em dispositivos Android e outras mais sendo lançadas o tempo todo, a despeito do terreno complicado por lá.

Geratividade

Em *The Future of the Internet and How to Stop It*, Jonathan Zittrain toma emprestada uma palavra da biologia para marcar a capacidade de uma tecnologia ou padrão habilitado incentivar o crescimento sem limites, em hardware, software e uso. A palavra é *geratividade*.

JZ (como é conhecido pelos amigos) ilustra a geratividade com uma ampulheta.[8]

No nível da cintura da ampulheta está a tecnologia generativa. Abaixo da cintura, está todo o hardware que essa tecnologia convida e capacita e sobre o qual ela funciona. Acima da cintura, está todo o software e os usos que a tecnologia convida e suporta. Seu ponto: os padrões gerativos (como a Internet) e as tecnologias (como PCs genéricos e dispositivos móveis) convidam, executam sobre e suportam uma variedade ilimitada de outros padrões, tecnologias e usos, para hardware e software. Assim, enquanto as plataformas suportam somente o que é executado sobre elas, as normas gerativas facilitam o desenvolvimento abaixo delas, bem como acima.

Olhe a Tabela 14-1 como sete ampulhetas. Observe que, para o software, praticamente nada funciona em todos os sete padrões (a Internet) e tecnologias (sistemas operacionais de computadores e dispositivos móveis populares). Para o hardware, Internet, Linux e Android executam em qualquer hardware, enquanto o Windows executa somente em hardware licenciado (embora existam muitos deles), enquanto os sistemas operacionais da Apple executam apenas em hardware da Apple.

TABELA 14-1

Sete ampulhetas de geratividade

Software	Qualquer um	Qualquer um	Qualquer um	Qualquer um	Qualquer um	Qualquer um que a Apple aprova e vende
Tecnologia gerativa ou padrão	Internet (TCP/IP)	Linux	Android	Microsoft Windows	Apple OS X	Apple iOS
Hardware	Qualquer um	Qualquer um	Qualquer um	Qualquer hardware licenciado pela Microsoft	Hardware da Apple	Hardware da Apple

Mas há vantagens na integração vertical e no controle por uma única empresa. Os produtos da Apple são famosos por sua beleza, facilidade de uso, apoio de um bom serviço de atendimento ao cliente e foram tão brilhantemente comercializados que, em geral, estabelecem e definem categorias inteiras de produto. Isso não é algo que qualquer empresa possa fazer.

Em todos esses aspectos, a Apple faz o que Regis McKenna, Geoffrey Moore e outros gurus do marketing chamam de *produto inteiro*. Ou seja, um produto que fornece tudo aquilo de que clientes e terceiros precisam.

Com o Android, a Google não faz um produto inteiro – e não quer fazer. Em vez disso, faz um produto propositadamente parcial que os fabricantes de dispositivos, as empresas de serviços móveis e os clientes estão livres para completar na forma de seus próprios produtos. Desse modo, a Google expande os mercados públicos horizontalmente – para todos – pelo menos tão bem quanto a Apple expande os mercados privados verticalmente. A diferença é aquela entre a torre de um edifício de escritórios e o resto da cidade. Também é a diferença entre a era industrial e a era da informação.

Enquanto a Apple tenta construir uma empresa todo-inclusiva, a Google equipa todos com os meios para criar uma cidade todo-inclusiva, o que será bom para muitas empresas.

Nesta fase inicial do crescimento dos dispositivos móveis inteligentes, o progresso em ambas as direções tem sido dramático. O IPhone da Apple continua a liderar em inovação e no aprisionamento do cliente. O Android lidera em abrir oportunidades para todos na World Live Web. Assim, o Android tornou-se o smartphone mais vendido do mundo no final de 2010 e continuará a liderar até que alguma coisa mais viva e aberta apareça.[9]

Fronteiras fechadas

Enquanto isso, o problema hoje para a Apple e o Android é que as operadoras de telefonia móvel ainda controlam a fronteira, e elas não gostam de celulares equivalentes aos computadores "caixa-branca" (genéricos e funcionalmente idênticos). Não se esses dispositivos se conectarem à Internet por meio de celulares e sistemas de dados, ambos controlados pelas operadoras de telefonia móvel – e por leis nacionais que remontam aos primórdios da telefonia.

A primeira vez que me defrontei com esse problema foi no verão de 2010, quando levei um novo smartphone Google Nexus One (intencionalmente um dispositivo genérico com Android, feito para a Google pela HTC) para a França por algumas semanas, onde, equivocadamente, presumi que iria desfrutar um pouco da conectividade ambiente de Bob Frankston. Afinal, há anos a Europa tem estado bem à frente dos Estados Unidos em telefonia móvel. Achava que o mesmo seria verdadeiro para os dados móveis.

Não foi bem assim. Fora da zona wi-fi de nosso apartamento alugado, o Nexus One fracassou completamente como dispositivo de dados, embora não por sua própria culpa. Meu provedor escolhido, a Orange, vendeu-me dois planos de dados de uma vez que o telefone gastou em questão de minutos. O motivo era que taxas razoáveis estavam disponíveis apenas para contratos de dois anos e, pelas leis francesas, estes estavam disponíveis apenas para aqueles que possuíssem contas em bancos franceses. Taxas nada razoáveis eram o que você conseguia com os planos pré-pagos. Essas taxas eram tão altas que nenhuma das quatro lojas da Orange com que lidei sabia me dizer o que eram. "Só não use dados", foi o conselho final do último vendedor que incomodei com o problema. Então, após gastar €75 e uma semana sem conseguir resolver o problema, desisti de dados através de telefonia móvel fora dos Estados Unidos – pelo menos até que pudesse encontrar uma solução alternativa.

"Nenhum problema pode ser resolvido a partir do mesmo nível de consciência que o criou", dizia Einstein.[10] Por isso os planos das operadoras para transformar a Internet em um grande sistema telefônico irão falhar. A tecnologia ponta a ponta é a melhor maneira de obter conectividade ambiente do que aperfeiçoar infinitamente o antigo sistema telefônico. Mas é impossível ver esse futuro enquanto estivermos presos a estruturas do passado da telefonia. Isso é o que temos com o 3G, o 4G e todos os recursos extras do serviço móvel de dados de "alta velocidade" oferecidos pelas empresas de telefonia.

As regras da Internet

Cada tecnologia, cada domínio da ciência, tem o que se chama de *condições limites* entre os níveis de uma hierarquia operacional. Veja, por exemplo, um relógio mecânico. Você pode entender o relógio em uma série de níveis. No nível inferior, o relógio depende das leis da química e da física. Sem bons materiais, você não pode fabricar o relógio. Acima disso, você tem as leis da mecânica. Estas dependem das leis da química e da física, mas não podem ser reduzidas a elas. Isso ocorre porque a química e a física têm um limite acima do qual não têm nada a dizer. Mesmo que você saiba tudo sobre química e física, não pode explicar a mecânica entre elas. Do mesmo modo, as leis da mecânica são aproveitadas pelo propósito do relógio, mas você não pode usar a mecânica sozinha para explicar o relógio, porque o propósito do relógio está acima do limite superior da mecânica. Se você desmontasse o relógio e expusesse todas as suas engrenagens e outras partes, não saberia o que fazer com elas a menos que entendesse que constituem um relógio. Na verdade, o relógio em si não teria nenhum sentido a menos que você soubesse que seu propósito era contar o tempo. Assim, temos essa hierarquia de domínios, cada qual com um limite superior e um inferior.

Nesse sentido, quando se fala de Internet, trata-se de contar o tempo, não de manter a mecânica para fazer isso. A mecânica da Internet é infinitamente variada e substituível. O próprio Internet Protocol exige que se façam os melhores esforços para encontrar um caminho de uma ponta à outra da Internet. John Gillmore, libertário civil e cofundador da Electronic Frontier Foundation (EFF), disse uma frase famosa: "A Internet interpreta a censura como dano e se desvia dela."[11]

Essa é uma característica de projeto intencional da Internet, e não apenas uma propriedade acidental. E essa característica provém, pelo menos em parte, do estudo do sistema telefônico feito pelos geeks fundadores da Internet. O sistema telefônico utilizado é chamado de "comutação de circuitos", que era ideal para a cobrança de tudo o que poderia ser cobrado. A Internet usa a "comutação de pacotes", que claramente *não* se importa com a cobrança. Na verdade, ela foi inventada para aliviar o mundo da necessidade de pagar contas nas redes.

Por isso a Internet é boa para os negócios, mas não seu *próprio* negócio. Protocolos de negócios – cerimônias de relacionamento, conversas e transação – são suportados quase perfeitamente pelos protocolos técnicos da comutação de pacotes e do transporte de dados baseado na lei do melhor esforço. E o custo para a movimentação de bits não é alto, uma vez que a capacidade esteja instalada. Como os cabos de fibra ótica são capazes de transportar quantidades enormes de tráfego de dados, perturbando muito pouco o ambiente físico (principalmente quando comparados às necessidades de servidão e construção da infraestrutura de eletricidade, gás, água, estradas, tratamento de resíduos e outros serviços públicos), os negócios deveriam ter grande interesse em ver a infraestrutura da Internet concluída em toda parte. Mas os negócios não podem sentir ou expressar esse interesse se não puderem compreender o que é a Internet, ou pelo menos resolver em uma metáfora que esclareça como algo tão grande e estúpido como o núcleo da Terra pode ser bom para os negócios.

Um quadro para os negócios

Enquadramos a Internet de várias maneiras, mas as três mais comuns são *transporte*, *lugar* e *publicação*.

Quando afirmamos que a Internet é um *meio* através do qual o *conteúdo* pode ser *carregado*, *descarregado* e *entregue* aos *consumidores* por meio de *canais*, estamos pensando e falando dentro do quadro do *transporte*. Encontramos isso também na linguagem da tecnologia. Os protocolos principais da Internet, TCP/IP (Transmission Control Protocol) e Internetworking Protocol, são generalizados como Internet Protocol e lidam com *pacotes* na *camada de transporte*. O File Transfer Protocol (FTP) e todos os protocolos de correio também usam a linguagem e o enquadramento do transporte.

Quando falamos de *sites* com *domínios* e *locais* que nós *arquitetamos*, *projetamos*, *criamos* e *construímos* para os *visitantes* e o *tráfego*, empregamos a linguagem e o enquadramento dos imóveis, ou do *lugar*. Fazemos o mesmo quando falamos em navegar *na* Internet e quando a chamamos de *mundo, esfera, espaço, ambiente* e *ecologia*.

Quando dizemos que o *autor edita, cria, publica* e *agrega (syndicate)* coisas chamadas *páginas*, empregamos a linguagem e o enquadramento da *publicação*. Quando Dave Winer melhorou sua tecnologia e práticas com o RSS, a Web tornou-se ainda mais uma plataforma de publicação.[12]

Não podemos evitar usar todos os três quadros, mas o que funciona melhor para *todos* os negócios (e não apenas para aqueles do transporte, como as empresas de telefonia e cabo) é *lugar*. Isso porque está despertando nos negócios a ideia de que o mercado mundial que chamamos de Internet é realmente um lugar e que estamos comprometendo muito dinheiro se a oferta e a procura não estiverem ambas ali sentadas, de frente uma para a outra e negociando como iguais. Pessoalmente. Em qualquer lugar. Mesmo que as duas não estejam no mesmo país ou continente.

Vitórias amplas

As cidades também crescem nas dimensões vertical e horizontal. As empresas prósperas (e aquelas que só gostam de se mostrar) constroem arranha-céus, enquanto as empresas menos verticais constroem seus negócios nas ruas e nos cruzamentos onde os clientes vivem e viajam. Durante a maior parte do último milênio, os maiores edifícios nos centros das cidades eram igrejas ou lugares do governo. Então, na era industrial, os maiores edifícios passaram a ser os estabelecimentos de varejo e as sedes de empresas, como os edifícios da Woolworth e da Chrysler, em Nova York, e o Home Insurance Building, em Chicago.

Hoje, a Chrysler não possui mais nem administra o edifício que leva seu nome. O nome Hancock ainda reside em dois arranha-céus em Chicago e Boston, mas a empresa que os construiu já foi absorvida pela empresa canadense Manulife Financial, que pode ganhar qualquer outro nome enquanto você estiver lendo este livro. A Sears Tower em Chicago, que agora se chama Willis, certamente também terá vários nomes antes de vir abaixo.

A maioria dos campos e estádios das principais ligas esportivas agora tem o nome de empresas que pagam pelo privilégio. Por que construir alguma coisa quando basta comprar os "direitos de nome"? (Talvez não por coincidência, a taxa de falha para os compradores de direitos de nome para campos esportivos é bastante alta. Air Canada, CMGI, Enron, 3Com, PSINet, Adelphia e Trans World, todas foram atingidas pelo que veio a ser chamado de "maldição do estádio".)[13]

Sem dúvida, o mais belo edifício da Califórnia será o novo que a Apple está construindo, de acordo com um projeto liderado por Steve Jobs e aprovado pelo Cupertino City Council após uma apresentação feita pelo Próprio Homem em sua última aparição pública como CEO e menos de dois meses antes de morrer. Mais certamente ainda, a Apple irá acompanhar Steve até o túmulo. A menos que se adapte.

Essa é uma questão em aberto. E, se as empresas se abrissem, virassem seus silos do avesso (ver Capítulo 22), interagissem produtivamente com tudo e com todos e se tornassem mais uma espécie de cidade na maneira como trabalham no mundo? Seria bom o suficiente para elas sobreviverem?

Qualquer que seja a resposta, a simbiose entre as entidades econômicas, sociais e políticas no sentido vertical e horizontal será mais bem compreendida, especialmente depois que a quantidade de sinais explodir e mais – e melhores – pesquisas puderem ser feitas.

BEM, ENTÃO...

Nada nos antigos modelos de mercado cativo das empresas de telefonia e cabo começa a contemplar a Internet como um lugar generativo. Mas o resto de nós pode e tem um bom modelo de trabalho para isso.

15

O comitê dos comuns

A Web muda tudo (Tudo = Tudo).
Abrace-a. Totalmente. Ou sofra com as consequências.
Tom Peters[1]

O ARGUMENTO

A Internet é um recurso comum. Isso é bom para os negócios.

Se a Internet é um lugar, que tipo de lugar é esse? Lembre-se: (1) todas as metáforas são erradas e (2) temos de usá-las porque entendemos tudo metaforicamente. Então, sejamos claros com nós mesmos no sentido de que a Internet não é *realmente* um lugar. (Também não é uma máquina de impressão, um encanamento, um teatro, um sistema de transporte ou qualquer outro estrutura mental que usemos para pensar e falar sobre ela.) Mas se optarmos por escolher *lugar* entre outras metáforas, que tipo de *lugar* do mundo real vamos preferir?

E no caso de um mercado?

Bem, boa parte do que chamamos de mercados não são lugares também. Usamos o termo *mercado* quando queremos nos referir a categorias ("o mercado de utilidades domésticas"), segmentos da população ("o mercado de luxo"), regiões ("o mercado de Nova York"), apetites ("o mercado de doces") ou um lugar virtual para vender ("essas joias estão no mercado") ou para comprar ("estamos no mercado por um carro"). Também dizemos "o mercado" ou "os mercados" quando queremos dizer o negócio todo – especialmente quando constituídos separados do governo. A frase "nem o Estado nem o mercado" aparece em centenas de livros.[2]

No que diz respeito à Internet como um lugar, o termo *commons* (*recursos comuns*) tem se tornado de uso popular. Pesquise *commons* no Google e os primeiros resultados serão para o Creative Commons, artigos da Wikipedia e o Wikimedia Commons, um repositório de arquivos de mídia que são de domínio público ou estão disponíveis para uso amigável com licenças Creative Commons. Mas nem todos os chamados *recursos comuns* são gratuitos e abertos. Também entre os primeiros resultados de uma busca por *commons*, está a eRA Commons, com o endereço *commons.era.nih.gov*, do National Institutes of Health. Na parte inferior dessa página, lê-se:

ADVERTÊNCIA

Você está acessando um site do governo dos Estados Unidos que pode conter informações protegidas sob a Lei de Privacidade dos Estados Unidos ou outras informações confidenciais, e que se destinam somente ao uso autorizado pelo governo. Tentativas não autorizadas de upload de informações, troca de informações ou o uso deste site podem resultar em...

Por que uma coisa que se chama "recursos comuns" tem uma cláusula tão restritiva? A resposta curta é: *porque todos os recursos comuns são limitados*. A ideia de que recursos comuns são recursos de um fundo comum puramente aberto está equivocada – poder-se-ia até dizer tragicamente.

Um trágico dilema

Para a maioria de nós, o termo *recursos comuns* tende a chegar com o adjetivo *trágico*. Nesse sentido, podemos agradecer a "The Tragedy of the Commons", de Garrett Hardin, um ensaio de 1968 da *Science* sobre o tema do crescimento populacional.[3] O principal argumento de Hardin era contra "a tendência a assumir que decisões tomadas individualmente, de fato, são as melhores decisões para toda uma sociedade" – um pressuposto que deriva, com certeza, da "mão invisível" de Adam Smith. Eis o caso de Hardin, ligeiramente resumido:

> A tragédia dos recursos comuns se desenvolve dessa maneira. Imagine um pasto aberto a todos. Espera-se que cada vaqueiro tente manter todo o gado possível nas áreas dos recursos comuns. Esse arranjo pode funcionar de modo razoavelmente satisfatório por séculos porque as guerras tribais, as caças furtivas e as doenças mantêm o número de homens e animais bem abaixo da capacidade de sustento da terra. Mas, por fim, chega o dia do acerto de contas, isto é, o dia em que o objetivo há muito tempo desejado de estabilidade social se torna uma realidade. Nesse ponto, a lógica inerente dos recursos comuns leva impiedosamente à tragédia...
>
> Cada homem está preso a um sistema que o compele a aumentar seu rebanho sem limites – em um mundo que é limitado. A ruína é o destino para o qual todos os homens marcham, cada qual perseguindo o próprio interesse em uma sociedade que acredita na liberdade dos recursos comuns. A liberdade em recursos comuns traz ruína a todos.[4]

Propriedades dos recursos comuns

Lewis Hyde desafia o pressuposto de Hardin de que recursos de um fundo comum (*common pool resources*) e um recurso comum (*commons*) sejam a mesma coisa.[5] Em *Common as Air*, ele faz uma defesa bem consistente contra os recursos comuns propensos à tragédia de Hardin e a favor de algo muito mais complexo, sutil e – creio – importante para entendermos se estamos aproveitando ao máximo a Internet.

"Considero um recurso comum uma espécie de propriedade", escreve Hyde, "e tomo 'propriedade' como, pela definição de um antigo dicionário, *um direito de ação*", observando "que a propriedade raramente consiste de todo o conjunto de ações possíveis". Por exemplo, "se tenho uma casa em uma cidade americana, tenho muitos direitos de ação... mas não é tudo... Não posso colocar um rebanho de vacas no meu quintal, não posso converter minha casa em uma fábrica de sabão..."[6] E continua: "Meu ponto é que a ideia de propriedade como um direito de ação sugere que... um recurso comum é um tipo de propriedade em que mais de uma pessoa tem direitos."

Ele prossegue para revelar o que quase ninguém (incluindo Hardin) nunca aprendeu, esqueceu ou ignora sobre o que é um recurso comum e – mais importante para nossos propósitos – como ele serviu tanto ao comércio como à cultura:

> As tradicionais áreas inglesas de recursos comuns eram terras mantidas coletivamente pelos moradores de uma paróquia ou aldeia: os campos, pastos, riachos e matas que um número de pessoas... tinha o direito de usar de forma organizada e regulada pelos costumes. Aqueles que mantinham o direito comum de *pastagem* podiam colocar o gado para pastar nos campos, aqueles com direito comum de *pesca* podiam pescar nos rios e lagos, aqueles com direito comum de *extrair turfa* podiam fazê-lo para aquecimento, aqueles com direito comum de *explorar madeira*[7] podiam levar a madeira necessária para aquecer, mobiliar ou reparar suas casas. Todos, especialmente os pobres, tinham o direito de recolher as sobras da colheita.[8]

Assim, "os recursos comuns não são apenas a terra, mas a terra acrescida dos direitos, costumes e instituições que preservam seus usos comunais". E "recursos comuns de verdade são coisas limitadas; o que Hardin descreveu não é absolutamente um recurso comum, mas aquilo que hoje se chama "recursos de um fundo comum não gerenciado".[9]

Notadamente, os mercados também eram limitados. Por exemplo, podia haver apenas um "dia de mercado" por semana, e isso ainda podia ser limitado a apenas uma tarde.

Aqueles que compartilhavam os recursos comuns também impunham as próprias regras:

> Em geral, ninguém podia erguer barreiras ao direito aos recursos comuns costumeiros, nem o senhor feudal nem mesmo o rei. Na verdade, se aparecessem invasores, os comuns tinham o direito de matá-los. Uma vez por ano, os comuns

faziam uma procissão pelos limites das vias públicas e terras comuns, armados com machados, enxadas e pés de cabra para demolir qualquer cobertura, muro, vala, portão ou construção que tivessem sido erguidos sem permissão.[10]

Esse tipo de recurso comum, que manteve as qualidades essenciais desde os tempos saxões, teve um fim trágico, destruído por "cercamentos" e apropriações semelhantes movidas por interesses comerciais e governamentais. Para resumir, os recursos comuns desapareceram quando a indústria ganhou a revolução industrial.

No entanto, o sentido do que é um bem comum e para que serve sobrevive na cultura e ajuda a dar sentido a um recurso de fundo comum, que não é limitado pela natureza à maneira de Hardin, mas que ainda pode ser trágico por aqueles que querem cercá-lo com finitudes artificiais (por exemplo, "minutos" ou "canais") para seus próprios fins.[11] Esse é o risco de subordinar a Internet à telefonia e à TV a cabo. A Internet, na verdade, transcende a ambas e as engloba – ainda que ambas afunilem o acesso à Internet e contenham seu uso no âmbito das instalações de empresas de telefonia e cabo, provisões e modelos de negócios legados.

Então, como podemos respeitar a necessidade dessas empresas senhoriais de inovar e promover o crescimento do mercado como só elas podem fazer, e ainda proteger o World Wide Commons que nós acessamos principalmente graças a elas e que, de alguma forma, elas já consideram pelo menos parcialmente cercado para seus próprios propósitos? E como podemos orientar a política do governo sem encorajar ou conceder direitos de cercamento adicionais para as mesmas empresas?

Hyde responde:

Os comuns... precisam de algum tipo de patrulha interna de fronteira ou de uma perambulação anual, uma defesa contra a conversão indevida de direitos de uso em rendas ou o cercamento de campos abertos para pastagem de ovelhas. Quase por definição, os recursos comuns precisam restringir o mercado, pois, se o "livre mercado" é livre para converter tudo o que encontra em uma mercadoria negociável, nenhum recurso comum sobreviverá.[12]

Esse não é o tipo de conversa que tende a aquecer o coração capitalista. Mas vamos refletir sobre nossos próprios mercados cercados – nossos clientes cativos, nossos bezerros carregadores de cartão de fidelidade que também sugam as vacas de nossos sites. O que acontecerá quando eles possuírem as ferramentas que os tornam totalmente independentes no mercado? O que vai acontecer quando deixarem de ser bezerros e começarem a controlar os limites da Web ou da Internet ou do mercado como um todo – especialmente quando essas três coisas vierem a coexistir e codepender até um grau que as tornará indistinguíveis?

Eis como Hyde, em entrevista, descreveu a situação atual, um pouco depois do lançamento de *Common as Air*:

As regras não são claras. Então, temos esses campos polares: anarquistas amadores de um lado, que alegremente acreditam que não precisamos de regras, e a velha guarda de puristas da "propriedade intelectual", que tentam, de forma insana, reforçar e aperfeiçoar as regras que funcionavam tão bem nos idos de 1965. O que o Creative Commons e outros estão fazendo é tentar ampliar o meio-campo.[13]

Os anarquistas amadores e os maximalistas da propriedade intelectual ainda irão lutar, mas os clientes e fornecedores são os únicos em condições de tornar o meio-campo civilizado. Chamamos esse campo, esse recurso comum, de mercado. Ambos os lados o restringirão para atender a seus próprios interesses comuns, porque vão saber, a partir da experiência crescente, como trabalhar em conjunto será bom para os negócios e para a cultura que o circunda.

BEM, ENTÃO...

Conectados e bem equipados, os clientes vão acabar ampliando o terreno da Internet até que ela seja tanto um recurso comum como um mercado, aos pés de todos nós. A escolha para os negócios é apertar a mão dos clientes e trabalhar em conjunto, ou continuar aquecendo seus ferros de marcar em brasa.

PARTE III

O cliente libertado

Emancipação é a demanda da civilização.
Esse é um princípio, tudo o mais é intriga.

Ralph Waldo Emerson

Por muito tempo, sonhaste sonhos desprezíveis /
Agora, lavo a remela de teus olhos /
Deves acostumar-te ao esplendor
da luz e a cada momento de tua vida.

Walt Whitman

16

Liberdade pessoal

Escolha. Isso é sobre escolha.
Neo, em *The Matrix Reloaded*[1]
Doces são os usos da adversidade.
William Shakespeare[2]

O ARGUMENTO

Consideramos o cativeiro muito agradável por muito tempo. Mas agora vemos a liberdade chegando. E vimos que vem vindo há muito tempo.

Boa parte do que os humanos fazem é insana. Parece que não conseguimos parar de fazer algumas coisas loucas. Fazer a guerra e espoliar o planeta são dois exemplos.[3] Mas outras coisas malucas vêm e vão, mesmo que durem por gerações. Elas são populares por 50 ou 100 anos e, então, a cultura acorda e diz: "Puxa, isso era maluco."

No passado, na década de 1950, fumar e dirigir embriagado eram o padrão. Havia cinzeiros em todo lugar. Casas, escritórios, carros, ônibus, trens, aviões e restaurantes estavam sempre lotados de fumaça. Dirigir bêbado era ilegal, mas comum. Em *The Right Stuff*, Tom Wolfe descreveu a Flórida no início da Era Espacial como "um paraíso de Voar e Beber e Beber e Dirigir". Ei, como você fazia para chegar à sua casa quando saía do bar?

Hoje, fumar e dirigir alcoolizado são comportamentos marginalizados. É importante saber como isso aconteceu, mas não para o assunto deste livro. O que importa aqui é que a cultura como um todo acordou e percebeu que dirigir embriagado e fumar haviam sido *sempre* coisas loucas.

Em *Cognitive Surplus*, Clay Shirky dá mais dois exemplos. O primeiro é a Mania do Gim no início do século XVIII na Inglaterra urbana: "Carrinhos de Gim abarrotavam as ruas de Londres; se você não podia pagar um copo inteiro, podia comprar um pano encharcado de gim, e hotéis de baixa categoria faziam intenso negócio alugando paletes de palha por hora se você precisasse dormir até passar o efeito."[4] O segundo é o desleixo de nossa própria cultura durante meio século na frente da televisão. Clay credita a Mania do Gim à industrialização; e o hábito de ver televisão ao excesso de tempo livre. Mas, enquanto a Mania do Gim foi normativa apenas para os desafortunados na parte inferior da hierarquia social de Londres, quase todos nós nos tornamos viciados em televisão. Escreve Clay: "Tivemos tanto tempo livre para queimar e tão poucas outras maneiras atrativas de fazer isso que todo cidadão no mundo desenvolvido passou a ver televisão como se isso fosse um dever... O seriado de televisão tem sido o nosso gim, uma resposta infinitamente expansível à crise da transformação social."[5]

Agora é o tempo da ressaca, embora menos para os viciados em televisão libertados do que para seus desorientados cultivadores. Acrescenta Clay: "A indústria da televisão ficou chocada ao ver usos alternativos do tempo livre, especialmente entre os jovens, porque a ideia de que assistir à televisão era o melhor uso do tempo livre, como ratificado pelos espectadores, tem sido uma característica bastante estável da sociedade há muito tempo."[6]

Não deveria ser surpresa o fato de que as pessoas largariam a televisão quando houvesse coisas melhores para fazer. Desistimos da TV a cabo em nossa própria casa quando ficou claro que não assistíamos sequer aos filmes que gravávamos e que era mais fácil vê-los no Netflix do que por meio do bizarro sistema de controle de distribuição da TV a cabo. Então, abandonamos o Netflix também, porque temos coisas melhores a fazer com nosso tempo. E estamos longe de estar sozinhos. "O puro consumo de mídia nunca foi uma tradição sagrada", acrescenta Clay. "Foi apenas um conjunto de acidentes acumulados, acidentes que estão sendo desfeitos à medida que as pessoas começam a empregar novas ferramentas de comunicação para fazer trabalhos que a mídia mais antiga não pode fazer".[7]

Quando uma norma é louca, tornamo-nos cativos simpatizantes dela, exibindo uma espécie de síndrome de Estocolmo – a tendência paradoxal dos reféns a simpatizarem com seus captores depois de ficarem detidos por muito tempo. (Esse nome foi dado após cativos de ladrões de banco em Estocolmo terem se comportado exatamente assim.) Éramos prisioneiros de fumar e dirigir embriagados. Éramos prisioneiros da televisão. E ainda somos prisioneiros de um sistema de crenças que chamarei de *adesionismo*, após os *contratos de adesão* de Friedrich Kessler (ver Capítulo 4), através dos quais as partes submissas se rendem às dominantes, sem um pio ou uma briga. Eis como o cânone do adesionismo se manifesta hoje:

1. A crença de advogados de que os desiguais *contratos de adesão* são os únicos quando se lida com um grande número de clientes e usuários desconhecidos.
2. A crença dos administradores de empresas de que *é necessário limitar o contato e a escolha do cliente* para lidar com grandes populações de clientes (ou mesmo pequenas), "em escala", e de que ter bilhões de "usuários" é melhor do que ter centenas, milhares ou milhões de clientes.

3. A crença de produtores e distribuidores de "conteúdo" de que os *"consumidores" em seu estado natural são ladrões* e de que não é possível acreditar que eles darão valor ou pagarão um valor justo por bens que também podem obter de graça.
4. A crença de benfeitores de que os clientes são tão naturalmente fracos que sempre precisam da proteção do governo.
5. A crença de economistas de que um mercado livre é aquele em que os clientes escolhem os captores e que os melhores captores vencem.
6. A crença, em suma, de que os clientes cativos são mais valiosos do que os livres.

O adesionismo está conosco desde que a indústria venceu a revolução industrial e não vai desaparecer facilmente. Isso também não é sem justificativa. Como Chris Locke escreveu em *The Cluetrain Manifesto*: "Os meios de produção em massa, o marketing de massa e a mídia de massa constituem a Santíssima Trindade dos negócios americanos há pelo menos uns 100 anos. As recompensas eram tão grandes que a mentalidade se tornou um vício, uma droga cegando seus usuários para as mudanças que começavam a corroer os antigos axiomas associados às economias de escala."⁸

Administração

Essas mudanças citadas por Chris foram feitas pela Internet, o que o *Cluetrain* anunciava com o subtítulo "O fim dos negócios como de costume". Os "antigos axiomas" que ele menciona foram estudados, descritos e evangelizados pela primeira vez por Frederick W. Taylor, principalmente em sua monografia de 1911, *Princípios da Administração Científica*. Escreveu Taylor: "Só por meio da padronização de métodos *forçados*, da adoção *forçada* dos melhores instrumentos e condições de trabalho e da cooperação *forçada* é que o trabalho mais rápido pode ser assegurado. E o dever de *impor* a adoção das normas e essa cooperação cabe somente à administração."⁹ O grifo é dele.

Taylor estabeleceu a administração como uma categoria profissional e sua pedagogia veio para instruir toda grande instituição da civilização, inclusive a educação e o governo. A consultoria de administração de James O. McKinsey, os gráficos de H.L. Gantt, a psicologia industrial de Hugo Münsterberg, as réguas de cálculo de velocidade e avanço de Karl G. Barth e os cursos de administração oferecidos por Harvard, Tufts e inúmeras outras escolas remontam a Taylor. A primeira e a segunda Guerra Mundial foram alimentadas e guiadas por obsessões tayloristas com eficiência e produtividade.

Peter Drucker foi o homem que se contrapôs ao Taylorismo e que dedicou sua carreira de sete décadas a reconhecer as preocupações humanas nos negócios que a "administração científica" de Taylor omitia: conhecimento pessoal, aprendizagem, trabalho em equipe, dignidade humana e inovações decorrentes dos interesses e ideias de funcionários e clientes. Drucker também se preocupava com o bem comum. Em *Management: Tasks, Responsibilities, Practices*, escreveu: "Se os administradores de nossas principais instituições, especialmente dos negócios, não assumem a responsabilidade pelo bem comum, ninguém mais poderá fazê-lo."[10]

Mas a administração não é só para as instituições. Todos nós administramos a nós mesmos e nossos relacionamentos com os outros. Nossa capacidade de administrar depende da nossa agência: isto é, expressar uma intenção, com seus efeitos. Nossa capacidade de administrar também depende de nossa capacidade de delegar um pouco de nossa agência a outros. No entanto, há um tom contraditório em "administração pessoal". É como dizer "arranha-céu pessoal". Esse tom é um eco adesionista dos ensinamentos de Taylor e de compromissos que nossos pais e antepassados firmaram quando a subordinação da agência pessoal era uma exigência da vida civilizada.

Não precisamos mais fazer isso.

Marchando para a sanidade

A estrada para sair de Estocolmo é longa e estivemos nela por um longo tempo. Eis alguns dos pontos de referência ao longo do caminho.

1943

Ao final dos deprimentes "Contratos de Adesão", Friedrich Kessler ofereceu um vislumbre de esperança para a *liberdade de contrato:* "Seu significado deve mudar com a importância social do tipo de contrato e com o grau de monopólio de que goza o autor do contrato padronizado."[11] Em outras palavras, a *liberdade de contrato* varia inversamente ao grau de monopólio. Reduza o monopólio e a *liberdade de contrato* terá uma chance.

1954

Em *The Practice of Management*, Peter Drucker lançou o conceito "conhecimento-trabalho" e a importância do que ele (e a maioria dos negócios) veio a chamar de "trabalhadores do conhecimento", contrastando com aqueles das engrenagens humanas de Frederick W. Taylor.[12] Toda a obra de Drucker, acumulada em centenas de livros e ensaios entre 1942 e sua morte, em 2005, foi uma longa arenga contra o taylorismo e sobre a capacidade de os trabalhadores, gerentes e clientes aprenderem as coisas juntos. Em 1999, ele escreveu: "O que dá vida e sustenta a corporação reside no 'exterior', não no seu controle direto, e o cliente é a principal força motora dessas realidades e forças externas. É a perspectiva de oferecer valor ao cliente que dá propósito à corporação e é a satisfação das necessidades do cliente que lhe traz resultados."[13] Drucker é meu maior herói dos negócios.

1956
Em *The Organization Man*, William H. Whyte Jr. dedicou 446 páginas para explicar como os trabalhadores de colarinho-branco na década de 1950 venderam suas almas para se tornar membros da "Organização". Então, no final, ele acrescenta:

> Estou falando de medidas que as empresas podem adotar. Mas, em última análise, qualquer mudança real caberá ao próprio indivíduo...
>
> Ele tem de lutar com A Organização. Não de forma estúpida ou egoísta, porque os defeitos da autoestima não devem ser mais venerados do que os defeitos da cooperação. Mas lutar é seu dever, pois as demandas de sua rendição são constantes e poderosas, e, quanto mais ele passar a gostar da vida na organização, mais difícil será para ele resistir a essas demandas, ou mesmo reconhecê-las.[14]

1973
Em *The Coming of Post-Industrial Society*, Daniel Bell previu a mudança da produção industrial para economias baseadas nos serviços, o aumento da dependência para com as ciências e, com isso, a ascensão de elites técnicas. Para o resto de nós, ele pelo menos dava a esperança de que a era industrial iria acabar.[15]

1980
> Em *A terceira onda*, Alvin Toffler descreveu um modo de vida genuinamente novo baseado em fontes de energia renováveis e diversificadas, em métodos de produção que tornam obsoletas a maioria das linhas de montagem industrial... e em escolas e corporações do futuro radicalmente transformadas. A civilização emergente escreve um novo código de comportamento para nós e nos leva para além da padronização, da sincronização e da centralização, além da concentração de energia, dinheiro e poder... Acima de tudo, como veremos, a civilização da Terceira Onda começa a cicatrizar a brecha histórica entre produtor e consumidor, dando origem à economia do *prossumidor* de amanhã."[16]

1982
Em *Megatrends*, John Naisbitt relacionou 10 mudanças em 10 capítulos que se revelaram extraordinariamente proféticas. Eis os títulos dos capítulos:

1. Sociedade Industrial → Sociedade da Informação
2. Tecnologia Imposta → Alta Tecnologia/Alto Contato
3. Economia Nacional → Economia Mundial
4. Curto Prazo → Longo Prazo
5. Centralização → Descentralização
6. Ajuda Institucional → Autoajuda
7. Democracia Representativa → Democracia Participativa

8. Hierarquias → Rede
9. Norte → Sul
10. Ou um/Ou outro → Múltipla Opção[17]

Naisbitt escreveu: "As redes reestruturam o poder e o fluxo de comunicações dentro de uma organização do sentido vertical para o horizontal... Um estilo de gerenciamento de rede já está em vigor em várias empresas de informática jovens e bem-sucedidas."[18] A essa altura, a Apple tinha 5 anos e o PC da IBM estava nascendo.

1990

Em *Powershift*, Alvin Toffler escreveu sobre "o empregado autônomo" e a "pessoa não intercambiável". Uma amostra: "À medida que o trabalho se torna mais diferenciado, a posição de barganha dos indivíduos com habilidades cruciais é reforçada. Os indivíduos, não apenas os grupos organizados, podem exercer influência."[19]

Em *Megatrends 2000*, John Naisbitt e Patricia Aburdene dedicaram o capítulo final ao "Triunfo do indivíduo". Falando da próxima década no tempo presente, escreveram: "A década de 1990 é caracterizada por um novo respeito ao indivíduo como o fundamento da sociedade e a unidade básica de mudança. Movimentos de 'massa' são um nome inadequado. O movimento ambientalista, o movimento das mulheres, o movimento antinuclear foram construídos sobre a consciência cada vez maior de um indivíduo convencido da possibilidade de uma nova realidade."[20] Ao subtítulo "A primazia do consumidor", eles acrescentaram: "Quando o foco era sobre a instituição, os indivíduos obtinham o que era adequado à instituição; todos obtinham a mesma coisa. Não mais! Com a ascensão do indivíduo, veio a primazia do consumidor. Tem sido *dito* durante muitos anos: 'O cliente é o rei.' Agora isso é verdade."[21] Mais adiante, eles acrescentaram: "A nova responsabilidade da sociedade é premiar a iniciativa do indivíduo."[22]

1991

Em *Relationship Marketing: Successful Strategies for the Age of the Customer*, Regis McKenna diz que "tudo começa com o cliente", descreve o *posicionamento* como um processo "dinâmico" que gira em torno do cliente e aconselha o marketing a mudar "do monólogo para o diálogo".[23] O próximo livro de McKenna, de 1997, foi *Real Time: Preparing for the Age of the Never Satisfied Customer*.

1993

Em *The One to One Future*, Don Peppers e Martha Rogers escreveram:

> Hoje estamos passando por uma descontinuidade tecnológica de proporções épicas, e a maioria de nós não está nem remotamente preparada. O velho paradigma, um sistema de produção em massa, meios de comunicação de massa e

marketing de massa, está sendo substituído por um paradigma totalmente novo, um sistema econômico de um para um... O futuro 1:1 será caracterizado por produção personalizada, mídia endereçável individualmente e marketing 1:1, alterando totalmente as regras da concorrência e do crescimento nos negócios. Em vez da quota do mercado, o objetivo da competição na maioria dos negócios será a quota do cliente – um cliente por vez.[24]

No Capítulo 7, "Envolva seus clientes em um diálogo", eles acrescentaram: "Em geral, os comerciantes estão muito mais preparados para conversar *com* os clientes do que para ouvi-los. A principal razão é que não há nenhum meio conveniente de baixo custo que permita aos clientes enviar mensagens aos comerciantes, enquanto há todo tipo de meios de comunicação disponíveis para facilitar a comunicação não endereçável, de mão única, dos comerciantes com os clientes... Pare de pensar em termos de públicos e massas sem rosto, olhos e ouvidos. Pense, em vez disso, em seres humanos – seres humanos individuais. Em vez de atingir seu público-*alvo*, pense em ter uma *conversa* com esses *indivíduos*.[25]

A Internet que conhecemos (com navegadores e e-mail) surgiu dois anos depois que o livro de Peppers e Rogers chegou às prateleiras. Mensagens de texto levariam mais uma década. "Amizades" e tweets levariam uma década e meia. Ainda assim, nada disso, mesmo atualmente, é suficiente para suprir o futuro 1:1 que Don e Martha viram com tanta clareza. Ainda estamos no mesmo momento, longo e lento, e ainda sob as garras da era industrial. Continua a existir uma concentração de agência no lado da indústria. Mesmo uma questão tão simples como o *relacionamento* entre clientes e fornecedores está sob o controle total dos fornecedores.

1999

Em *Marketing de permissão*, Seth Godin desafiou o "mundo não interativo" do marketing eloquente e interruptivo e sugere um novo modelo de boas maneiras: realmente falar com os clientes à moda antiga e construir relacionamentos genuínos com eles.

The Cluetrain Manifesto apareceu na Web em abril de 1999, quase ao mesmo tempo em que *Marketing de permissão* foi lançado. A versão em livro de *Cluetrain* foi escrita no verão daquele ano e publicada em janeiro de 2000. Eis um trecho que aponta para a Economia da Intenção: "Firewalls corporativos mantêm funcionários inteligentes dentro e mercados inteligentes fora. Derrubar essas paredes causará grandes aflições. Mas o resultado será um novo tipo de conversa. E será a conversa mais emocionante com que os negócios jamais se envolveram."[26]

Em *Net Worth: Shaping Markets When Customers Make the Rules*, John Hagel III e Marc Singer escreveram sobre o deslocamento do poder econômico para os indivíduos, a "morte das marcas convencionais", "um círculo virtuoso entre clientes e fornecedores" e outras futuras mudanças. Hoje, John acrescenta: "Onde realmente aramos a nova terra era com a noção de que, pela primeira vez, a tecnologia estava tornando viável para os clientes captar informações sobre si mesmos (incluindo históricos de transações e relacionamentos com outros) e, seletivamente, torná-las disponíveis para os fornecedores, em troca de valor mais relevante e da noção relacionada de que isso criava uma oportunidade de negócio para uma nova forma de agentes do cliente (*infomediários*), que ajudariam os clientes a gerenciar esses perfis de dados e se tornariam conselheiros de confiança para ajudar os clientes a se conectar com recursos mais relevantes e com fornecedores."

2001

Em *Free Agent Nation*, Daniel H. Pink recordou as "coisas de Whyte", de 1956, em um capítulo intitulado "Adeus, sujeito da Organização" e escreve sobre "essa grande mudança de poder da organização para o indivíduo" e "a virada do taylorismo ao tailorismo" (dos sistemas de produção padronizados para os sistemas de produção personalizados).[27]

2006

Em *Wikinomics*, Don Tapscott e Anthony D. Williams dedicaram um capítulo aos "prossumidores" e escreveram sobre "clientes como coinovadores" e sobre "abraçar o poder do cliente".[28]

2009

Em "A Customer Liberation Manifesto", Raymond Fisk, que preside o Departamento de Marketing da Texas State University–San Marcos, escreveu:

> Em meus quase 30 anos como estudioso do marketing de serviços, tenho visto a prática do atendimento aos clientes avançar da negligência benigna ao engajamento ativo. A cocriação de valor pelo cliente tornou-se rapidamente uma lógica popular de negócios... e uma grande força para o pensamento dos novos serviços. Acho que a cocriação do cliente leva à libertação do cliente! Se as organizações de serviços adotarem verdadeiramente a lógica da cocriação, elas não serão mais capazes de tratar seus clientes como impotentes subservientes.[29]

Em *The Power of Pull*, John Hagel III, John Seely Brown e Lang Davison escreveram: "Daqui em diante, as pessoas vão cada vez mais remodelar as instituições, e não vice-versa."[30]

Em *Pull*, David Siegel escreveu: "No mundo da atração, você não possui o cliente, o cliente possui você... a economia da sua empresa está alinhada com a de seu cliente... As empresas que se concentram em resultados para seus clientes acertam o passo. Seus sistemas estão ligados aos sistemas de seus clientes, assim, eles podem funcionar em tempo real."[31]

Pull também é o primeiro livro a abordar VRM em profundidade:

Com o VRM... você controla os dados que normalmente estariam em um sistema de CRM. Assim, você pode dá-los ao fornecedor do mesmo modo que os vendedores passam os dados dos clientes de um vendedor para outro. Usando o princípio do privilégio mínimo, você pode divulgar seus dados quando necessário e terminar o relacionamento a qualquer momento. Quando um produto vai para a seção "minhas compras" do seu armário de dados, o registro de garantia acompanha isso automaticamente. Sem saber seu nome e endereço, a empresa pode contatá-lo se houver um problema e você pode contatar a empresa. É possível sinalizar que você está planejando trocar de fornecedor e todos os vendedores virão até você com suas ofertas, sabendo o que tem e que tipo de cliente você é... [e], finalmente, a maioria das empresas e até mesmo o governo vão concordar com a portabilidade da conta, porque os consumidores vão exigir isso... Quando tiver suas informações sob seu controle, você vai se tornar uma instituição de um só.[32]

E, na edição do 10º aniversário de *The Cluetrain Manifesto*, escrevi: "Surgirá um sistema melhor, no qual a demanda impulsiona a oferta, pelo menos da maneira como a oferta impulsiona a demanda. Em outras palavras, quando a 'economia da intenção' superar a economia da atenção."[33]

No entanto, mesmo depois de 70 anos de otimismo pelo fim do adesionismo, muitos de nós nos negócios permanecem fiéis e muitos clientes ainda estão presos em Estocolmo. Ainda somos as baterias em *Matrix*. Ainda esperamos a libertação. Como isso vai acontecer?

Os meios para os fins

"A invenção é a mãe da necessidade", dizia Thorstein Veblen.[34] E ele está certo. Não precisávamos de um carro, uma copiadora, um rádio ou um smartphone até que vimos um deles e dissemos para nós mesmos: "Eu preciso disso." Sem invenções criadas pela necessidade, não teríamos tido qualquer forma de progresso desde a primeira vez que aprendemos a lascar pedras com machados e pontas de flechas.

BEM, ENTÃO...

A libertação do cliente requer invenções criadas pela necessidade. Kessler, Drucker, Bell, Whyte, Toffler, Naisbitt, Peppers, Rogers, McKenna, Pink, Siegel, Hagel e muitos outros pediram ou previram a ascensão do poder individual e da autonomia no mercado e a importância inevitável dos clientes libertados para o futuro dos negócios. Mas nós precisamos de ferramentas. E é para isso que serve o VRM.

17

O VRM

> O VRM não é apenas um "fenômeno" gerado pela colocação de ferramentas interessantes nas mãos dos usuários. Sim, claro, precisamos de ferramentas úteis (pode não acontecer nada sem elas). Mas também precisamos de novos tipos de serviço e novos tipos de modelos de negócios para tornar esses novos tipos de serviço possíveis. Trata-se dos três, juntos.
>
> Alan Mitchell[1]

O ARGUMENTO

O VRM é a fase de reforço de um míssil disparado para o futuro. Em certo grau, é um míssil teleguiado.

Em primeiro lugar, algumas palavras sobre o Berkman Center for Internet & Society, no qual o ProjectVRM foi lançado em setembro de 2006. De seu site:

> A missão do Berkman Center é explorar e entender o ciberespaço, estudar seu desenvolvimento, dinâmica, normas e padrões, além de avaliar a necessidade ou a falta de leis e sanções.
>
> Somos um centro de pesquisa e temos como premissa a observação de que o que buscamos aprender ainda não está registrado. Nosso método é construir no ciberespaço, registrar dados à medida que navegamos, estudar por conta própria e compartilhar. Nosso modo é o de empreendimento sem fins lucrativos.[2]

O ProjectVRM se desvia dessa missão em apenas um aspecto: começou como um projeto de *desenvolvimento*, e não de *investigação*. Ou seja, seu propósito desde o início é incentivar o desenvolvimento em uma área que havia sido amplamente negligenciada: capacitar os indivíduos – em especial, os clientes – nativamente, fora de qualquer estrutura corporativa ou organizacional. Então, como queríamos fazer a pesquisa, precisávamos do cavalo do desenvolvimento para puxar a carroça da pesquisa.

No início, o ProjectVRM sucedeu meu próprio trabalho anterior sobre identidade digital e o trabalho realizado no Berkman Center por John Clippinger, na época pesquisador associado. Foi John quem se aproximou de mim em fevereiro de 2005 para oferecer o Berkman como uma espécie de "clube" para o "Identity Gang", que depois se tornou o Internet Identity Workshop, realizado semestralmente.

Mas, como a capacitação do cliente se sobrepõe à identidade digital, eu a entendia como um tópico separado e muito maior, que afetaria todos os negócios quando se desenvolvesse em sua plenitude. Assim, o objetivo do ProjectVRM cresceu para aquele que incentivava novos trabalhos em áreas específicas de desenvolvimento, tais como protocolos, padrões e bancos de dados – e em amplos segmentos do mercado, como varejo, imóveis, governo, saúde e comunicações.

O esforço foi bem-sucedido e continua a ter êxito. No final de 2011, o wiki do ProjectVRM listava dezenas de projetos de desenvolvimento, empresas e organizações. O mesmo fazia o artigo sobre o ProjectVRM na Wikipédia. Qualquer trabalho que fornece ferramentas que ajudam a tornar os clientes independentes dos fornecedores e mais capazes de interagir com os fornecedores – em formas próprias do cliente e em seus próprios termos – é um trabalho VRM.

Para descrever esse trabalho, vamos examinar primeiro os objetivos do VRM e, em seguida, os tipos de ferramentas exigidas.

Objetivos do VRM

No capítulo "Mercados são relacionamentos" da edição de 10º aniversário de *The Cluetrain Manifesto*, listei sete objetivos do VRM:

1. **Fornecer ferramentas para as pessoas gerenciarem os relacionamentos com as organizações.** Essas ferramentas são pessoais. Isto é, pertencem ao indivíduo, no sentido de que estão sob seu controle. Elas também podem ser sociais, no sentido de que podem se conectar com outras pessoas e apoiar a formação e a ação do grupo. Mas precisam ser pessoais em primeiro lugar.
2. **Tornar os indivíduos os centros de coleta de seus próprios dados,** para que históricos de transações, registros médicos, detalhes da afiliação, contratos de serviços e outras formas de dados pessoais não sejam mais espalhados por toda uma floresta de silos.
3. **Dar aos indivíduos a capacidade de compartilhar dados de forma seletiva,** sem a revelação de mais informações pessoais do que o indivíduo permitir.
4. **Dar aos indivíduos a capacidade de controlar como seus dados são usados por outros** e por quanto tempo. Por escolha do indivíduo, isso pode incluir acordos exigindo que outras partes excluam os dados do indivíduo quando o relacionamento terminar.
5. **Dar ao indivíduo a capacidade de fazer seus próprios termos de serviço valerem,** reduzindo ou eliminando a necessidade de termos serviços escritos pela organização que ninguém lê e que todos têm de "aceitar" de qualquer maneira.

6. Dar aos indivíduos meios para expressar a demanda no mercado aberto, fora de qualquer silo organizacional, sem revelar qualquer informação pessoal desnecessária.
7. Ferramentas básicas de gerenciamento dos relacionamentos com padrões abertos, APIs (interfaces de programação da aplicação) abertas e código-fonte aberto. Isso irá apoiar uma crescente onda de atividades que vai levantar uma infinita variedade de barcos de negócios, além de outros bens sociais.[3]

A esses objetivos, eu acrescentaria mais um: faça os relacionamentos funcionarem nos dois sentidos. Ou seja, precisamos criar ou melhorar as ferramentas para isso de ambos os lados. Essas ferramentas são novidades no lado do cliente. Ferramentas antigas, como o CRM, precisam adaptar-se no lado do fornecedor. Vamos falar sobre esse desafio na Parte IV.

As ferramentas de VRM

Mesmo que os desenvolvimentos VRM ainda estejam em seus estágios iniciais, há algumas coisas que podemos dizer sobre as ferramentas de VRM e o que elas fazem. Eis uma pequena lista:

1. **As ferramentas de VRM são pessoais.** Tal como acontece com martelos, carteiras, carros e telefones celulares, as pessoas as usam como indivíduos. Eles são sociais apenas de forma secundária.
2. **As ferramentas de VRM nos tornam independentes.** Elas nos libertam para atuarmos como atores soberanos e independentes no mercado.
3. **As ferramentas de VRM ajudam os clientes a expressar a intenção.**[4] Isso inclui preferências, políticas, termos e meios de interação, autorizações, solicitações e qualquer outra coisa que seja possível em um mercado livre, fora do silo ou do rancho de qualquer fornecedor.
4. **As ferramentas de VRM ajudam os clientes a interagir.** Essa interação pode ocorrer uns com os outros ou com qualquer organização, incluindo (e especialmente) seu sistema de CRM.
5. **As ferramentas de VRM ajudam os clientes a gerenciar.** Isso inclui seus próprios dados e sistemas e também suas relações com outras entidades e sistemas.
6. **As ferramentas de VRM são substituíveis.** Isso significa que nenhuma fonte de ferramentas de VRM pode prender os usuários.

Embora ambas as listas sugiram tipos específicos de trabalho, elas na realidade delineiam uma categoria que dificilmente poderia ser mais ampla.

Por exemplo, um telefone celular simples é uma ferramenta VRM. Um carro também. Ambos são pessoais, nos tornam independentes, nos ajudam a expressar a intenção, nos ajudam a interagir e gerenciar e são substituíveis.

Não que eles sejam assim tão perfeitos. Por exemplo, quase todos os smartphones hoje em dia estão, até certo ponto, trancados dentro do jardim murado de uma operadora. O ITunes da Apple é o Estocolmo mais confortável jamais construído por um fornecedor capturador. Ainda assim, somos livres para deixá-lo e lidar com alternativas menos extravagantes, e algumas se esforçam ao máximo para dar suporte à sua liberdade e independência. Uma delas é a Ting, uma nova operadora de rede celular virtual (*mobile virtual network operator* – MVNO) que quer fornecer independência máxima e suporte aos clientes. Nas palavras de Elliot Noss, CEO da Tucows, a empresa-mãe da Ting: "Temos de ser uma empresa VRM. Se eu trabalhasse por qualquer coisa que não fosse isso, meus funcionários me matariam."[5]

E, no processo, a Ting pode ajudar as operadoras e os reguladores a compreender por que os consumidores livres são mais valiosos do que os cativos.

Existem muitos outros desenvolvedores VRM também, o que vamos abordar no próximo capítulo.

BEM, ENTÃO...

É ainda o início do dia para a Economia da Intenção, mas a sanidade está surgindo e estamos nos esforçando ao máximo para fazer o sol nascer.

18

Desenvolvimento

> Os usuários que inovam podem desenvolver exatamente o que querem, em vez de depender que os fabricantes ajam como seus (geralmente muito imperfeitos) agentes.
>
> Eric Von Hippel[1]

> Aqueles que adotam ou criam um sistema de inovação distribuído... devem estar preparados para reconhecer que o *locus* da inovação está fora dos limites da organização em foco. E isso exigirá uma reorientação fundamental dos pontos de vista sobre incentivos, estrutura de tarefas, gerenciamento e propriedade intelectual.
>
> Karim Lakhani and Jill A. Panetta[2]

O ARGUMENTO

O desenvolvimento do VRM funciona porque ele é distribuído. Ou seja, qualquer um pode fazê-lo em qualquer lugar e construir com base no trabalho que outros também estão fazendo.

O ProjectVRM foi criado para incentivar um sistema de inovação distribuído fora do projeto em si. Ele tem sido guiado por ensinamentos como os de Eric von Hippel, Karim Lakhani e Jill Panetta (citados na epígrafe acima), assim como por minha própria experiência na cobertura do desenvolvimento de código livre e aberto para o *Linux Journal*. O resultado é a abundância do que Yochai Benkler chama de *produção de pares baseada em recursos comuns* (ver Capítulo 12) e von Hippel, de *inovação democratizada*. Assim, eis um resumo das questões levantadas por Karim e Jill:

- Quanto aos *incentivos*, confiamos na missão do VRM no sentido de orientar os desenvolvedores a pensar nas compensações mais à frente. Com duas pequenas exceções (uma bolsa de estudo para o desenvolvimento do ListenLog e do EmanciPay e um Google Summer of Code pago a estudantes diretamente pelo Google), não oferecemos apoio financeiro para os desenvolvedores e não os envolvemos para trabalhar no projeto por si só.

- A *estrutura de tarefas* do projeto é mínima. Mantemos nossos próprios workshops, mas também aproveitamos as oportunidades de reunião em várias conferências e workshops em que o VRM como tópico faz sentido. Nossos Internet Identity Workshops (IIWs) semestrais são feitos especialmente para atender isso. Há também uma série de organizações aliadas, como a VRM Hub de Adriana Lukas, em Londres, e o Information Sharing Workgroup da Kantara Iniciative (uma organização de desenvolvimento colaborativo), liderado por Joe Andrieu, Clarke Judi e Iain Henderson.
- Quanto ao *gerenciamento*, atenho-me ao ProjectVRM em si. Não gerencio os pares que produzem código livre nem as reuniões de nossa comissão. (Outros, que são mais hábeis com relógios e calendários, cuidam disso.) Embora eu seja a principal pessoa associada com VRM, tento pregar a missão sem monopolizar os holofotes. De fato, projetar os holofotes no que os outros estão fazendo me dá muito mais satisfação.
- O ProjectVRM em si tem pouca ou nenhuma *propriedade intelectual*, além dos poucos desenvolvimentos que dirigimos diretamente. Estes são todos de código-fonte aberto e, portanto, com pouca ou nenhuma restrição de IP. O ProjectVRM encoraja o desenvolvimento e o uso de códigos e princípios FOSS (código-fonte livre e aberto), mesmo na produção de trabalho comercial proprietário. Em geral, os desenvolvedores têm seguido esses apelos.

A lista curta

Como eu já disse (e nunca é demais enfatizar isso), a lista de projetos e empresas de VRM vai mudar e já terá mudado quando você estiver lendo este livro. Mas acho que é essencial dar crédito aos pioneiros. Veja a Tabela 18-1 com a lista tal como ela aparece no wiki do ProjectVRM, de dezembro de 2011. Sob diversas formas, estão sediados na Áustria, Bélgica, Chile, Canadá, Itália, Holanda, África do Sul, Suíça, Reino Unido e ao longo de quatro fusos horários nos Estados Unidos – bem como na Web e na Internet.

A maioria desses projetos está sob o radar da grande mídia do setor. Eles não aparecem em coberturas do tipo "Quem vai ganhar?" das publicações de tecnologia e negócios ou nas listas de "Quais as novidades?" das feiras de negócios. A esse respeito, eles são como o Linux, Apache, RSS, Jabber/XMPP e centenas de outras bases de código e protocolos que são extremamente fundamentais, embora não chamem atenção promocional para si mesmos. Em um post para a lista do ProjectVRM revendo a história inicial do Apache, Brian Behlendorf (um dos autores originais do Apache) escreveu: "O Apache evoluiu por acaso para a supremacia muito antes que a supremacia fosse importante."[3] Hoje, o Apache atende a cerca de dois terços das páginas da Web no mundo, ainda que a supremacia nunca tenha sido o que seus desenvolvedores buscavam. O mesmo aconteceu com outras bases de códigos e protocolos fundamentais.

TABELA 18-1

Projetos e empresas de VRM

About.me	Precipit.at
Azigo.com	Privowny
The Banyan Project	Prizzm
Connect.Me	ProjectDanube
Ctrl-SHIFT	Project Nori
dot.UI	QIY
Diaspora	r-button
EmanciPay	RedBeacon
EmanciTerm	Respect Network
Evented APIs	Singly
GRM: Government Relationship Management	Social Nori
Higgins	Getabl
Hover.com	SwitchBook
Hypothes.is	Status.net
Information Sharing Workgroup at Kantara	TAS3
Id3	Telehash
Insidr	Thimbl
KRL	Thumbtack
Kynetx, que abrange HoverMe	TiddlyWiki
ListenLog	Ting
MyInfo.CL	TrustFabric
The Locker Project	Tucows
The Mine! Project	Übokia
NewGov.us	UMA
Paoga	VirtualZero
Pegasus	VRM Hub
Personal.com	VRM Labs
Personal Data Ecosystem Consortium (PDEC)	Webfinger
Personal RFP	Zaarly

O melhor dos desenvolvimentos VRM atuais será bem-sucedido da mesma forma e pelas mesmas razões – e com a mesma falta de atenção da mídia para sua importância enquanto eles se estabelecem.

Instrumentos da intenção

A Internet (abordada no Capítulo 9) apoia a independência e a interação, por projeto. É também o caso de alguns de seus aplicativos nativos. Três já se qualificam como ferramentas de VRM e como modelos para outras ferramentas que estão sendo desenvolvidas atualmente.

E-mail

Os protocolos SMTP, POP e IMAP possibilitaram o e-mail na Internet. Esses protocolos são NEA, denominação em inglês para "ninguém é dono deles, todos podem usá-los e qualquer um pode melhorá-los". (Para saber mais sobre NEA, consulte o Capítulo 9.) Isso significa que qualquer um de nós pode usar qualquer servidor e cliente de correio eletrônico que desejar. Eles todos são substituíveis. Se você quiser trocar seu próprio servidor de e-mail para o do Gmail ou Yahoo – ou vice-versa entre eles –, é livre para fazer isso. Você também é livre para mudar seu cliente de correio do Outlook para o Thunderbird, ou qualquer outro local de e-mail – ou usar os clientes on-line do Gmail, Yahoo ou Hotmail em seu navegador.

Antes de a Internet ter se tornado amplamente disponível, todas as principais plataformas de correio eram proprietárias e fechadas. No meu caso, tive contas no AOL, AppleLink, Compuserve, MCI, The Well, Prodigy e outros que já esqueci – e todos estão igualmente mortos hoje. Nenhum deles podia enviar ou receber e-mails entre si, e a maioria das empresas envolvidas considerava essa incompatibilidade uma virtude.

Os protocolos de correio da Internet nos tornaram livres para usar o que quisermos e para nos comunicar com quem quisermos, em qualquer lugar do mundo.

Publicação

A WordPress e a Drupal são, hoje, as duas principais bases de código-fonte aberto para publicação pessoal e gerenciamento de conteúdo. Nenhuma nem outra o obrigam a usar uma plataforma de publicação delas ou de terceiros. O mesmo vale para o outliner OPML de Dave Winer e para o RSS, o qual Dave, quase que com suas próprias mãos, levou à onipresença e que dá a todo escritor ou artista um poder que antes pertencia apenas a editoras gigantes.

Mensagens instantâneas

O XMPP é o protocolo mais utilizado para mensagens instantâneas (IM). Antes do XMPP, o IM estava trancado e preso em silos, tal como era o e-mail antes de seus protocolos abertos serem adotados. Até certo ponto, isso ainda acontece. (O AIM da AOL, o iChat da Apple, o Windows Live Messenger e o Yahoo Messenger interagem todos, de modos diferentes, por meio do XMPP, mas foram projetados originalmente como sistemas proprietários fechados. O Google Talk usou o XMPP desde o começo.) Assim como no caso do e-mail, você pode configurar seu próprio servidor de IM baseado em XMPP, se quiser.

Essas ferramentas são nativas aos recursos comuns da Internet porque, assim como este, são não excludentes e inesgotáveis. (*Não excludentes* quer dizer que o uso delas por uma das partes não impede a outra parte de usá-las; *inesgotáveis* significa que você não pode exauri-las.)

Eis alguns dos objetivos relacionados com as ferramentas de VRM das empresas e dos projetos listados anteriormente:

- Reunir, integrar e gerenciar *os próprios dados.*
- Gerenciar a *identidade pessoal.*
- Definir *os próprios termos, políticas e preferências* dentro de uma estrutura de *liberdade de contrato.*
- Estabelecer e participar de *estruturas de confiança* e de *redes de confiança* desenvolvidas principalmente para os indivíduos, com o fim de manter sua independência de qualquer empresa.
- *Autorrastreamento, autohacking* e *informática pessoal.*
- *Manter os registros* das comunicações e de outras interações.
- Personalizar e melhorar a *pesquisa.*
- *Expressar a demanda*, incluindo *RFPs pessoais.*
- *Programar regras para acompanhar as ações de eventos de qualquer tipo,* também fora da estrutura "bezerro-vaca" da arquitetura cliente-servidor.
- *Construir blogs* e *microblogs* com sistemas abertos e substituíveis.
- Possuir e gerenciar livremente o *próprio servidor.*
- *Interagir com* os sistemas de *CRM.*
- Criar novas empresas ou mudar as já existentes para servirem como *quartas partes*, atuando como agentes para o cliente e não para segundas (o fornecedor) ou terceiras partes.

Imagine a caixa de ferramentas do VRM como uma caixa com muitas gavetas, e as listadas como as primeiras delas. Novas ferramentas encherão gradualmente todas as gavetas. Algumas ferramentas serão do tipo "tudo em um". Algumas serão especializadas. Algumas serão (como é o caso do e-mail, das mensagens instantâneas e da publicação) oferecidas como serviços de utilidade competitivos, mas substituíveis. Novas gavetas aparecerão à medida que mais ferramentas, protocolos, serviços, APIs e outras invenções forem entrando em uso. Algumas ferramentas que já estão em uso, como os navegadores, podem se tornar mais VRM com o passar do tempo, mas, até o momento, não sabemos como poderíamos apostar nisso.

O navegador é seu carro ou seu carrinho de compras?

Entre os navegadores de nomes conhecidos, a decisão de se postar com os dois pés do lado do indivíduo foi tomada apenas pelo Firefox da Mozilla, descrito por Katherine Noyes, da *PCWorld*, como o único navegador que "tem as suas costas".[4] *O Relatório Anual da Mozilla* para 2010 diz: "A Mozilla é única, no sentido de que construímos o Firefox para proporcionar um produto independente focado exclusivamente na experiência individual e no bem geral da Web."[5] O Internet Explorer, o Chrome e o Safari, os outros três principais navegadores, são todos produtos de empresas gigantescas que podem facilmente subordinar as intenções individuais do usuário às suas próprias intenções comerciais. Embora os fabricantes desses navegadores tentem não fazer isso, o Mozilla é menos conflituoso, pela natureza de seu projeto.

O problema, porém, é que a Web tornou-se muito comercial e os navegadores viraram carrinhos de compras. Em um longo post em meu blog, intitulado "Chega de navegadores. Agora precisamos de carros", escrevi:

> Para a independência na Internet e na Web, precisamos de carros, caminhões, bicicletas e motocicletas. Não apenas de carrinhos de compras – que é aquilo em que os navegadores se transformaram.
>
> Veículos pessoais nos dão independência. Eles nos permitem dirigir e fazer compras em todo lugar, indo e vindo como quisermos. Usamos os carrinhos de compras fornecidos em diferentes lojas, mas transportamos para casa o que compramos em nossos próprios veículos. Também encontramos os vendedores das lojas em um nível humano, de pessoa para pessoa. Nós podemos falar...
>
> Carros, caminhões, bicicletas e motocicletas são todos bens substituíveis. É por isso que, se formos motoristas ou condutores competentes, podemos alternar entre um e outro. É por isso que podemos trazer o que é nosso (nossas carteiras e outras coisas pessoais) conosco em uma variedade de veículos, sem nos preocuparmos se essas coisas pessoais são compatíveis com o sistema de direção proprietário do fabricante.[6]

Posteriormente, adicionei:

> Até agora, ninguém inventou um carro para a Internet ou a Web. Os navegadores podiam ser carros, mas ficaram presos por 16 anos no mundo mestre-escravo, vaca-bezerro, do modelo servidor-cliente.
>
> Pense sobre como você se sente em sua bicicleta ou em seu carro ou caminhão. Isso é o que queremos on-line. Não temos isso ainda, então vamos inventar.[7]

Foi essa a reação de colegas da comunidade de desenvolvimento em VRM. Eles sustentavam, corretamente, que os navegadores têm uma penetração de 100% na Web e que não *precisam* ser carrinhos de compras. Nós podemos fazer deles o que quisermos.

Eu aceito isso. Mas também quero ver o desenvolvimento, e ele não está aqui ainda. Poderia ser um avatar?

Nascimento digital

Em "Human Performance Enhancement in 2032: A Scenario for Military Planners", John Smart utiliza o termo *cybertwin* para representar um agente virtual ou uma "extensão de boa-fé de mim".[8] Ele acrescenta:

Hoje, estamos vendo como o *datacosmos* está levando à emergência de algo ainda mais interessante. Com avatares semi-inteligentes nos representando na rede, estamos criando registros detalhados, quantitativos e qualitativos das escolhas que fazemos sobre nossa vida, tanto as importantes como as secundárias...

Com essas novas informações, nossos avatares estão aprendendo a procurar maneiras de maximizar o valor futuro de nossas escolhas, tanto para nós individualmente e, sempre que possível, para nossos associados e para o restante do mundo ao mesmo tempo... como extensões de nós mesmos e das intenções de outras pessoas.[9]

Como fonte do trabalho de Smart, Venessa Miemis postou o seguinte na lista do ProjectVRM:

o que imagino é um ambiente no qual as paredes e os silos desapareçam e a orientação seja deslocada para um ambiente do tipo pessoa para pessoa – esse "carro", que representaria nossa ferramenta de capacitação, independência e envolvimento, seria essencialmente um eu simulado, ou um cybertwin...

quanto mais opero através de meu cybertwin, mais me entendo e mais *ele* é capaz de funcionar em meu nome sem minha intervenção ou orientação. Serviços interessantes podem ser construídos em torno desse agente pessoal, facilitando descobrir pessoas, produtos, serviços, experiências ou qualquer outra coisa, que seriam úteis e significativas para mim... e há um padrão mínimo de confiança e ética que vou tolerar quando decidir interagir ou transacionar com você.[10]

O cybertwin é uma invenção que será a mãe da necessidade? Não sabemos ainda, porque ninguém inventou nenhum. Há uma abundância de avatares dentro de mundos virtuais como o Second Life, mas nenhum nos mundos abertos e bem reais da Internet e da Web. No entanto, não é difícil imaginar que um cybertwin poderia ser ainda mais nativo da Internet do que nosso eu corporal, mas não menos que nós mesmos como seres humanos.

Certamente, algo chamado "navegador" não teria tanto apelo sexual em 1993, digamos, quando a Web já tinha vários anos de idade e apenas um punhado de pessoas sabiam que ela existia.

Onde estamos

Atualmente, todo o trabalho de VRM em vigor cai no estágio dos "inovadores" do modelo de *Difusão da Inovação*, de Everett Rogers, também conhecido como o ciclo de vida de adoção da tecnologia:

1. Inovadores
2. Primeiros adotantes
3. Maioria inicial

4. Maioria tardia
5. Retardatários[11]

Ao longo do tempo, a adoção forma uma curva de sino que culmina no número três, a maioria inicial.

A adaptação mais amplamente popularizada do modelo de Rogers é a de Geoffrey Moore, que observa um "abismo" na inclinação ascendente da adoção, no meio do número 2, os primeiros adotantes, entre o que ele chama de "visionários" e "pragmáticos" – pelo menos para inovações "perturbadoras".[12]

Os desenvolvimentos em VRM apenas se qualificam para o rótulo de "perturbador" no sentido de que são novos e podem perturbar algumas categorias existentes (como a publicidade), mas estas podem, em vez disso, escolher se adaptar, pois também são nativas ao lado esquerdo da curva).

Onde nos encaixamos

Em geral, as ferramentas de VRM são o que Clayton Christensen e Michael Raynor, em O *crescimento pela inovação*, chamam de "rupturas do novo mercado". Isso causa "novas redes de valor", em que "é o não consumo, e não o incumbente, que deve ser superado".[13] As novas redes de valor também constituem "novos contextos de consumo e concorrência" que podem não ser perturbadores no sentido do balanço do barco:

> Apesar de as perturbações do novo mercado inicialmente competirem contra o não consumo em sua rede de valor único, conforme seu desempenho melhora, elas acabam se tornando boas suficientes para puxar consumidores da rede de valor original para a nova, a começar pela camada menos exigente. A inovação perturbadora não invade o mercado principal; ao contrário, arrasta os clientes do mercado tradicional para o novo, porque esses clientes acham mais conveniente usar o novo produto.[14]

Isso posiciona o desafio da usabilidade do VRM. Para as ferramentas de VRM serem bem utilizadas e úteis, terão de ser tão óbvias e simples de operar como uma carteira, um celular, uma bicicleta ou um carro.

BEM, ENTÃO...

Temos um longo caminho a percorrer, mas também inventamos muitos caminhos para chegar lá.

Nos próximos seis capítulos, vamos rever algumas das áreas em que o trabalho com o VRM está em andamento e as esperadas mudanças que se seguirão.

19

O sistema de quatro partes

É preciso dois para dançar tango, mas quatro
para dançar quadrilha.

Juston Paskow[1]

O ARGUMENTO

Agentes de clientes e usuários são novas espécies de negócios que estão destinadas a evoluir.

As partes que lidam umas com as outras no mundo dos negócios têm números ordinais: *primeiro*, *segundo* e *terceiro*. Pela lei, os dois primeiros são as partes de um acordo. A terceira parte é aquela que tem interesse nas transações entre a primeira e a segunda parte, mas não tem direitos legais dentro dessas transações (apesar de possíveis obrigações), a menos que a terceira parte seja reconhecida pelas outras duas como a beneficiária. Primeira, segunda e terceira partes também mapeiam as vozes da primeira, da segunda e da terceira pessoa no discurso.

Nos negócios, no entanto, a parte geralmente mais numerosa é a terceira. As empresas de cartão de crédito, por exemplo, realizam um serviço de terceiros para as primeiras e segundas partes em uma transação comercial e têm seus próprios acordos de primeira ou segunda parte com varejistas que utilizam seus serviços. A própria Visa tem o que chama de "agentes de terceiros", que incluem empresas como Merchant Servicers, Encryption Support Organizations, Independent Sales Organizations e outras entidades obscuras.[2] (As letras maiúsculas são da Visa.) Em tecnologia, estamos familiarizados com "desenvolvedores terceirizados", que fazem "aplicativos de terceiros".

Em geral, os terceiros operam no lado da oferta na divisão entre oferta e demanda e, portanto, servem como acessórios para a segunda parte (como são vistos do lado do cliente). Assim, por exemplo, você pode ser um cliente do iPhone que usa aplicativos de terceiros, mas que negocia com esses terceiros por meio da loja da Apple e instala esses aplicativos de terceiros por meio do sistema da Apple. Embora os desenvolvedores de aplicativos de terceiros sejam legalmente separados da Apple e tenham os próprios acordos de primeira e segunda partes entre a Apple e eles mesmos, seu estatuto de terceiro para você como cliente está mais alinhado com a segunda parte da Apple.

À medida que os consumidores empreguem mais suas próprias ferramentas para lidar com os fornecedores, a necessidade de serviços que ajudem a demanda a impulsionar a oferta aparecerá obrigatoriamente. Alguns vão apenas ajudar as pessoas a coletar e organizar seus dados. Outros (talvez as mesmas empresas) podem servir como agentes ou fiduciários para os clientes, em nome do papel de primeira parte do cliente. Para ajudar a distinguir esses novos negócios do lado do cliente, nós os chamamos de *quartas partes*.

Simplificando, uma *quarta parte* é aquela cujos interesses estão alinhados com os do cliente ou do usuário, ou que atua como um agente ou fiduciário para o cliente ou usuário.

Eis algumas das características que devemos esperar das quartas partes:

- Capacidade de ser substituída
- Portabilidade dos serviços
- Portabilidade de dados
- Independência
- Confiabilidade (e, em alguns casos, responsabilidade)

Já existe uma variedade de serviços de quarta parte no mundo. Don Marti, ex-editor chefe do *Linux Journal*, lista os filtros de correio (por exemplo, o SpamAssassin), os scripts de usuário (por exemplo, Greasemonkey) e os assistentes virtuais (alguns deles são chamados "concierges", isto é, "porteiros"). Os agentes dos compradores no mercado imobiliário são outro exemplo. Médicos, advogados, corretores e bancos também se qualificam. Embora cada um dos últimos quatro seja pago por clientes individuais, é muito cedo no desenvolvimento da capacitação em VRM das quartas partes para descartar a renda da quarta parte proveniente do lado dos fornecedores. Dado o volume de dinheiro que está sendo gasto com conjecturas do lado do fornecedor para impulsionar a demanda, devemos esperar que muito dinheiro apareça para ajudar a demanda a impulsionar a oferta com *intenções reais* de compras e relacionamentos.

BEM, ENTÃO...

Enquanto a Economia da Intenção cresce com base na melhor sinalização, melhores fluxos de dados e melhor expressão da intenção por parte dos clientes, muitos antigos e novos negócios crescerão e definirão essa economia. *A quarta parte* será a categoria em que muitos deles entrarão.

20
A lei em nossas próprias mãos

As empresas terão de litigar onde vivem as pessoas, em vez de as pessoas litigarem onde vivem as empresas.
Renee Lloyd[1]

O ARGUMENTO

Liberdade de contrato é o melhor para todas as partes. Para maximizar os benefícios econômicos e sociais, a restauração da liberdade de contrato deve ser um objetivo de prioridade máxima na reforma da prática jurídica e da legislação.

Para entender totalmente o assunto deste capítulo, você precisa estar familiarizado com a questão abordada no Capítulo 4, onde exploramos *a liberdade de contrato* e sua longa ausência nas transações entre fornecedores e consumidores, ou o que nos negócios é chamado de B2C (*Business to Consumer*), isto é, da empresa para o cliente.

A liberdade de contrato diz que qualquer pessoa é livre para fazer acordos com quem quer que seja: essencialmente, criar leis para si mesmas. Um exemplo divertido de contrato livre é aquele de dois amigos que concordam em se tornar reis de Cafiristão, terra mítica do conto clássico de Rudyard Kipling, "O homem que queria ser rei" (que John Huston depois transformou em um filme perfeito com o mesmo título, estrelado por Michael Caine como Peachey e Sean Connery como Danny):

Este Contrato é entre mim e você e invoca Deus como testemunha – Amém e que assim seja!

(Um) Que eu e você resolveremos esta questão juntos: isto é, ser reis de Cafiristão.

(Dois) Que eu e você não tocaremos, enquanto esta questão estiver sendo resolvida, em nenhuma bebida nem em nenhuma mulher, negra, branca ou marrom, já que se meter com uma ou com outra pode ser prejudicial.

(Três) Que nos comportaremos com Dignidade e Discrição, e, se um de nós se meter em encrenca, o outro o apoiará.

> *Assinado por você e por mim neste dia.*
> *Peachey Taliaferro Carnehan.*
> *Daniel Dravot.*
>
> *Ambos cavalheiros sem residência fixa.*[2]

O contrato emoldurou a história e os dois homens mantiveram a palavra.

Primavera da esperança

Friedrich Kessler, que lamentava a necessidade dos mercados de massa por *contratos de adesão* que prendem o cliente, cultivava a esperança de que a *liberdade de contrato* derrotasse esse inimigo, como já havia feito com outros antes. Em contraposição a esse princípio e em consonância com as racionalizações predominantes em seu tempo (1943, no auge da Segunda Guerra Mundial e da era industrial), Kessler fornece inspiração e orientação para os trabalhos atualmente em curso. O que se segue é uma série de trechos de "Contratos de Adesão – Algumas Reflexões Sobre a Liberdade de Contrato", de Kessler, cada um deles seguido da ajuda que prestam atualmente.[3]

> Contratos-padrão... nas mãos de poderosos senhorios da indústria e comércio [permitem] lhes impor uma nova ordem feudal de sua própria criação sobre um vasto exército de vassalos.

Esse é o lugar onde ainda estamos. O modelo vaca-bezerro é a encarnação baseada na Web dessa mesma ordem feudal.

> ... há menos de 100 anos a ideologia do contrato foi usada com sucesso para quebrar os últimos vestígios de uma ordem feudal patriarcal e benevolente no modelo servo/senhor. Assim, a volta do contrato para o status que experimentamos hoje foi muito facilitada pelo fato de que a crença na liberdade de contrato se mantinha como um dos mais firmes axiomas em todo o tecido da filosofia social de nossa cultura.

Em outras palavras, a *liberdade de contrato* prevaleceu contra o sistema feudal – e nós continuamos a acreditar nela, apesar de as empresas a violarem, porque não encontram outra maneira de operar.

> O papel desempenhado pelo contrato na destruição do quadro institucional da sociedade capitalista é constantemente obscurecido para o advogado pela filosofia da lei ainda predominante, que se recusa a tratar o contrato como a fonte mais importante da lei.

Em outras palavras, os advogados que elaboram *contratos de adesão* padronizados não estão cientes de que seu trabalho se parece muito pouco com o que o contrato tratava em primeiro lugar ou com a atração gravitacional da liberdade na direção do sistema original de valores da *liberdade de contrato*. Assim, eles racionalizam seu trabalho:

> Segundo a teoria convencional, o contrato é apenas um rótulo conveniente para uma série de "fatos operacionais" que têm as consequências previstas pelas partes, se a lei assim o ordena. Nesse aspecto, os grandes filósofos do direito natural pensavam de forma bem diferente: a sociedade, ao proclamar a liberdade de contrato – de acordo com seus ensinamentos –, delega aos cidadãos uma parte da soberania que lhes permite participar constantemente do processo legislativo. Liberdade de contrato significa que o Estado não tem o monopólio na criação da lei. O consentimento das partes contratantes também cria a lei. O processo legislativo é descentralizado. Como resultado, a lei não é uma ordem imposta pelo Estado sobre seus cidadãos; em vez disso, é uma ordem criada de baixo.

Assim, os cidadãos podem criar lei livremente por meio de contrato e corrigir o que estiver errado no mercado por meio da prática, em vez de esperar a ação do governo:

> Nos felizes dias do capitalismo de livre iniciativa, a crença de que contratar é fazer a lei teve importância em grande parte emocional. Fazer a lei por contrato não representava uma ameaça à harmonia do sistema democrático. Pelo contrário, reafirmava-o. Os tribunais, portanto, que representam a comunidade como um todo, poderiam manter-se neutros em nome da liberdade de contrato. A deterioração da ordem social na sociedade pluralista de nossos dias... foi necessária para tornar significativa a sabedoria da teoria do contrato dos filósofos do direito natural para nós.

Pouco poderia ser feito com essa sabedoria em 1943, ou mesmo em 2011.

O dogma vigente, por outro lado, que insiste em que o contrato é apenas um conjunto de fatos operacionais, ajuda a preservar a ilusão de que a "lei" vai proteger o público contra qualquer abuso da liberdade de contrato.

E, como vimos anteriormente, faz um péssimo trabalho nesse sentido.

> Esse não será mais o caso, na medida em que deixamos de perceber que a liberdade de contrato deve significar coisas diferentes para tipos diferentes de contratos. Seu significado deve mudar com a importância social do tipo de contrato e com o grau de monopólio de que goza o autor do contrato padronizado.
>
> Hoje, o grau de monopólio (se for essa a palavra certa) dos autores de contratos de adesão beira o absoluto. No entanto, a utilidade desses contratos atingiu o

mínimo histórico, porque agora está claro que são "acordos". Eles são apenas cerimônias *pro forma* em que as partes submissas clicam em uma caixa e esperam pelo melhor. Em nossa era da Internet, esse "fato operacional" tornou-se igualmente ridículo e normativo.

Então, o que fazer?

Faça a lei, não a guerra

É útil que a *liberdade de contrato* nos permita reformar os negócios e a lei, sem esperar a ação do governo. Isso é o dobro do que poderia ser feito com os direitos autorais, outro legado jurídico que, em geral, mais impede os negócios do que os protege.[4] O Creative Commons, por exemplo, reformou a prática dos direitos autorais no período em que dois de seus fundadores (Lawrence Lessig e Eric Eldred) estavam ocupados lutando uma batalha perdida *(Eldred versus Ashcroft)* na Suprema Corte.[5] O Creative Commons realizou isso liberando gratuitamente uma variedade de licenças de direitos autorais fáceis de entender (e aplicar) que davam aos criadores muito mais controle sobre o uso de suas obras do que jamais havia sido contemplado, e muito menos praticado, sob o regime industrializado dos direitos autorais, mantido por editoras e gravadoras.

Assim, a Creative Commons alcançou na prática o que seus fundadores não conseguiram alcançar por meio de litígio ou apelo ao Congresso (que continua a ampliar as proteções dos direitos autorais para sempre). Isso foi uma realização notável e é agora um excelente modelo para a comunidade de VRM no que diz respeito à *liberdade de contrato*. Ou seja, o que o Creative Commons modelou para o lado do vendedor no mercado (criadores) a comunidade de VRM pode fazer para *ambos os* lados.

Um campo para acordos de nível

Em *O mundo é plano*, Thomas L. Friedman descreve a criação pela Internet de um novo mercado mundial:

> Quando você adiciona esse novo nível sem precedentes da comunicação pessoa para pessoa a todos esses programas de fluxo de trabalho de aplicação para aplicação baseados na Web, acaba obtendo toda uma nova plataforma global para múltiplas formas de colaboração. Este é o momento do Gênesis para o achatamento do mundo...[6]

Esse mesmo momento também foi o Gênesis para o *cookie*, para "acordos" de formato-padrão "aceitos" com um clique e para outros instrumentos pelos quais fomos marcados como muitos bezerros por inúmeros sites.

Mas a Internet ainda está lá, plana e mais ampla do que qualquer curral. Agora é hora de fazer com o cliente do rancho o que a *liberdade de contrato* fez com o antigo sistema feudal. E vamos fazer isso da maneira mais fácil: escrevendo termos simples para os consumidores e os fornecedores que ambos os lados (inclusive suas fiéis máquinas) possam facilmente entender e concordar (ou discordar respeitosamente) – e que sejam bons para ambos os lados.

Novas maneiras de fazer contratos

No início de 2011, a *startup* Personal.com, que oferece um serviço de armazenamento de privados (entre outros serviços), inovou com o que é chamado de seu "Owner Data Agreement". Em novembro de 2011:

Resumo de termos e direitos importantes para proprietários

Você é proprietário de seus dados

Nos termos deste Acordo, os Proprietários possuirão todos os dados que enviarem para o Personal Service, bem como quaisquer dados que criarem utilizando o Personal Service.

Você controla quem tem acesso a seus dados

Apenas os Proprietários podem conceder acesso a seus dados que estão armazenados com o Personal Service. A Personal nunca vai conceder qualquer acesso de terceiros aos dados do Proprietário, exceto em estrita conformidade com nossa Política de Privacidade, que está incorporada e faz parte do presente Acordo e pode ser encontrada aqui, ou quando for especificamente exigido por lei.

Usuários de Dados são contratualmente obrigados a utilizar os dados do Proprietário apenas conforme autorizado pelo Proprietário.

Qualquer Usuário de Dados (conforme definido abaixo) que o proprietário elege para conceder acesso a seus dados armazenados no Personal Service será obrigado a concordar com os termos e as condições deste Acordo em relação ao uso de tais dados.

Leve seus dados consigo

Por solicitação do Proprietário, a Personal prontamente exportará seus dados e excluirá de forma permanente todos os dados que o Proprietário tem armazenado com o Personal Service.

Resumo de termos e direitos importantes para usuários de dados

Cláusulas que os usuários de dados nunca devem violar

Usuários de Dados não poderão acessar, utilizar, armazenar, compartilhar ou monetizar Dados do Proprietário sem o consentimento expresso do Proprietário, e devem concordar com a transparência no uso dos Dados do Proprietário.[7]

Foi um movimento ousado e inovador da Personal.com chamar usuários de "proprietários", especialmente num momento em que houve muito debate sobre se os dados poderiam ser "possuídos" completamente. (Além disso, lembre-se da citação de Jefferson no Capítulo 13, sobre como as ideias, assim como as chamas, se disseminam facilmente e tornam a propriedade problemática.) Segundo meu conhecimento, os termos da Personal não tinham nenhum precedente e modelavam uma nova situação jurídica, para os fornecedores e os intermediários.

Um acordo como o da Personal.com, à época em que eu escrevia isto, é o melhor que qualquer fornecedor ou intermediário pode fazer na ausência da plena agência do lado do indivíduo. Com plena agência, porém, um indivíduo pode dizer, com a voz na primeira pessoa: "*Eu* tenho meus dados, *eu* controlo quem tem acesso a eles e *eu* especifico o que desejo que aconteça sob quais condições." Na última categoria, esses desejos podem incluir:

- Não acompanhar minhas atividades fora desse site.
- Não colocar cookies em meu navegador para qualquer coisa que não seja ajudar a nos lembrar um do outro e de onde estávamos.
- Tornar os dados coletados sobre mim disponíveis em um formato aberto padrão.
- Favor entrar em contato com meu agente de quarta parte, a Personal.com (ou seja quem for).

Estes são os *EmanciTerms* e haverá termos correspondentes no lado do fornecedor. Como são bem simples e diretos, eles devem tornar-se normativos até o ponto em que sirvam como padrões de fato, na prática.

Desde que os termos possam ser acordados e expressos em texto que o código consiga analisar, o processo de chegar a acordos pode ser automatizado.

Por exemplo, ao usar um ponto de acesso público wi-fi, o EmanciTerms de uma pessoa poderia dizer: "Não vou conscientemente monopolizar este recurso compartilhado, por exemplo, assistindo nele a vídeos de alta definição" ou "Não vou me envolver em atividades ilegais aqui". Se o provedor do ponto de acesso tem um serviço pronto de VRM que está disposto a lidar com o usuário em seus próprios EmanciTerms, e também com os do provedor, deve ser possível automatizar as formalidades e permitir que o usuário ignore o habitual ritual de "leia e aceite nosso acordo".

A Customer Commons trabalha nesse mesmo território, fornecendo conjuntos de termos para os compradores e os vendedores que possam ser facilmente compreendidos por ambas as partes e acompanhados de forma eletrônica, bem como por pessoas (incluindo os advogados, mas nem sempre necessitando deles). Como esses termos funcionam apenas para os indivíduos emancipados (e as organizações abertas para lidar com eles), nós os agrupamos sob o título EmanciTerm.

A Customer Commons também irá fornecer um local em que os advogados e as pessoas comuns possam examinar e revisar os termos e as políticas de privacidade existentes de qualquer empresa. A principal diferença entre este e o acordo da Personal.com está na voz da primeira e da segunda pessoa. Onde a Personal.com diz que *você* possui seus próprios dados (falando na voz da segunda pessoa), a Customer Commons usa a voz da primeira pessoa: *Eu* possuo meus dados, *eu* controlo quem tem o acesso a eles e *eu* especifico o que acontece sob quais condições.

A Creative Commons foi uma das pioneiras na ideia de afirmar termos que sejam entendidos de modo rápido e fácil por advogados, máquinas e pessoas comuns. Com o EmanciTerm, os termos podem ser combinados facilmente – de preferência, automaticamente, no fundo – com aqueles dos fornecedores. Por isso a EmanciTerm inclui termos para *ambos os* lados.

A Customer Commons também não está trabalhando sozinha nessa frente. O Information Sharing Workgroup em Kantara desenvolveu um acordo de compartilhamento das informações que lida em detalhes com os diversos tipos de dados pessoais que podem residir em um armazenamento de dados pessoais (termo para o "cofre" da Personal.com), os diversos tipos de usos destinados a esses dados e os tipos de controles que um indivíduo ou outro agente pode exercer em um acordo com outra parte.[8]

BEM, ENTÃO...

Nós não precisamos mudar as leis. Ainda não, de qualquer maneira. A liberdade de contrato já está incorporada na lei permanente e tudo o que precisamos agora são ferramentas que farão a prática mudar. Nós começamos a fazê-las.

21
Pequenos dados

> Os dados pessoais – dados digitais criados por e sobre as pessoas – representam uma nova "classe de ativos" econômicos que aborda todos os aspectos da sociedade.
> World Economic Forum[1]

> O direito de ser deixado em paz é o mais abrangente dos direitos e o mais valorizado por uma pessoa livre.
> Louis Brandeis[2]

O ARGUMENTO

Precisamos de formas de coletar, organizar e controlar os dados que geramos e que outros sugam a partir de nossas trilhas de migalhas digitais. Precisamos também de novos entendimentos sobre como os dados pessoais poderiam ser usados. Nada disso é fácil, mas deve ser feito. Felizmente, ainda é cedo.

Como qualquer pai sabe, para uma criança de 3 anos, tudo é posse dela; e os pronomes possessivos são tão humanos quanto a fala. É por isso que nunca seremos capazes de evitar expressões de propriedade, mesmo quando nossos pronomes possessivos são aplicados a coisas que não são nossas ou nem mesmo podem ser possuídas no sentido literal. Por exemplo, quando dirigimos um carro alugado, ainda falamos de "*meus* pneus" e "*meu* motor". Os sentidos do piloto comercial se estendem para fora através de *suas* asas e de *sua* cauda, mesmo que o avião pertença ao *seu* empregador. Mas os carros e aviões ainda podem ser tratados como propriedade simples. Os dados não são tão simples e nunca serão.

Se os dados podem ou não ser "possuídos", esse é um tema controverso; assim, não vamos abordá-lo. Em vez disso, vamos examinar a coleta, o controle e o gerenciamento de dados por meio de ferramentas para esses fins. O que importa aqui são os meios e os fins. Os meios são ferramentas a serviço da agência pessoal. Os fins são os efeitos desejados. Ou seja, o que *pretendemos*. Esses efeitos não podem acontecer a menos que os dados de que necessitamos, geralmente chamados de "pessoais", estejam disponíveis para nós, com um *direito de ação*. (Para obter mais informações sobre isso, consulte o Capítulo 15.)

"Dê-me um ponto de apoio e moverei o mundo", dizia Arquimedes. Essa é a alavancagem. Precisamos disso também. Quer sejamos ou não donos dos lugares em que estamos e quer a expressão "meus dados" seja ou não um oximoro, uma contradição de termos, ainda precisamos da liberdade e do poder para fazer com os dados pessoais mais do que fazemos agora, quando muitos deles estão nas mãos de outros que não se importam com eles, não podem fazer bom uso deles ou podem praticar abusos.

Para ilustrar o que quero dizer, eis algumas histórias.

Vetores

Em 1º de junho de 2007, eu caminhava pela Massachusetts Avenue vindo da Harvard Square quando notei um flash azul na periferia da visão no meu olho esquerdo. Ele aparecia sempre que eu movia os olhos rapidamente ou pisava com mais intensidade. Isso não me incomodava até que olhei para o céu e senti como se meu olho esquerdo tivesse se tornado um globo de neve. Havia mais pontos flutuando do que eu jamais tinha visto, alguns em foco (isto é, contrários à retina) e alguns desfocados (mais longe da retina). Supus que esse desenvolvimento estivesse relacionado com os flashes azuis contínuos e fiquei logo preocupado com a possibilidade de a retina estar se descolando.

Então, fui ao pronto-socorro da Harvard. De lá, o médico de plantão prontamente enviou-me de táxi para o Massachusetts Eye and Ear, onde, após muito tempo de espera, o oftalmologista me disse que eu estava vivendo algo chamado descolamento do vítreo posterior, ou DVP. Acontece com a maioria de nós quando envelhecemos. E, embora isso leve ao risco de descolamento da retina, não era isso que estava acontecendo no meu caso. Ele me disse que eu não deveria ficar preocupado ou alarmado se isso acontecesse com meu olho direito. (O que aconteceu, alguns meses depois.)

Quando cheguei em casa depois de tudo isso, olhei para a papelada acumulada: da Harvard University Health Services (HUHS), do motorista de táxi e da Mass. Eye and Ear. Todos os três tinham escrito meu sobrenome errado e de três maneiras diferentes. Havia outros erros espalhados, incluindo minha data de nascimento, meu empregador e assim por diante. Até onde eu sei, nada nas informações médicas estava errado, mas, como não sou médico, não podia ter certeza.

Minha experiência nos três anos seguintes como paciente do HUHS foi boa. O atendimento era excelente e, em um dos casos, salvou minha vida. Mas havia também muitas falhas que tinham tudo a ver com a má comunicação dos dados (especialmente entre hospitais, laboratórios de radiologia e vários centros especializados).

Essa história tem um final feliz porque sobrevivi e ainda estou muito bem. Minha mãe não teve tanta sorte. Ela morreu depois de um acidente vascular cerebral que provavelmente não teria acontecido se dois dos departamentos médicos que a atendiam tivessem comunicado por completo a medicação exigida após um erro ocorrido durante um procedimento cirúrgico de rotina para a remoção de cálculos biliares. O erro cirúrgico foi um risco que ela aceitou quando assinou a liberação para o procedimento. Mas o erro farmacêutico era uma questão diferente. Se ela tivesse tomado os anticoagulantes adequados, poderia não ter tido o acidente vascular cerebral.

Nossa família não é litigiosa e, aos 90 anos, minha mãe tivera uma vida longa e plena. Mas o que a matou foi má informação (*bad data*) e é improvável que mais informações (*big data*) pudessem salvá-la.

O que ambos os casos exigem é uma combinação de santos graais para os reformadores do sistema médico. RMEs (Registros ou Prontuários Médicos Eletrônicos), RSEs (Registros de Saúde Eletrônicos) e RSPs (Registros de Saúde Pessoais) são criados para reduzir os erros e suposições, tornando os dados médicos fáceis de compartilhar entre os indivíduos e entre os vários prestadores de serviços de saúde. Todos ajudam a tornar o paciente o que Joe Andrieu chama de *ponto de integração* para seus próprios dados, bem como o *ponto de origem* para o que é feito com eles: "Quando colocamos o usuário no centro e os tornamos o ponto de integração, todo o sistema se torna mais simples, mais robusto, mais dimensionável e mais útil."[3]

Com relação ao meu problema nos olhos, Joe perguntou:

> Mas e se esses sistemas fossem substituídos por uma abordagem VRM? E se, em vez de departamentos de TI e de infraestrutura individuais isolados, o usuário fosse o agente integrado no sistema? Isso não só garantiria que o usuário/paciente tivesse controle sobre a propagação de seu histórico médico, como também garantiria a todos os prestadores de serviços no circuito que, de fato, teriam acesso a todo o histórico médico do usuário. A todos os seus medicamentos. A todas as suas alergias. A todas as suas últimas cirurgias ou tratamentos... Todas essas coisas poderiam afetar o julgamento dos profissionais médicos encarregados de sua saúde. E tentar integrar todos esses sistemas de cima para baixo não é apenas um pesadelo; é um pesadelo que, aparentemente, continua a falhar, apesar dos enormes esforços federais para reinventar os serviços médicos.[4]

RMEs, RSEs e RSPs são soluções VRM, o que significa que coincidem com as listas de objetivos do VRM e com as ferramentas que compartilhei anteriormente. Embora minha própria alavancagem seja em projetos que apresentam resultados em menos tempo, quero reverenciar o bom trabalho contínuo de Adrian Gropper, Behlendorf Brian, Jon Lebkowski e outros membros da comunidade de VRM que trabalham em soluções para os serviços de saúde. Muitos outros como eles estão no caso do VRM em serviços de saúde desde muito antes de eu aparecer e muitos mais ainda estarão trabalhando nisso depois de eu morrer. Não consigo pensar em desafio maior, mais resistente ou mais importante, especialmente nos Estados Unidos, onde os cuidados de saúde são uma terrível confusão.

Orientado *versus* centrado

A mensagem de Joe, que acabamos de citar, foi altamente esclarecedora para todos que estão trabalhando em ferramentas de VRM. Mas ainda tínhamos um problema com o "centrado no usuário", porque o ponto de vista parecia estar ancorado fora do usuário. Exatamente quem estava centrado no usuário? Era o usuário ou alguma segunda ou terceira parte?

Então, em 21 de abril de 2008, Adriana Lukas, desenvolvedora de VRM, postou uma mensagem intitulada "Dois contos sobre as centricidades do usuário". Ela escreveu:

> No ano passado, no IIW em Mountain View, fiquei conversando com Bob Frankston sobre a diferença que eu começava a ver entre *centrado no usuário* e *orientado para o usuário*. Bob, com seu jeito inimitável, usou a salada de atum que estávamos comendo no almoço durante a conversa para fazer uma analogia. Uma salada de atum pronta é centrada no usuário – alguém decidiu o que ela contém, em que proporção e em que ordem. Ela foi preparada em torno de mim e para mim, mas não posso acrescentar nada a ela.
>
> Dar-me os ingredientes, os utensílios e uma sugestão de receita e deixar-me ir em frente, resulta em um preparo orientado para o usuário – ele ainda pode ser destinado a se tornar uma salada de atum, mas tenho de prepará-lo, determinar as proporções, ignorar ou adicionar ingredientes. O processo é conduzido por mim...
>
> Certamente, há casos para o centrado no usuário e outros para o orientado para o usuário. Nem todos querem fazer tudo sozinhos, nem esse é o melhor modo ou o mais eficaz para projetar todos os sistemas ou ferramentas. Mas há casos em que somente o orientado para o usuário resolve. E o VRM é um deles.[5]

A diferença é de perspectiva: "centrado" está ancorado fora do indivíduo, enquanto "orientado" está ancorado dentro do indivíduo. A diferença também está nas *intenções*. Estou fazendo o que pretendo ou é alguma outra pessoa que está pretendendo por mim? (Ainda me arrepio toda vez que alguma empresa coloca palavras na minha boca, dizendo "meu" em meu nome. Por exemplo, o MySpace nunca foi o espaço de ninguém, mas do proprietário do site.)

Um ano depois, enquanto continuávamos a pesar as diferenças entre centrado no usuário e orientado para o usuário, Joe publicou uma série de posts sobre os *serviços orientados para o usuário*. Neles, ele fornece novas orientações para os lados do consumidor e do fornecedor no mercado:

Serviços Orientados para o Usuário colocam os usuários no comando. Os usuários começam cada interação, gerenciam o fluxo da experiência e controlam quais e como os dados são captados, usados e propagados. Os usuários são a causa e o controlador, trabalhando com provedores de serviços para cocriar colaborações que criam valor para todas as partes.

De postos de gasolina e máquinas de refrigerantes com autoatendimento a caixas eletrônicos e supermercados com autosserviço, as empresas têm colocado os usuários no comando de diferentes aspectos de seus serviços há alguns anos. Com o GetSatisfaction – que permite aos usuários se auto-organizarem buscando o apoio cooperativo ao cliente – e o Facebook – que fornece o contexto social do conteúdo gerado pelo usuário –, os usuários não apenas fazem autosserviços, como também fornecem o conteúdo principal por trás da experiência do usuário. Agora, por meio do acesso à API e à Identidade centrada no usuário dos serviços on-line mais populares (Flickr, Twitter, Facebook etc.), os usuários podem direcionar quais partes de sua experiência serão atendidas por quais provedores, o que permite flexibilidade em tempo real sem precedentes na criação de serviços.[6]

Em seguida, Joe publicou 10 mensagens no blog explicando as virtudes dos serviços orientados para o usuário. Isso inclui "Impulso do usuário", "Portabilidade de dados", "Portabilidade do serviço de ponta", Geratividade do usuário" e "Autogestão de identidade", entre outros. Mas o verbo que impelia todos eles era *orientar*. Sua mensagem abrangente: os clientes nunca mais serão passageiros. Eles serão os *motoristas* – de si mesmos e de outros que o ajudam no seu lado da relação oferta-demanda.

No entanto, ainda havia alguma ambiguidade.

Em junho de 2011, em uma discussão na lista de VRM intitulada "Características das ferramentas de VRM" (fio condutor que ajudou a elaborar a lista do Capítulo 17), Joe assinalou essa ambiguidade e escreveu: "Acho que a ideia de que [o] cliente é o destinatário de valor é tão inerente a toda a conversa que não pensamos nisso. Como um peixe que não conhece a água... mas, se você pensar nisso, o software corporativo não tem esse mandato. O software corporativo está lá para criar valor para a corporação. O VRM está lá para criar valor para o indivíduo... Há algo vital na ideia de ferramentas que permitem que o indivíduo crie valor para si mesmo."[7]

Mesclagem do pronome possessivo

Após as discussões acima, Iain Henderson publicou "O ecossistema dos dados pessoais" no site da Kantara Initiative.[8] Nele, Henderson classificou os dados em quatro categorias, em quatro círculos sobrepostos:

1. **Meus dados** (eu) – Coisas que somente eu conheço ou devo ter
2. **Seus dados** (prestadores de serviços, governos, comerciantes) – Coisas que eles usam para se lembrar de mim ou que recolheram a meu respeito

3. **Dados de terceiros** (fornecedores de marketing de dados, agências de crédito, serviços de busca) – Coisas que eles descobriram sobre mim, de alguma forma
4. **Dados de todo mundo** (domínio público) – Coisas que todos podem descobrir

Iain espera que, "com o tempo, cerca de 80% dos processos de gestão do cliente sejam orientados a partir de 'Meus Dados'", e aponta duas razões: "(a) porque já estamos vendo o início da mudança na atual corrida para o 'conteúdo gerado pelo usuário'... e (b) porque a economia vai crescer."[9] Essas são as economias tanto da intenção (clientes expressando a demanda diretamente) quanto do custo/benefício. "As organizações se importam menos com as fontes de dados do que com sua utilidade." Não foi por acaso que o governo do Reino Unido lançou em 2011 a iniciativa "Midata".[10] Iain e seus colegas, juntamente com muitos outros no Reino Unido, há muito tempo vinham pressionando o governo para que adotasse uma política reconhecendo os cidadãos como partes responsáveis pelos dados recolhidos a partir (e sobre) deles. Na última eleição nacional, os três principais partidos políticos apoiaram essa posição (em comparação, nenhum nos Estados Unidos). O governo da coalizão vencedora deu prosseguimento ao Midata, programa voluntário que o governo busca, junto com a indústria, para dar aos indivíduos a possibilidade de baixar seus dados pessoais em um formato eletrônico portátil.[11] O objetivo, diz o governo, é que os indivíduos "sejam capazes de usar esses dados para obter insights sobre seu próprio comportamento, fazer escolhas mais informadas sobre produtos e serviços e gerir suas vidas de forma mais eficiente".[12]

Em abril de 2011, a Equipe de Ideias Comportamentais do Gabinete do Reino Unido (do Departamento de Negócios, Inovação e Habilidades) publicou "Melhores escolhas, melhores ofertas: consumidores alimentando o crescimento". Ele diz que o esforço do gabinete "não estabelece um novo programa legislativo. Nem verá uma série de novas regulamentações fixadas pelo Parlamento. Pelo contrário, procura colocar em prática uma ampla gama de novos programas que foram desenvolvidos em parceria com empresas, grupos de consumidores e órgãos reguladores".[13]

Encontrei-me com três membros da equipe do Reino Unido, em agosto de 2011, e senti que o que estão fazendo é algo cuidadosamente não restritivo. No mesmo documento:

Veremos duas mudanças profundas:

- Uma mudança que se afasta de um mundo em que algumas empresas controlam firmemente a informação que detêm sobre os consumidores, em direção a outro mundo em que os indivíduos, agindo sozinhos ou em grupos, possam usar seus dados ou feedback em seu próprio benefício mútuo.
- Uma mudança que se afasta do modo de ver a regulamentação como o que corpos patrocinados pelo governo fazem depois que os consumidores

sofreram de alguma forma, rumo a outra em que os indivíduos e grupos se sintam mais capazes de enviar os sinais certos para o negócio e, portanto, de proteger os produtos e serviços que querem.

Em suma, queremos ver consumidores confiantes e competentes, capazes de fazer as escolhas certas para si mesmos – a fim de obter as melhores ofertas, exigir os melhores produtos ou serviços e ser capazes de resolver problemas quando as coisas dão errado.[14]

O Midata é centrado no cidadão, e não orientado para o cidadão, nesse estágio, mas procura mais o último do que o primeiro. Mais importante: declara essa expectativa.

Alguns anos atrás, tomando cerveja em um pub em algum lugar de Londres, Iain me explicou por que o Reino Unido estava na vanguarda do VRM. "Um banquinho precisa de três pernas", disse ele. "Os três, neste caso, são as empresas, o consumidor e o governo. Contar com o apoio do governo às empresas e ao consumidor é uma grande vantagem."

Os membros da comunidade de VRM no Reino Unido, incluindo Iain, William Heath e Alan Mitchell, têm estado no caso desde o início. Em novembro de 2011, Alan me disse que "tornar-se pronto para o VRM" tem sido fundamental em seu argumento para empresas. Para o resto do argumento, ele deu esta lista:

- Melhora da precisão e da qualidade dos dados
- Redução das adivinhações e do desperdício
- Novos dados sobre as necessidades e os comportamentos dos clientes
- A chance de inovar os serviços

E isso parece estar funcionando. A partir desse mesmo mês, a Callcredit (que mantém arquivos sobre todos os adultos no Reino Unido), a Scottish Power e o Royal Bank of Scotland se alinharam publicamente com o Midata.[15]

Lojas/armários/cofres/nuvens de dados pessoais

À época em que eu escrevia isto, a Mydex (empresa cofundada por Iain, Alan e William), Azigo, Personal.com, Privowny, Qiy e Singly estavam todos trabalhando em PDSes (Personal Data Stores), também conhecidas sob diferentes nomes como armários (*data lockers*), cofres (*vaults*) e nuvens (*clouds*) de dados pessoais. Todos são *pontos de integração* para os dados pessoais de uma pessoa. Todos são descritos de maneiras diferentes, o que possivelmente mudará quando você estiver lendo este livro. Atrás de alguns deles, estão projetos não comerciais de desenvolvimento de código-fonte aberto, incluindo Locker Project, KRL, Pegasus, Project Danube, TeleHash e WebFinger. Muitos padrões abertos também estão envolvidos, incluindo RSS, Atom, Activity Streams, JSON e APIs baseadas em eventos e outros.

Eis como Jeremie Miller colocou o desafio em um discurso para o Web 2.0 Summit, em novembro de 2011:

> Você precisa ter uma casa para seus dados. Estou tentando agressivamente definir essa casa, no... melhor software, na melhor tecnologia, nos melhores termos legais. Essa casa é *sua* – *você* a possui, *você* a controla. E essa casa é para *seus* dados.
>
> Essa capacidade de *você* tê-los e compartilhá-los vai transformar nossa indústria, ao longo dos próximos 10 anos. Será essa mudança tectônica, como se tudo fosse reformado e recentrado em torno das pessoas, em torno dos indivíduos e em torno das montanhas de dados que eles têm... Todo mundo fala sobre "grandes dados". Essa mudança não é de grandes dados. Essa será a era dos *pequenos dados*, dos *meus* dados.[16]

Deixe essa era começar.

BEM, ENTÃO...

No entanto, nesse jogo, o resultado final é que os "pequenos dados", que são seus, serão mais importantes que os "grandes dados" por trás das adivinhações do marketing. Os dois, no longo prazo, vão dançar juntos. Mas, por enquanto, o lado dos pequenos dados precisa agir em conjunto. E vai fazê-lo.

22

APIs

Transformar a competência essencial de uma organização
em uma API é um imperativo econômico.
Craig Burton[1]

O ARGUMENTO

As intenções dos consumidores precisam de contextos e formas de interagir com os fornecedores em tempo real. Assim, para operar nos ambientes urbanos da World Live Web, toda empresa precisa manifestar o que faz de uma maneira que possa ser envolvente e aplicável. Isso é o que as APIs farão.

No início da década de 1980, quando os computadores de mesa, ou *desktops*, começaram a substituir os "terminais burros" dos sistemas de computação corporativa, as empresas passaram a exigir "redes locais" – também conhecidas como LANs (*Local Area Networks*). A concorrência foi acirrada entre os diferentes protocolos de dados LAN (Ethernet *versus* Token Ring), topologias de fiação (barramento *versus* anel *versus* estrela), cabeamento (par trançado blindado e não blindado, coaxial, axial duplo e outros tipos) e assim por diante. Cada edição da *Data Communications* e da *Communications Week* era cheia de anúncios e cobertura da competição entre as empresas, como Corvus, Sytek, Wang, IBM, 3Com e Digital, todas vendendo "soluções" verticais para um problema que agravaram em razão da incompatibilidade com as "soluções" de outras empresas em todos os níveis.

Então, quase da noite para o dia, a Novell resolveu o problema com o NetWare, um "sistema operacional de rede", ou NOS (*Network Operating System*), que fornecia o que as empresas queriam de uma LAN: uma plataforma de *serviços*, a começar por dois com que as empresas mais se preocupavam – *arquivo* e *impressão*, formas de armazenar arquivos e imprimir as coisas em uma rede. O NetWare não se importava com o tipo de protocolo e topologia de fiação ou cabeamento que uma empresa utilizava. Ele abraçava todos.

O NetWare foi um grande sucesso e, no final dos anos 1980, a discussão sobre LAN mudou de "conexões e protocolos" para serviços.

Essa mudança de discussão – das complexidades vexatórias dos equipamentos e tecnologias concorrentes para os benefícios diretos de uma rede que funcionasse tão bem que todos considerassem como garantido – continuou com a adoção posterior da Internet e dos serviços que damos por garantidos hoje: hipertexto (a Web), e-mail, mensagens instantâneas, agregadores de blogs etc.

O movimento estilo jiu-jítsu da Novell nos negócios de redes locais não foi acidental. Foi uma estratégia deliberada conduzida por Craig Burton. (Conheci Craig em 1986, quando a Novell comprou um dos clientes da Hodskins Simone & Searls, agência de publicidade da qual eu era sócio. Desde então, ele tem sido um grande amigo e mentor.)

Apresentei a história de Craig e a Novell porque, em 2011, Craig começou a me contar sobre uma mudança semelhante que está em curso agora – que ele espera que sirva como base para a Economia da Intenção. Essa mudança começa, quase literalmente, virando as empresas do avesso.

Os arranha-céus

No capítulo "Hyperlinks subvertem hierarquias", de *The Cluetrain Manifesto*, David Weinberger escreve:

Em algum lugar ao longo do processo, confundimos ir trabalhar com construir uma fortaleza.

Deixando de lado a tagarelice financeira e o jargão corporativo sobre gestão, eis a nossa imagem fundamental de um negócio:

- Está em um imponente prédio de escritórios que se ergue sobre a paisagem.
- Dentro está tudo que precisamos.
- E isso é bom porque o lado de fora é perigoso. Estamos sitiados por nossos concorrentes e até mesmo por nossos parceiros e clientes. Graças a Deus pelas paredes grossas e altas!
- O rei governa. Se tivermos um rei sábio, prosperaremos.
- O rei tem uma corte. Os duques, viscondes e todos os outros nobres recebem sua autoridade do rei. (O rei aprova até mesmo o bobo da corte oficial. Dentro dos limites.)
- Todos nós temos nosso papel, nosso lugar. Se cada um de nós fizer o trabalho atribuído pelos asseclas do rei, nosso forte derrotará todos esses outros fortes fedorentos.
- E então teremos sucesso – ou, achando que é a mesma coisa, digamos que "venceremos". Vamos começar a dançar de modo estúpido cantando "O número 1! O número 1!".
- Esse forte é, no fundo, um lugar de isolamento. Nós nos apresentamos lá todas as manhãs e passamos as 8, 10 ou 12 horas seguintes inacessíveis ao

mundo "real". O portão do castelo se fecha não só para manter nossos inimigos afastados, mas também para nos separar das distrações, como se fosse nossa família. Assim que a ponte levadiça se ergue atrás de nós, tornamo-nos pessoas de negócios, tão diferentes de nossos egos normais que, na primeira vez que trazemos nossas crianças ao escritório – como sabemos –, elas se escondem debaixo da mesa, chorando.

Ele acrescenta: "O oposto verdadeiro de um forte não é uma cidade sem muros. É uma conversa."[2]

Mesmo anos depois de *Cluetrain* ser lançado, a conversa era mais sobre algo de que o marketing falava do que sobre algo que todas as empresas realmente faziam. Isso está prestes a mudar, graças às APIs.

"O negócio do forte não vai desaparecer", diz Craig. "Os arranha-céus corporativos ainda estarão lá. Na Web, porém, eles serão virados pelo avesso, de modo que as competências essenciais de uma empresa serão expostas ao mundo – de maneiras que permitam o engajamento direto. Os meios de engajamento são as APIs. Empresas com APIs expostas são o novo horizonte da Web."[3]

API significa interface de programação de aplicativo. Pense nas APIs como interfaces de usuário para o código. Hoje, a maioria das APIs na Web produz transmissões de dados ao vivo a pedido de outros sites e serviços. Veja, por exemplo, os mapas do Google, Bing e Yahoo que aparecem em um site ou em um aplicativo de smartphone. Quando você procura por um restaurante no Yelp e ele mostra um mapa do Google, o Yelp obtém esse mapa por meio de uma solicitação à API do Google, que respondeu com o mapa desejado. É por isso que Google, Bing e Yahoo já são grandes no horizonte da Web.

As APIs como essas, porém, ainda não estão totalmente desenvolvidas na direção do que Craig entende como o estado final da Live Web. Elas são as tetas das vacas dos serviços dominantes na Web, fornecendo leite para os bezerros dos dependentes. (Consulte o Capítulo 3 para mais informações sobre o modelo vaca-bezerro.) Vire essas vacas de cabeça para baixo e trace um horizonte na linha das tetas, e as duas metáforas juntas terão um sentido engraçado. Mas, mesmo de cabeça para baixo, essa convenção de API ainda é hierárquica, do tipo vaca-bezerro. Isso é um problema, porque as hierarquias são árvores que não crescem até o céu.

A cidade em rede

Comentando sobre o modelo de cidade, Phil Windley, fundador e CTO da Kynetx, escreve:

> Acho que há mais do que uma mera metáfora entre as visões de cidade/corporação e as maneiras como construímos software hoje. Eu diria que os sistemas sociais, incluindo as cidades, são modelos para as técnicas e tecnologias que

deveríamos estar usando. Sistemas em rede podem ser mais bem-dimensionados e mais flexíveis que sistemas hierárquicos. Eles podem absorver melhor a complexidade sem sofrer os efeitos debilitantes do forte acoplamento que os sistemas hierárquicos criam. Mas estou pronto para ir mais longe...

Mesmo que os sistemas baseados em API sejam mais flexíveis do que os sistemas moribundos que as oficinas de TI das empresas criaram, eles não irão muito longe. Eles ainda se baseiam no modelo solicitação-resposta. Os sistemas que se baseiam no modelo solicitação-resposta são hierárquicos e criam um acoplamento desnecessário. As cidades e outros sistemas sociais não operam exclusivamente usando um modelo de solicitação-resposta. O duplo da solicitação-resposta são os *eventos*. Sistemas orientados para eventos exibem mais da arquitetura da rede que torna as cidades flexíveis e robustas.[4]

Então, Phil e sua equipe na Kynetx criaram a primeira especificação para *APIs baseadas em evento*. APIs baseadas em evento não são do tipo solicitação-resposta, que é unidirecional (apenas em um sentido de cada vez, revezando-se), mas conversacional, e bidirecional (em ambos os sentidos de uma só vez, como uma chamada telefônica). Dessa forma, elas podem ouvir de forma interativa, cumprir ordens e obedecer a regras que *você* mesmo escreve ou que alguém escreve para você – sua quarta parte, digamos.

Phil facilitou isso com uma linguagem chamada KRL (linguagem de regras kynetx) e um *mecanismo* de *regras* para a execução. Ambos são de código-fonte aberto. Juntos, eles ajudam a criar a Live Web (também o título do novo livro de Phil). Como assinala Phil: "A KRL permite que você trate cada API e cada aplicativo de seu computador ou telefone como produtos e serviços sociais que trabalham com você e para você no ambiente urbano da Live Web." Pela primeira vez, o "social" é algo que *você* faz, fora do silo de qualquer empresa. Nenhuma empresa, nem mesmo a de Phil, possui ou controla seu contexto social.

"Isso se parece com o que tem sido chamado de Internet das Coisas", diz Phil, "só que mais pessoal – na verdade, intensamente pessoal. Sua rede de eventos pessoais forma sua própria nuvem pessoal, onde os aplicativos sob seu controle interagem com seus dados pessoais, os serviços que você usa e os produtos que possui para realizar as coisas que são importantes para você, libertando-o das tediosas e banais interações que ainda são usuais nos negócios da Web Estática".[5]

Quando pedi a Phil para desenhar sua própria nuvem pessoal, ele a enviou para mim por e-mail (ver Figura 22-1).

No lado de fora da figura:

- **Coisas,** incluindo balança de banheiro, termostato, frigobar, sistemas contra incêndios, carro, GPS, TiVo e aparelhos de ginástica[6]
- **APIs de empresas,** incluindo um calendário, um de serviço de viagem, o sistema de CRM da empresa e a empresa do cartão de crédito

Dentro, estão os aplicativos, ou *apps*, que podem interagir com todas as APIs do lado de fora.

FIGURA 22-1

Nuvem pessoal de Phil

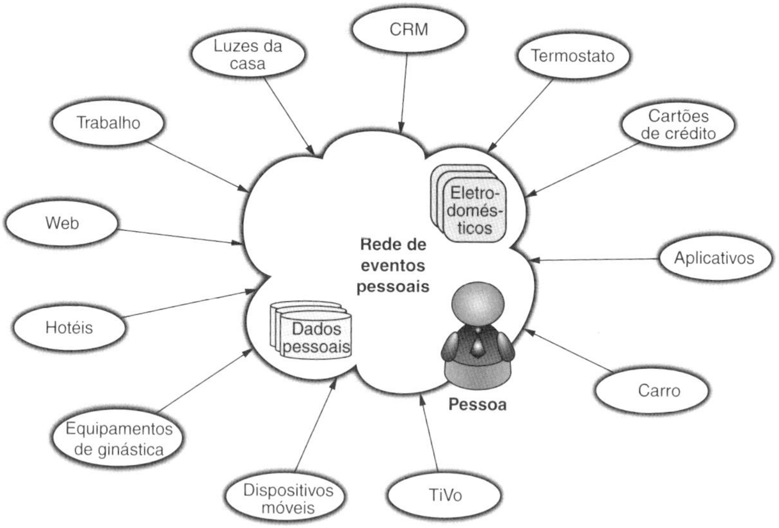

Figura: diagrama da "Rede de eventos pessoais" e "Dados pessoais" conectados a Luzes da casa, CRM, Termostato, Trabalho, Cartões de crédito, Web, Eletrodomésticos, Hotéis, Aplicativos, Equipamentos de ginástica, Carro, Dispositivos móveis, TiVo e Pessoa.

Não há limites para a variedade do que vai dentro ou fora. Você é o chefe. Coloque o que quiser no lado de dentro e interaja com o que quiser no lado de fora. Se nenhum aplicativo ainda estiver pronto para você, não se preocupe. Estará. Os ganhos da participação excedem em muito os riscos de perda de exposição ou qualquer outra coisa que possa causar preocupação às empresas que fabricam APIs ou aplicativos.

Em qualquer evento

A KRL permite mesclar contextos de qualquer variedade dos relacionamentos que você já tem. Também permite que você crie novos. Vejamos o que ela pode fazer, começando com o simples e indo até o complexo.

Um exemplo trivial, mas divertido, é o que estou olhando neste momento no Twitter (ver Figura 22-2).

Você está vendo aqueles números pequenos ao lado dos títulos @jeffsonstein, @matclayton e @stevegarfield? O Twitter não os colocou lá. Nem o PeerIndex, que forneceu os números (que ele chama "medida relativa da sua autoridade on-line"). *Eu* os coloquei lá, usando o plug-in de um navegador gratuito da Kynetx chamado HoverMe. Esse plug-in faz uma chamada à API da PeerIndex, obtém os números pequenos e os coloca ao lado do título @ de cada tweet.

Mesmo para um programador ocasional, escrever plug-ins como o HoverMe usando a KRL é fácil. Assim como escrever outros programas para fazer praticamente qualquer coisa, aproveitando principalmente as competências expostas, e não apenas as das empresas e organizações, mas de cada indivíduo.

Por essa razão, teremos nossas próprias APIs ao vivo e baseadas em evento também. Mercados serão conversações, não só para nós, mas para cada dispositivo, aplicativo e serviço que usamos. Temos nossa própria maneira de expor nossas competências principais e estaremos em pleno controle delas.

FIGURA 22-2

Relacionamentos KRL

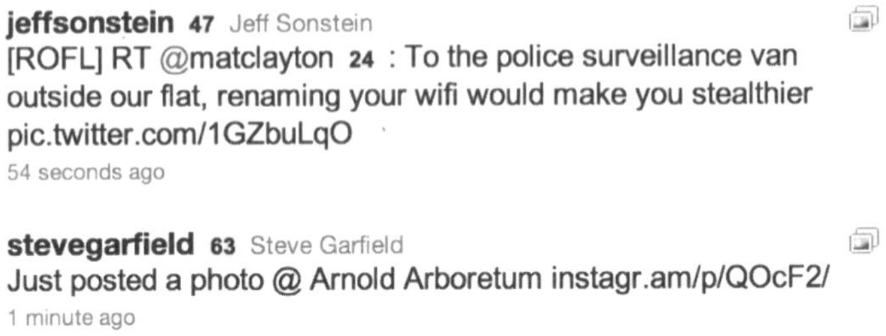

jeffsonstein 47 Jeff Sonstein
[ROFL] RT @matclayton 24 : To the police surveillance van outside our flat, renaming your wifi would make you stealthier
pic.twitter.com/1GZbuLqO
54 seconds ago

stevegarfield 63 Steve Garfield
Just posted a photo @ Arnold Arboretum instagr.am/p/QOcF2/
1 minute ago

Agora, para nosso próximo truque: acrescentar os resultados locais da Best Buy às buscas da Amazon na Web. Eis como a lógica funciona:

1. *Se* o item que encontrei na Amazon também estiver disponível na Best Buy,
2. *E* o item estiver em estoque na Best Buy mais próxima,
3. *Então*, consulto o preço do item na minha Best Buy mais próxima, junto com outras informações úteis, tais como a que distância fica essa Best Buy.

Tenho esse truque, feito com KRL, no meu navegador Chrome, neste momento. Eis uma coisa fundamental: *nem Amazon nem a Best Buy estão envolvidas*. Eu sou a pessoa que está fazendo compras e sou o único que detém as regras que fazem os resultados da Best Buy aparecerem em minha busca na Amazon. O truque foi feito em KRL em apenas alguns minutos e tem sido útil para mim desde então.

Agora, vamos para um cenário complexo, envolvendo um vendedor que chamaremos de Bob, que trabalha para uma empresa que chamaremos de BigCo. Bob mora em Denver e fará uma viagem de negócios durante a noite para ver um cliente em San Francisco.

A nuvem pessoal de Bob (como a de Phil) tem os seguintes aplicativos no seu interior:

- TripEase (que ainda não existe, mas algo parecido existirá)
- Calendário
- Expensify

- OpenTable
- TomTom
- Quickbooks
- Singly

As APIs do lado de fora são as competências expostas de:
- Marriott
- United Airlines
- Avis
- Visa
- Salesforce

Começamos assim que Bob confirma uma visita no local com seu cliente de San Francisco. Quando Bob agenda a reunião em seu calendário, um evento do compromisso é enviado para sua nuvem pessoal. As aplicações e os serviços baseados em evento que Bob utiliza estão "ouvindo" esses eventos e respondem tomando uma ação em nome de Bob. Nesse caso, a Salesforce preenche os detalhes do compromisso em sua agenda, tais como a localização do escritório do cliente de Bob e as indicações de estacionamentos próximos.

Enquanto isso, as regras do aplicativo TripEase de Bob reagem ao mesmo evento, reconhecem que o compromisso é em San Francisco e que Bob precisará organizar a viagem. O TripEase conhece as preferências de viagem de Bob (por exemplo, um quarto individual em um hotel Marriott, um carro compacto da Avis, um assento no corredor da United e um pedido à United de mudança para a classe executiva se houver lugar disponível) e marca todas as opções disponíveis em seu calendário. O TripEase também sabe que Bob é membro de programas de fidelidade de cada uma dessas empresas e também de outras empresas, no caso de preferências de primeira escolha não estarem disponíveis. Bob examina as opções, faz as escolhas e o TripEase as coloca no calendário.

No segundo plano, o TripEase também dispara um evento de nova viagem de negócios, levando o Expensify a abrir um diário de despesas para que a contabilidade das despesas possa ser feita no final da viagem. Então, quando Bob chega ao aeroporto e compra um sanduíche com seu cartão Visa, o Expensify automaticamente acrescenta essa compra ao diário de despesas da viagem. E, como o Expensify e o TripEase estão cooperando, o Expensify tem mais contexto para compras e pode tomar as melhores decisões de categorização sem o envolvimento de Bob.

Após o desembarque em San Francisco, Bob liga o smartphone e sua função de localização gera um evento indicando que ele agora está em San Francisco. A Avis ouve e responde ao evento da localização de Bob, preparando seu carro preferido e a papelada. Para ajudar nisso, o TripEase também informa a Avis que Bob vai recusar a oferta de seguro da Avis e devolver o carro com o tanque cheio de gasolina. Se a Avis ainda não tiver essa informação, o TripEase relata os fatos para a Avis e autoassina o acordo da Avis, para que Bob não tenha de se preocupar com isso. O TripEase também coloca o destino do compromisso de Bob no aplicativo TomTom do smartphone de Bob. Após o encontro com seu cliente, Bob dirige até o Marriott e estaciona lá. Ao chegar ao balcão de recepção, ele é cumprimentado pelo nome e recebe seu quarto preferido (no lado norte de um andar alto) e a chave do quarto e da sala de ginástica. Ele também recebe uma notificação do OpenTable de que dois de seus restaurantes favoritos têm reservas disponíveis. Ele escolhe um e segue para seu quarto. O Open Table também envia um e-mail e um texto ao seu cliente com informações sobre a reserva.

Todas essas conexões são feitas em segundo plano, em nome de Bob, por aplicativos e serviços que ele ou sua quarta parte já programaram, usando KRL.

Após pagar o hotel (automaticamente, é claro), dirigir seu carro de volta para a Avis em San Francisco, voar de volta para Denver e dirigir de volta para sua casa, o TomTom diz ao TripEase que Bob completou a viagem e emite um evento de fim de viagem. O Expensify examina o evento e transfere as despesas registradas no diário de Bob – passagem aérea, hotel, locação de veículo, gastos com gasolina, jantar, quilometragem de condução pessoal (traslado de ida e volta, aeroporto-hotel-aeroporto) e taxas de estacionamento – de seu diário de viagem para seu relatório de despesas. Depois de analisar e aprovar o relatório, Bob pede à Expensify que o envie para o sistema da Salesforce na BigCo, que está na nuvem que a Salesforce mantém para a BigCo.

O Expensify também enviou cópias dos gastos para a nuvem pessoal própria de Bob, que compreende o seguinte:

1. Sua loja de dados pessoais (LDP), local em que guarda seus dados pessoais, alimentados por muitas fontes, incluindo todos os aplicativos e serviços mencionados. Enquanto Bob conseguir manter seu LDP no servidor hospedado por ele mesmo, sua preferência é usar o Singly, uma quarta parte que ele paga para manter seus dados e relacionamentos classificados, protegidos e atualizados. O Singly também tem um mecanismo de regras que ele pode usar, mas não está limitado somente a esse.
2. Sua API pessoal. Isso pode residir em qualquer lugar, mas seria mais provável residir em seu LDP.
3. Suas regras, escritas em KRL.
4. Seu livro memorando.
5. Seu diário e o registro de vendas, mantidos por QuickBooks.

Seu livro memorando é a versão moderna do que, durante séculos, foi o primeiro passo na escrituração contábil pelo método das partidas dobradas: o lugar onde tudo o que acontece é registrado pela primeira vez. Isso ajuda Bob (e seu contador) a se lembrar do que aconteceu, quando, e quanto custou.[7] Daí, ele vai para seu diário e, em seguida, para seu registro de vendas, que pode gerar os relatórios usuais. No meio disso tudo, ele gera uma trilha de registros contabilizáveis e auditáveis.

Para ser justo com todo mundo nesse jogo futuro, a KRL não será a única maneira de fazer o que acabei de descrever. É apenas a melhor que conheço hoje, porque Phil e seus colegas na Kynetx estão altamente envolvidos na comunidade de desenvolvimento de ferramentas VRM. O mesmo se aplica às outras empresas que mencionei.

A troica

Craig Burton conhece a ubiquidade. Eu o vi fazer isso acontecer com a Novell, na década de 1980, e também o vi ensinando como isso funciona, várias e várias vezes.

Ele ressalta que, no final de 2011, havia alguns milhares de APIs existentes: uma cidadezinha, não uma cidade. Ainda assim, existe uma forma de taco de hóquei para a curva de crescimento. Isso vai continuar a subir até se nivelar na ubiquidade, que será a soma de tudo que pode ter uma API baseada em eventos, incluindo cada indivíduo com um dispositivo móvel. Diz Craig:

> Há três coisas essenciais que fazem a Economia da Intenção começar a funcionar e crescer em direção à ubiquidade. Chame isso de troica. São elas:
>
> 1. Código baseado na nuvem (plataformas de código, como a Kynetx, que são APIs e centradas na nuvem).
> 2. Dados de telefonia baratos (preços de dados de telefonia móvel acessíveis, como os que a Ting.com proporciona).
> 3. Tecnologia de dados pessoais (lojas baseadas na nuvem controladas pelo indivíduo. A Singly está prometendo uma coisa desse tipo, a Cloudmine.me tem um lançamento em beta).[8]

Isso é para as empresas e os clientes. Para as empresas especificamente, ele acrescenta: "Você consegue. Descubra sua estratégia de API. Compreenda a Troica da Economia da API e como isso se relaciona com o que você está fazendo." E seja um *ubiquitineur*, que ele define como "um empresário cujo negócio e práticas de inovação se baseiam na ubiquidade em contraposição àquelas baseadas na escassez".[9]

Em outras palavras, construa na Live Web, e não apenas na Web estática.

BEM, ENTÃO...

Os meios para a construção da Live Web existem no mundo atual. Eles irão fornecer interações baseadas em evento entre tudo e todos, e a demanda por eles irá crescer assim que os benefícios para consumidores, fornecedores e outras partes envolvidas se tornarem óbvios.

E, mesmo que nem os humanos nem as empresas tenham ainda provado que podem viver tanto tempo e tão bem quanto as cidades (ver o Capítulo 10), podem usar as ferramentas baseadas em API para subir a bordo do trem superlinear do crescimento parecido com o da cidade.

23

EmanciPaytion

Apenas os homens livres podem negociar; prisioneiros não podem celebrar contratos. A sua liberdade e a minha não podem ser separadas.
Nelson Mandela[1]

O fato central e único mais importante de um mercado livre é que nenhuma troca ocorre a menos que ambas as partes se beneficiem.
Milton Friedman[2]

O ARGUMENTO

O mercado terá muito mais danças quando os clientes puderem assumir a liderança.

Em algum lugar na vasta obra de John Updike, deparei com esta linha: "Vivemos na era da comodidade total." Ela ficou na minha memória porque parecia perfeita, embora nunca tenha sido perfeitamente verdadeira – e nunca será. Na vida, muitas vezes queremos mais do que podemos conseguir, e essa lacuna contém a oportunidade.

Por exemplo, às vezes, quando dou uma palestra nos Estados Unidos, faço uma pergunta ao público: "Quantas pessoas aqui ouvem rádio pública?" Quase todos levantam as mãos. Então, indago: "Quantos de vocês pagam por isso?" Em torno de 10% permanecem de mãos levantadas. (Essa é a proporção ouvinte/cliente típica da rádio pública.)[3] Depois, pergunto: "Quantos de vocês pagariam se fazer isso fosse *realmente fácil*?" Muitos mais levantam as mãos, geralmente o dobro do último número.

Então, "quanto vocês contribuiriam se não tivessem de esperar os intervalos para a captação de recursos das estações?" Mais mãos se levantam.

Essas mãos levantadas sinalizam DDNM: Dinheiro Deixado Na Mesa.

Claramente, há mais disposição de pagar por rádio pública do que meios para fazer isso. Esse, certamente, é o caso de muitas outras coisas também. Por exemplo, eu adoraria ser capaz de alugar lentes da câmera ao chegar ao aeroporto e depois deixar no caminho de volta. Sempre desejei um negócio que oferecesse um serviço de transporte na chegada de viajantes de negócios, fornecendo projetores para laptops ou adaptadores de energia esquecidos do laptop. Quando viajo, muitas vezes me pego querendo alugar um carro específico (digamos, um com sete lugares, suporte para bicicletas e rádio por satélite) – em vez do "similar" que as locadoras de carros costumam ter bastante na hora.

Mas, embora, em geral, eu esteja disposto a pagar mais exatamente por aquilo que quero, não é assim que O Sistema trabalha na era do adesionismo, e quase não tenho entrada direta nesse sistema, a não ser reforçá-lo alugando apenas o que ele me oferece.

O problema de modo geral é que esses meios de engajamento são limitados pelos sistemas do lado dos vendedores, os quais são manipulados para ignorar os sinais de compradores diferentes daqueles que apontam para a lista normal de ofertas. É fácil racionalizar as ofertas limitadas, mas a verdade é que existem muito mais sinais que a demanda pode enviar ou que a oferta esteja pronta para ouvir. Esse fato sugere oportunidades de ambos os lados.

Vantagem pública

Nos Estados Unidos, a rádio pública vem pedindo dinheiro desde antes que o termo *rádio pública* existisse. Estações da Pacifica, que surgiram em 1949 com a rádio KPFA de Berkeley, na Califórnia, diziam-se "patrocinadas pelo ouvinte" – um termo que ainda é usado. A rádio não comercial tornou-se "pública" com a criação da National Public Radio (agora apenas NPR) em 1970. Mais recentemente, a indústria tem chamado essa categoria de "Mídia Pública", para incluir não só a rádio e a televisão públicas, mas também os podcasts, a transmissão pela Internet de "conteúdo" sob demanda e muitos outros tipos de coisas.

Quando o ProjectVRM começou, eu acreditava que a mídia pública (principalmente de rádio) poderia fornecer uma plataforma de teste ideal para os novos desenvolvimentos em VRM, especialmente no tocante aos sistemas de pagamento. As estações sempre precisam de dinheiro, mas seus sistemas para recebê-lo sempre foram limitados por normas e práticas que ficam muito aquém do que poderia ser possível se os ouvintes tivessem mais maneiras de contribuir. Basicamente, as estações fazem apelo por contribuições no ar e em seus sites e podcasts – depois de alguns meses, elas fazem intervalos para angariar fundos ao encerrar ou interromper programas para persuadir os ouvintes a fazer doações. É assim que conseguem fazer cerca de 10% dos ouvintes ajudarem. Eu imaginava que poderia facilmente aumentar esse número apenas melhorando os meios para doação do lado dos ouvintes.

Uma atração era que a rádio pública não tinha muitas das complicações endêmicas do varejo comercial: sem SKUs, sem remessas, sem preços, sem administração de estoque, sem horários especiais. Tinha suas próprias maneiras de conseguir dinheiro, mas não havia nenhum problema que a impedisse de receber dinheiro de outras maneiras novas.

O ProjectVRM também tinha conexões por meio do Berkman Center. A PRX (Public Radio Exchange), desenvolvedor e produtor de rádio pública como a NPR, localizava-se em Cambridge, Massachusetts, e era liderado por Jake Shapiro, que também apoiou várias posições do Berkman Center no decorrer dos anos. Nossa primeira reunião do ProjectVRM no Berkman foi sobre o financiamento da rádio pública, o que rapidamente nos trouxe muitos amigos. Dois deles, Keith Hopper, da Public Interactive (agora parte da NPR), e Robin Lubbock, da WBUR, foram ambos muito favoráveis. Keith se tornou especialmente envolvido, como veremos em breve.

No lado negativo, a rádio pública tinha (e ainda tem) problemas de conflito de canais. Em geral, os ouvintes se importam mais com programas do que com as estações e muitos desses programas estão disponíveis diretamente pelo podcast, bem como através de muitas estações diferentes. No entanto, a rádio pública é construída para distribuição em dois níveis. A NPR e a PRX vendem programas para as estações, que, por sua vez, vendem para o público, que paga de maneira voluntária. Se você gosta de um programa em particular, pagar diretamente não é a opção usual.[4] Você tem de pagar uma estação. Isso pode causar problemas. Por exemplo, veja este post do blog de Dave Winer, de 12 de fevereiro de 2007:

Spam da WNYC

Nove entre 10 vezes, não dou dinheiro para estações de rádio públicas, porque, se você der uma vez, isso nunca terá fim.

Algumas semanas atrás, em resposta a um pedido de apoio do podcast On The Media, dei US$100 à WNYC. Sequer moro em Nova York. Agora estou recebendo um fluxo constante de spam deles com todo tipo de oferta especial. Isso realmente enche o saco.

É claro que pedi para ser removido da lista de spam, embora seja desagradável ter de pedir a eles menos de um mês depois de receberem um presente de US$100.[5]

Para seu crédito, a WNYC ouviu pessoas como Dave e esforçou-se ao máximo para ajustar seus sistemas de captação de recursos. (Bill Swersey, diretor de Mídia Digital da WNYC na época, participou das primeiras reuniões e discussões do ProjectVRM.) Mas a WNYC, juntamente com o restante das rádios públicas, ainda está do lado da vaca no sistema vaca-bezerro da Web comercial. De fato, assim é toda organização que recebe pagamentos voluntários por bens que não custam nada para os indivíduos obterem.

A música é semelhante, no sentido de que você pode obtê-la por nada, enquanto algumas pessoas estão dispostas a pagar alguma coisa. Alguns artistas bem conhecidos têm aproveitado esse fato, doando seletivamente algumas de suas obras. (Radiohead e Nine Inch Nails, por exemplo.) Ainda assim, embora o modelo de negócios da indústria da música seja diferente daquele da rádio pública, ambos têm muito DDNM.

Olhando para a rádio pública e os negócios musicais, eu pensava: "Ei, que tal facilitar para que qualquer um pague (ou pelo menos ofereça) o que quiser por alguma coisa? Por exemplo, que tal possibilitar que ambos sinalizem o interesse em pagar, e em fazer depósito do dinheiro em si ou um compromisso de pagamento?" A resposta do ProjectVRM foi o EmanciPay.

EmanciPay

O EmanciPay é um sistema de escolha, não um sistema de pagamento. Aqui estão os tipos de coisas que você pode querer escolher:

1. Quanto pagar
2. Onde o vendedor pode receber o pagamento
3. Seja isso uma promessa ou um pagamento
4. Quais dados transmitir junto com o pagamento
5. Os termos de uso dos dados pessoais

Nosso primeiro mercado-alvo para o EmanciPay era (e ainda é) a rádio pública. Vamos examinar dois casos de uso que chamarei de *impulsivo* e *ponderado*.

No caso *impulsivo*, você ouve um show especialmente bom no *On The Media* e decide que quer doar alguns dólares para o programa. Você não se importa que ele venha da WNYC. Você gosta de Brooke Gladstone e Bob Garfield, e sente como se estivesse dando a eles algo por um trabalho bem-acabado. Em seu aplicativo de escuta, você abre uma interface que permite selecionar um valor e enviá-lo – mas não diretamente a eles. Você tem um serviço de pagamento (um banco, digamos) que deposita o pagamento, esperando a WNYC ir buscá-lo. Você não precisa se associar à WNYC, ou pode expressar a disposição de fazer isso por meio das opções quatro e cinco do sistema EmanciPay. De qualquer maneira, você está no controle; não está dentro dos sistemas de aplicativos da rádio ou da WNYC. Você está em seu próprio sistema, o que transmite suas intenções para a estação.

No caso *ponderado*, você registra todas as suas escutas e decide o quanto pagar (ou prometer) a alguém, com base no que registrou. Para esse fim, Keith Hopper apresentou o *ListenLog*, construído pelo ProjectVRM em um programa que agora é implementado no Public Radio Player, um aplicativo para iPhone da PRX. O ListenLog diz quais emissoras e programas tenho escutado, e por quanto tempo. Em termos econômicos, ele me diz o que valorizo.

Posso navegar de várias maneiras com o ListenLog e com os dados que ele reúne:

- Decidir o quanto pagar por minuto ou por hora de audição, seja adiantado ou depois de um total de resultados.
- Decidir o que pagar para estações, programas ou outras partes.

- Conectar o pagamento diretamente à escuta.
- Compartilhar com os outros.

No momento em que escrevo este livro, o ListenLog é um protótipo, uma prova de conceito. Você deve ser capaz de pegar o código (código-fonte aberto) e adicionar, modificar ou substituir o que quiser. Por exemplo, você pode querer criar opções sobre taxas de pagamento para tipos diferentes de usos. Pode querer fazer isso automaticamente, mas com controles que são *seus*, e não de qualquer outra pessoa. Ou pode ajustá-lo para acompanhar atividades que não sejam ouvir mídia.

Agora vamos voltar à música. Nesse momento – na minha casa e, possivelmente, na sua também –, boa parte da audição de músicas no mundo ocorre dentro do iTunes da Apple, que registra a contagem de execuções. No meu caso, "Couch Potato", de Weird Al Yankovic, assume a liderança com 104 execuções, todas de nosso filho e seus amigos, para lembrar quando eles tinham cerca de 10 anos. Em seguida, está "Lay Lady Lay", de Bob Dylan, com 68 execuções. (Estou surpreso que a tenha tocado tanto assim, mas é possível que sim.) A Apple não fornece uma maneira para que eu envie mais dinheiro para qualquer um desses caras (com base na contagem de execuções ou em qualquer outra métrica). Também não fornece uma maneira para que eu envie dinheiro para outros artistas de quem gosto em especial ou que considero merecedores de remuneração adicional. (Um exemplo é Mike Cross, meu favorito desde que morei por duas décadas na Carolina do Norte.)

Não quero esperar até a Apple desenvolver alguma coisa com a SoundExchange e outras empresas de cobrança de direitos de execução, ou com os próprios artistas.[6] Prefiro manter o controle, colocar o dinheiro lá por alguns meios e dizer aos artistas e empresas para vir recebê-lo quando estiverem prontos.

Com esse objetivo, juntei-me a um grupo de pessoas, muitas das quais participavam do ProjectVRM, para trabalhar com a Society for Worldwide Interbank Financial Telecommunication (mais conhecida como SWIFT), em novos protótipos de modelo de negócios do EmanciPay para os bancos e outras instituições financeiras. Quer esses protótipos evoluam ou não, nós (no sentido mais amplo) iremos padronizar métodos para criar opções de pagamento, depositar o dinheiro, registrar o compromisso de pagamento, notificar os destinatários que aguardam o dinheiro e tornar todo o sistema seguro. Mas, por ora, só queremos fazer a bola rolar.

Desde o início, o objetivo do ProjectVRM com o EmanciPay tem sido servir como andaime para relações voluntárias e genuínas – e não coagidas – entre compradores e vendedores no mercado. Queremos dar um significado mais profundo, por exemplo, à "associação" a organizações sem fins lucrativos. (No sistema atual, "associação" significa principalmente inserir o nome de uma pessoa em uma lista para futuras contribuições.) Queremos tornar o mercado verdadeiramente livre, dando a qualquer cliente os meios para assumir o controle e também fazer o acompanhamento. Esse controle inclui sinalizar valores e estender a mão com boas intenções para relacionamentos genuínos.

EmanciTerm

Três coisas acontecem em um mercado: *transação, conversação* e *relacionamento*.[7] No nosso mundo industrializado, a *transação* é a maior delas (ver Figura 23-1).

FIGURA 23-1

Eventos do mercado de massa

Relacionamento

Conversação

Transação

No mundo que está emergindo, onde os mercados naturais ainda prosperam e servem como exemplos, as proporções são invertidas (ver Figura 23-2).[8]

FIGURA 23-2

Eventos do mercado em rede

Relacionamento

Conversação

Transação

No mercado de massa, o relacionamento não estava apenas subordinado à transação. Era humilhado. Nós realmente pensamos, por exemplo, que um fornecedor do mercado de massa pode (e deve) controlar todos os meios pelos quais as relações com os clientes devem proceder. Ainda assim, como seres humanos, todos nós sabemos que somos capazes de nos relacionar de nossa própria maneira e nos próprios termos, com qualquer pessoa ou qualquer coisa. Também sabemos que nossas motivações não se reduzem todas ao preço. Muitas coisas não têm preço, mesmo no mercado. Por exemplo, os relacionamentos.

O mundo comercial on-line é muito jovem. Nascido em 1995, ele ainda está na escola. (Ou, nas palavras de Frank Stasio, apresentador de *The State of Things*, da WUNC: "Ele não é velho o suficiente para baixar a própria pornografia.")[9] No mundo físico, temos entendimentos altamente desenvolvidos sobre identidade, privacidade, amizade e maneiras corretas de interagir com estranhos e pessoas da família. Há um enorme espaço para as diferenças pessoais e culturais dentro disso, e para a improvisação.

Não temos nada ainda desse tipo no mercado em rede. Os "amigos" e "seguidores" do Facebook e do Twitter estão apenas na idade da pedra do que virá a ser a interação social civilizada on-line. Ambas as atividades também só funcionam nos ranchos dessas empresas. Assim, mesmo que nos tornemos adeptos do uso do Facebook e Twitter, nenhum dos dois nos torna adeptos como agentes livres no vasto mercado fora do alcance corporativo do Facebook e do Twitter.

Para trabalhar na fronteira selvagem dos recursos comuns em rede, precisaremos de instrumentos para nos *relacionar* como agentes independentes, e não apenas para *negociar* e *conversar*.

Essa é a ideia por trás do *EmanciTerm*. Você oferece seus termos (incluindo os termos legais listados no Capítulo 20). O vendedor faz sua oferta, esteja de acordo ou não, e você resolve as diferenças, se for possível.

Esse tipo de coisa não é complicado no mundo cotidiano. Em primeiro lugar, já temos acordos muito claros, tácitos e explícitos sobre o que é privado e o que não é, e sobre como e por que confiamos a determinadas pessoas e instituições informações privadas a nosso respeito. O modo como nos relacionamos com nosso médico, nosso consultor financeiro, nosso professor, nosso aluno, nosso instrutor de ioga, nosso velho amigo ou o policial na esquina – tudo difere. No entanto, nenhum deles exige que cliquemos em "aceitar" uma pilha de termos antes de prosseguirmos.

Estamos a anos-luz da abertura desse mesmo nível de facilidade casual para o mundo on-line. Mas esses anos serão décadas se não fornecermos meios para que os indivíduos esclareçam suas *intenções* no mercado – especialmente o modo como queremos ser respeitados por entidades que ainda não conhecemos (ou já conhecemos, mas ainda não confiamos ou mal entendemos).

Ascribenation

Durante um almoço vários anos atrás, Bill Buzenberg, CEO do Center for Public Integrity (CPI), contou quão difícil é conseguir crédito para o CPI pelo bom trabalho que ele realiza. Ele fazia uma investigação profunda sobre um assunto ou outro, produzia um relatório abrangente e, então, assistia ao modo como as organizações de notícias contavam a história, dando crédito mínimo ao CPI como fonte ou não o mencionando.

Pensando sobre o que Bill queria aqui, apresentei o termo *ascribenation*, que escolhi, em parte, porque ainda não era usado por ninguém e não havia nomes de domínios usando o termo naquele momento. Em uma postagem no meu blog, em abril de 2009, eu definia *ascribenation* como "a capacidade de atribuir crédito às fontes – e também pagar a elas".[10]

Em julho de 2009, a Associated Press, observando o mesmo problema, emitiu um comunicado com este parágrafo inicial:

NOVA YORK – O Conselho de Administração da Associated Press decidiu, hoje, criar um registro de notícias que vai marcar e rastrear todo o conteúdo on-line da AP para garantir a conformidade com os termos de uso. O sistema irá registrar as informações-chave de identificação sobre cada parte do conteúdo distribuído pela AP, bem como os termos de uso desse conteúdo, e empregará um sinalizador interno para avisar a AP sobre o modo como o conteúdo é usado.[11]

Isso se transformou em uma proposta de padrão chamada Rnews.[12] Outro padrão emergente chamado hNews[13] também foi mostrado. Ambos têm suporte para *ascribenation*, embora não o chamem assim (pelo menos não ainda). Para os propósitos do VRM, no entanto, ser capaz de dizer quem você vai querer escolher para pagamentos por meio do EmanciPay também é um desafio interessante.

Microcontabilidade

Quando falamos sobre EmanciPay e *ascribenation*, a conversa quase sempre gira em torno dos micropagamentos e o que há de errado com eles. Assim, para sermos claros, o que estamos falando aqui não é sobre micropagamentos, mas sobre *microcontabilidade*.

A contabilidade de trocados existe há muito tempo do lado dos fornecedores. Sua empresa de telefonia vem fazendo isso desde sempre. (Transformando níqueis de centavo em verbo.) Isso também vem acontecendo com a música no rádio por mais de um século e com a música por streaming na Internet desde a virada do milênio.

Por exemplo, o Copyright Arbitration Royalty Panel (CARP) e depois o Copyright Royalty Board (CRB) apresentaram, ambos, "taxas e termos que seriam negociados no mercado, entre um comprador e um vendedor interessados".[14] Essa linguagem apareceu pela primeira vez em 1995, no Digital Performance Royalty Act (DPRA) e foi atualizada em 1998 pelo Digital Millennium Copyright Act (DMCA).[15] As taxas que eles apresentaram tinham valores como US$0,0001 por "performance" (uma música ou gravação), por ouvinte, e mudaram tantas vezes ao longo dos anos que não vale a pena nem citar.

Eis o negócio: o *EmanciPay cria o "comprador disposto" que o DPRA achava que a Internet não permitiria*. Ele também pode ajudar a indústria da música a fazer uma coisa que não conseguiu desde o início: estigmatizar o não pagamento de bens valiosos de mídia de uma forma não hostil e não coercitiva.

A microcontabilidade, como a que temos com o ListenLog, pode adicionar muitas maneiras diferentes para os criadores serem recompensados por seu trabalho, pelo mercado. Ou seja, *pelos consumidores*. Um ouvinte individual, por exemplo, pode dizer, efetivamente, "quero pagar US$0,01 por música que ouço no rádio" e "vou enviar ao SoundExchange a soma total dos centavos para todas as músicas que eu ouvir no decorrer de um ano (ou qualquer outro período), juntamente com a lista dos artistas e músicas que ouvi" – e fazer a dispersão desses centavos ser um problema do SoundExchange, ou uma oportunidade. (Aquela que ele deveria gostar de ter.)

Podemos fazer o mesmo para a leitura de jornais, blogs e outras publicações. E até para tweets, se o Twitter estiver disposto a se arriscar em um modelo de negócio sem publicidade.

Embora tudo isso possa parecer complicado e trabalhoso para os consumidores, não tem de ser assim, desde que processos automatizados sejam criados e muito mais atividades se tornem responsáveis.

A chave aqui é a capacidade de responsabilização, ou prestação de contas (*accountability*). Todos, incluindo os consumidores, devem ser capazes de registrar e auditar o que fazem no mercado, bem como no resto de sua vida.

Do lado dos consumidores, isso já está acontecendo por meio de inúmeros aplicativos que rastreiam peso, exercício, despesas e outras variáveis. Kevin Kelly, Gary Wolf e amigos estão nesse caso há anos com o trabalho do Quantified Self. Adriana Lukas (um dos esteios da comunidade de VRM) e amigos têm feito um trabalho relacionado sob o rótulo "autohacking".

Do lado dos vendedores, muitos de nós (inclusive eu) trabalhamos com a SWIFT (Society for Worldwide Interbank Financial Telecommunication) na criação de novos modelos de negócios para instituições financeiras com base no EmanciPay, EmanciTerm, estruturas de confiança e outras ideias de VRM. O primeiro deles faz parte de uma infraestrutura chamada Digital Asset Grid, ou DAG, descrito como um "sistema apontador certificado que indica a localização dos ativos digitais e os direitos de uso associados", pelo diretor de inovação da SWIFT, Peter Vander Auwera.[16]

Os vetores, tanto no lado da demanda quanto da oferta, apontam para um relacionamento que torna obsoletos o lixo do marketing conservador (ver Capítulo 8) e a "confusópole" (ver Capítulo 14).

A diferença entre lixo e relacionamento é o que Umair Haque chama de "valor maléfico" (*thin value*) e "valor benéfico" (*thick value*). Em *The New Capitalist Manifesto*, ele define "valor maléfico" como "*artificial*, geralmente adquirido através do dano, ou à custa de pessoas, comunidades ou da sociedade".[17] Por outro lado, o "valor benéfico" é "sustentável" e "significativo".[18] Você não pode conseguir isso atirando mensagens nos pés dos consumidores e dizendo "dance". Você consegue isso aprendendo a seguir e também a liderar.

BEM, ENTÃO...

Os pioneiros do emergente mercado baseado na intenção do cliente são protótipos como EmanciPay, EmanciTerm, ListenLog e estruturas de confiança. Os colonizadores serão empresas e projetos de desenvolvimento, novos e antigos. A civilização que eles desenvolverão será construída sobre relacionamentos reais, com valor benéfico, e não com o valor maléfico que precisam evitar.

24

VRM + CRM

A disciplina real e efetiva exercida sobre um trabalhador é
a de seus clientes. É o medo de perder o emprego que
restringe suas fraudes e corrige sua negligência.
Adam Smith[1]

Que, à união de espíritos puros, eu não aceite impedimentos!
William Shakespeare[2]

O ARGUMENTO

Temos de administrar nossas relações. Não uns aos outros.

Em sentido restrito, o VRM é a contrapartida do lado do cliente do CRM (*Customer Relationship Management*). Assim como o CRM é uma espécie de empresa que se relaciona com muitos clientes, o VRM é uma espécie de cliente que se relaciona com muitos fornecedores.

No passado, os sistemas de CRM eram recipientes dentro dos quais tudo o que dizia respeito a clientes e fornecedores tinha lugar. Com o VRM, contudo, ambos os lados podem manter suas próprias partes do relacionamento, de tal modo que as relações podem ocorrer *entre* os dois, e não apenas *dentro* do sistema do fornecedor.

Como já abordamos (no Capítulo 20), acordos entre partes formam leis à parte. Mas um relacionamento é uma entidade própria. Assim é o caso de um casamento, um tratado, uma parceria, uma corporação. (Meu próprio casamento é simbolizado literalmente: "o casal decide" está inscrito em nossas alianças de casamento.) O CRM foi desenvolvido em uma época em que os clientes tinham pouco para levar a um relacionamento a não ser a completa submissão a qualquer sistema oferecido pelo fornecedor. Embora existisse uma espécie de relação, esta se dava dentro do espaço do fornecedor. O cliente era um assunto senhorial.

Agora o cliente está em condições de ser autossuficiente e plenamente engajado. O que ele pode trazer agora para a mesa do mercado e como vai se envolver com os sistemas de CRM, seja como estão hoje, seja quando evoluírem por meio da interação com as ferramentas e os sistemas VRM de clientes?

No Capítulo 5, examinamos a lista de três colunas de Iain Henderson (Tabela 5-1) sobre o que acontece em uma relação entre o cliente e o fornecedor ao longo do tempo. Ela mostrava como a adivinhação e o desperdício acompanhavam interações fracas e disfuncionais que eram relacionamentos apenas no nome. A abordagem de Iain para eliminar a adivinhação e o desperdício é o que ele chama de estrutura do engajamento cliente-fornecedor, ou CSEF (*Customer-Supplier Engagement Framework*). Ele se baseia em muitos anos de avaliação sobre a eficácia do CRM usando o modelo CMAT. (CMAT significa *Customer Management Assessment Tool* [ferramenta de avaliação da gestão pelo cliente], e é definido – por muitas empresas, todas com o mesmo nome – como "uma gama de ferramentas e metodologias que fornecem uma análise detalhada, objetiva e comparativa da capacidade de uma organização administrar de forma eficaz seus clientes".[3])

Iain explica:

O lado CRM está totalmente equipado com as ferramentas de seu negócio... depósitos de dados, sites, sistemas de CRM e um exército de pessoas pagas para fazer o trabalho. O outro (o lado da compra) não tem nada mais do que algumas ferramentas amadoras automontadas... e seu cérebro. Eles não são pagos para isso e, em geral, não têm muito tempo para dedicar ao processo... Esse desequilíbrio entre os que "têm" e os que "não têm", como em qualquer aspecto da vida, leva os que "têm" a tirar vantagem e os que "não têm" a se rebelar contra isso da maneira que podem. Ou (com mais frequência) eles não se envolvem como poderiam em uma relação mais equilibrada e justa.[4]

Conseguir esse equilíbrio, acredita Iain, exige transferir algumas funções atuais do CRM para o VRM – e para o espaço de relacionamento no qual ambos os lados interagem. Todos os itens a seguir, por exemplo, poderiam ir para o VRM ou para o espaço do relacionamento:

- Endereço e outros detalhes de contato
- Descritores de localização
- Estilo de vida e idade
- Comportamentos
- Preferências
- Relações existentes com várias empresas
- Intenções

Agora, examine a lista de todas as coisas erradas que a Rapleaf obtêm a meu respeito, lá no Capítulo 7. Se eu estivesse no controle de todas as coisas listadas por Iain, além de outras variáveis interessantes (por exemplo, a soma de todas as minhas milhas nas companhias aéreas que uso – e do que gosto ou não gosto em cada uma delas) e se eu compartilhasse essas informações de forma confiável, a Rapleaf não precisaria fazer tantas adivinhações. Tampouco os clientes corporativos da Rapleaf.

Esperança

Muitas pessoas no mundo do CRM estão começando a abraçar o VRM. *A CRM Magazine* dedicou a capa e grande parte de sua edição de maio de 2010 ao VRM, com uma capa onde se lê, em letras garrafais: "Não sou um globo ocular." O ensaio principal começa assim: "A vitória, é claro, pertence ao cliente – a pessoa que sempre 'possuiu' o relacionamento com você, não importa o que as letras de CRM possam implicar."[5]

Uma matéria de Lauren McKay é intitulada "Não é seu relacionamento que tem de ser gerenciado", com um subtítulo que acrescenta: "Agora que você finalmente aprendeu a lidar com CRM, os próprios clientes viraram a mesa – e agora eles estão gerenciando você."

Isso soa ameaçador e, de certa forma, tem de ser. Os relacionamentos de CRM hoje são definidos e controlados por uma única parte, e não podem ser estendidos para o lado do cliente sem que os fornecedores abram mão de alguns controles, para o bem de ambas as partes.

IUs

As ferramentas de VRM não serão usadas somente em conexão com os sistemas de CRM, mas as reciprocidades de VRM + CRM exigem uma discussão sobre IUs: Interfaces de Usuário. Especialmente para as pessoas do lado VRM.

As IUs são tudo, é claro. É o que torna algo não apenas útil e utilizável, mas realmente *utilizado*. Não há cemitério grande o suficiente para todas as grandes ideias e os grandes produtos que não conseguiram ser usados, porque não tinham uma boa IU.

O mais próximo que temos até agora é um simples símbolo: o botão *r*. Trata-se, na verdade, de um par de botões, um para você (VRM) e um para a outra parte (CRM).

Eles se parecem com dois pequenos ímãs, de frente um para o outro: $\subset \supset$. Eles podem ser de cor sólida ou cinza, indicando os estados ativo ou passivo, ou a presença ou ausência de ações possíveis se você clicar em um deles. Os primeiros com que trabalhamos na comunidade de desenvolvimento VRM eram vermelhos, porque essa era a cor do marcador que usei quando desenhei pela primeira vez um par de botões *r* em um quadro branco. Eu não pretendia criar um símbolo ou um elemento de IU na época, mas a forma como isso aconteceu sugeria que ele poderia servir mais do que apenas como um elemento provisório.

Eu estava lá conversando com os desenvolvedores da PRX quando desenhei uma pista de corridas de forma oval em um quadro, arrastei o dedo até o meio para dividi-la em dois e disse: "Então, este é o cliente à esquerda e o fornecedor à direita." Uma das pessoas da PRX disse: "Esse é um bom símbolo para a IU", e ele foi tirado de lá. Nós usamos o botão r esquerdo (o lado do usuário) para o ListenLog no Public Radio Player da PRX. Utilizamos ambos em um protótipo do EmanciPay desenvolvido como um projeto de código-fonte aberto com estudantes do MIT e do King's College de Londres. E tem sido uma forma útil de simbolizar o cliente e o fornecedor, oferta e demanda e outras reciprocidades. Mas não significa que devemos ficar fixados nisso.

Significa que temos um longo caminho a percorrer até que as ferramentas de VRM tenham IUs que exijam seu uso. Acredito que esse será o desafio mais importante para o desenvolvimento do VRM quando as ferramentas se tornarem suficientemente maduras e utilizáveis.

Muitas ferramentas de VRM serão puramente para a infraestrutura e não precisarão de interface atraente. Mas, para usos que envolvam expressões de intenção conscientes, boas IUs são essenciais.

BEM, ENTÃO...

O principal benefício de VRM + CRM serão os relacionamentos genuínos, em vez daqueles apenas no nome. Mas não teremos essas relações se as ferramentas não conseguirem ser usadas. Para isso, as IUs serão importantes. Sem a capacidade de expressar intenção com facilidade, a Economia da Intenção terá um início lento.

PARTE IV

O fornecedor libertado

Clientes capacitados tornam as empresas competitivas.
Christopher S. Rollyson

As empresas precisam dançar com, e não sobre, seus clientes.
Adele Menichella

25

A dança

> Nunca há uma boa venda para a Neiman Marcus
> que não seja uma boa compra para o cliente.
> Stanley Marcus[1]

> O consumidor não é idiota. É sua esposa.
> David Ogilvy[2]

O ARGUMENTO

A Economia da Intenção é uma dança em que fornecedores e clientes conduzem e seguem um ao outro.

Em 2007, tínhamos um apartamento próximo de Cambridge, Massachusetts, para que eu pudesse estar perto do Berkman Center e de colegas da área de Boston que trabalhavam no ProjectVRM. Mas escolher onde alugar não foi uma decisão fácil. Primeiro, queríamos encontrar a escola certa para nosso filho, que então ingressava na 5ª série. Segundo, minha esposa queria fazer compras em um Trader Joe's. Encontramos ambos nas proximidades.

No início, não entendia por que ela gostava tanto do Trader Joe's. A qualidade dos alimentos importava, é claro, assim como os preços baixos, a variedade simples de produtos gourmet e a atmosfera de baixa pressão na loja.[3] Alguns itens lá (como queijos, condimentos e biscoitos) estavam entre seus favoritos de qualquer loja. E ela gostava da sensação de que não havia nada de ruim lá, o que significava que tudo na loja merecia pelo menos uma chance. Ainda assim, eu me perguntava como Trader Joe's fazia isso tão bem. Como um comprador menos criterioso, o TJ's não parecia *tão* especial para mim, embora eu gostasse do lugar.

Os primeiros sinais vieram com um artigo na revista *Fortune*, de agosto 2010, intitulado "Dentro do mundo secreto do Trader Joe's". Ele explicava:

> As vendas da empresa, de capital fechado, no ano passado, foram de cerca de US$8 bilhões, os mesmos números da Whole Foods (WFMI, *Fortune 500*) e maiores do que os da Bed Bath & Beyond, número 314 na lista da *Fortune 500*.

Ao contrário desses empórios comerciais enormes, o Trader Joe's tem uma estratégia de escala deliberadamente reduzida: ele abrirá apenas mais cinco locais este ano. A empresa seleciona lojas relativamente pequenas, com uma seleção de itens realizada cuidadosamente. (Os supermercados típicos podem oferecer 50 mil produtos diferentes, ou SKUs [*stock-keeping units*]; o Trader Joe's vende cerca de 4 mil SKUs e cerca de 80% do estoque leva a marca do Trader Joe's.) O resultado: suas lojas vendem cerca de US$1.750 em mercadorias por metro quadrado, mais do que o dobro do Whole Foods. A empresa não tem dívidas e os fundos crescem de seus próprios cofres.[4]

Mas, então, a *Fortune* saiu por uma tangente difícil de mastigar: o "segredo" da empresa:

Você imagina que o Trader Joe's estaria ansioso para alardear seu sucesso, mas a gestão é obsessivamente reservada. Não há placas com o nome ou o logotipo da empresa na sede em Monróvia, a cerca de 40 quilômetros a leste do centro de Los Angeles... O Trader Joe's e seu CEO, Dan Bane, recusaram vários pedidos para falar com a *Fortune* e a empresa nunca participou de uma grande reportagem sobre suas operações comerciais.

Mas tive a sorte que a *Fortune* não teve, durante um longo almoço com Doug Rauch, um pesquisador sênior da Advanced Leadership Initiative de Harvard. Doug trabalhou por 31 anos no Trader Joe's, os últimos 14 anos como presidente da empresa. Agora aposentado, ele falava livremente, começando por explicar que o Trader Joe's não é reservado, apenas não tem interesse em falar com ninguém além de seus clientes. Acontece que a publicidade é apenas um dos muitos jogos que a empresa não joga.

Eis minhas anotações, feitas após eu chegar em casa vindo do almoço com Doug:

1. A palavra "consumidor" não é usada no TJ's. "É uma categoria estatística", diz Doug. "Dizemos 'cliente, 'pessoa' ou 'indivíduo'."
2. O princípio orientador do TJ's é servir como "um agente de compras do cliente". Ele se vê como completamente antiquado dessa maneira.
3. "Não fazemos truques." Não são apenas cartões de fidelidade, anúncios e promoções, mas qualquer coisa que manipule o cliente e insulte sua inteligência. "Essas coisas são uma imensa parte do varejo hoje e têm enormes custos ocultos." O TJ's também não reduz os preços afixados, nunca.
4. O TJ's não tem nenhum interesse na moda da indústria – em nada. Ele evita reuniões da indústria, associações, conferências e encontros semelhantes, porque muitas dessas coisas são sobre as últimas modas do varejo, muitas das quais são apenas para empurrar coisas para os clientes. Esse não é estilo do TJ's, porque essa não é sua substância. Ele não empurra.

5. O TJ's realmente acredita que os mercados são conversas – com os clientes. Uma tarefa fundamental dos altos executivos da empresa, explicou Doug, é caminhar pelos corredores das lojas e "comprar junto com os clientes".
6. Distribuição é criar os canais mais curtos e mais eficientes possíveis entre as primeiras fontes e os clientes nas lojas.
7. "Temos lojas. Eles têm fachadas." Doug disse que os corredores dos supermercados típicos tendem a ser "espaços" ocupados por outras empresas. A própria loja deve ser responsável por uma fração dos SKUs que o cliente vê.
8. "Não somos uma loja que tem tudo, porque nossos clientes não compram tudo em uma única loja, e ambos sabemos disso." Não ser uma loja que tem tudo, uma *one-stop shop*, também faz o TJ's se ajustar melhor ao mercado local.
9. Ele reduz os custos com seus fornecedores em parceria, sem exercer pressão. Isso é especialmente verdade com os custos de embalagem. Quase todos os produtos do TJ's carregam as marcas próprias da empresa, mesmo que venham de fontes com marcas de nome. "Nós possuímos o que compramos." O mais importante é que isso não acarreta encargos promocionais: nada de "compre um, leve dois", nada de vendas casadas, nada construído apenas para exposições especiais. A ausência dessas complicações agrada aos fornecedores. Assim também são as economias, que são todas passadas para os clientes em vez de rechearem as margens de lucro.
10. "Acreditamos na honestidade e na franqueza entre os seres humanos", disse Doug. "Fazemos isso nos envolvendo com a pessoa como um todo, e não apenas com a parte que 'consome'." Todo, aqui, significa autêntico. Este é especialmente o caso quando a gerência do TJ's caminha pelas lojas. O TJ's quer tomar conhecimento das coisas ruins e boas, o tempo todo, diretamente dos clientes. "Nós até abrimos os pacotes com os clientes para provar e falar sobre os produtos." Como resultado, "Não há nada vendido no Trader Joe's que os clientes não tenham melhorado".
11. Seu único veículo promocional – o opcional *Fearless Flyer* – pretende ser "uma narrativa sobre coisas diferentes que estamos vendendo ou iremos vender". Por exemplo, o *Fearless Flyer* atual tem uma matéria de duas páginas sobre o queijo: sua história, ingredientes, como é produzido.[5] Sobre o Brie francês, ele diz: "Realmente vendemos mais Brie do que qualquer outro varejista no país, e continuamente provamos reiteradas vezes para nos certificar de que os vários Bries que oferecemos são da melhor qualidade e sempre representam um valor fantástico... Isso também nos permite oferecer este queijo de alta qualidade ao preço fantástico de US$7,99 por libra". Confissão: até esse minuto eu nunca tinha lido um *Fearless Flyer*. Mas adoro o Brie do TJ's e o comprei várias vezes.
12. Ele gosta de contratar gourmets e de transformá-los em especialistas – em vinho, em doces e em nutrição, o que quer que seja – e, em geral, recruta esses gourmets a partir da sua base de clientes e dentro da própria empresa.

13. Ser uma empresa de capital fechado não é ser egoísta, porque as empresas de capital aberto também estão no negócio de agradar Wall Street. Além disso, a maioria das ações é de curto prazo, de qualquer maneira. "Se fôssemos uma empresa de capital aberto, o Trader Joe's não seria sua loja."

Assim, o Trader Joe's proporciona um estudo controlado sobre como os mercados voltados para o diálogo podem prosperar, em "escala", sem truques publicitários. Ao interagir com os consumidores e solicitar constantemente a contribuição do cliente, o Trader Joe's é um modelo da atitude exigida não apenas por simpatia com o VRM, mas para sobreviver num mundo em que os clientes estarão preparados para fornecer sua contribuição, quer os comerciantes gostem ou não.

Fui apresentado a Doug por José Alvarez, professor adjunto de Administração de Empresas da Harvard Business School. A posição mais recente de José fora da academia foi como presidente e CEO da Stop & Shop/GiantLandover. Antes ele estava na Shaw's. Embora tenha muito a ver com o tipo de inovações que abordamos no Capítulo 6, o que ele ensina sobre o varejo está ancorado em uma história profunda – especialmente do que nós esquecemos. Essa história esquecida está encapsulada em uma única frase que ele disse em um almoço: o propósito original do comerciante era servir como um agente do cliente.

Se você fabricasse ou comprasse tecidos na Veneza de 1250 por exemplo (que é mais ou menos a época em que o comerciante Marco Polo foi para o Oriente a serviço da empresa), precisaria de materiais – lã, linho, algodão – de algum lugar, pois Veneza em si era um conjunto de ilhas compostas inteiramente de estruturas de pedra sobre estacas fincadas em um pântano. O comerciante conseguia o que precisava. Existia, de uma forma muito real, o que Craig Burton chama de "cadeia de demanda". Depois da minha conversa com Doug, entendi pela primeira vez o que "Trader Joe's" significava literalmente. Também entendi que "agência" significa, em primeiro lugar (ver Capítulo 11),

Clientes, e não consumidores

A palavra *consumidor* apareceu pela primeira vez no início do século XV, quando significava "aquele que dilapida ou desperdiça".[6] Em 1776, quando Adam Smith publicou *A riqueza das nações* (no qual *consumidor* aparece 48 vezes), a palavra ganhou um significado econômico, como a contrapartida de *produtor*.[7]

Na metade do século XX, no entanto, os consumidores se tornaram membros de mercados de massa: vivendo as encarnações do apetite, ou o que Jerry Michalski, fundador da REX (Relationship Economy Expedition), chama de "goelas com carteiras e olhos".[8]

Os consumidores têm poder apenas em grupos, e a maioria deles são categorias vistas pelos comerciantes, e não por sindicatos que representam os interesses comuns dos indivíduos. Por isso a Consumers Union foi formada em 1936, e é por isso que continua a ser uma instituição poderosa hoje. É também por isso que os governos mantêm índices de preços ao consumidor (IPCs) e departamentos e agências de defesa do consumidor. (Quando procuro por "customer protection agency" no Google, ele pressupõe que quero dizer "consumer" e me dá resultados para isso.)[9]

Eis a diferença: enquanto consumidores são animais de rebanho (quer dizer que, de cima, eles *parecem* assim), clientes são seres humanos de maneira mais profunda – eles exigem respeito por quem e pelo que cada um deles é, o que é diferente de todo mundo.

Nenhuma característica humana é mais distintiva que a diferença. Mesmo gêmeos geneticamente idênticos, que começam a vida como uma única célula fertilizada, podem tornar-se tão únicos como quaisquer outros dois seres humanos que nunca viveram.[10]

Como seres humanos individuais, o respeito que queremos vai além de mera cortesia. Queremos a compreensão dos outros no sentido de que o que trazemos para as conversas, relações e transações são mais do que palavras, compromissos e dinheiro. Também trazemos o que somente nós sabemos, acreditamos, pensamos e dizemos.

Nada disso pode ser totalmente representado, muito menos replicado, por qualquer pessoa ou qualquer outra coisa, nem mesmo pelas construções de "grandes dados". A agência daqueles que nos representam funciona melhor quando leva adiante a essência pessoal que é somente nossa. As mais importantes dessas, para os objetivos do negócio, são nossas intenções.

Apenas chamar nossa atenção, como consumidores, não irá mais funcionar – não importa quão "personalizada" o vendedor torne nossa "experiência" como alvo de suas adivinhações.

Além da câmara de eco

Dentro das cadeias de valor do mundo, o termo *fornecedor* habitualmente se aplica às fontes fornecedoras de bens e serviços, enquanto *consumidor* refere-se aos compradores abastecidos por esses serviços. A Safeway varejista é uma cliente da General Mills e uma fornecedora para os consumidores que vão às lojas Safeway. A General Mills nunca chamaria a Safeway de "consumidora", o que confirma a natureza coletiva dos consumidores e as naturezas individuais dos clientes. Para seu crédito, varejistas como a Safeway também não tendem a chamar seus clientes de "consumidores" – pelo menos não na frente deles – porque os funcionários das lojas Safeway interagem face a face com os clientes todos os dias.

O Trader Joe's não está sozinho em não chamar os clientes de "consumidores". A Target, por exemplo, chama os clientes de "convidados". Assim, na página Web da empresa intitulada "Convidados exclusivos da Target", a palavra "consumidor" não aparece. A página também diz coisas sugestivas como "Target atrai convidados tão exclusivos como suas lojas" e "Os convidados da Target são criteriosos sobre como gastar e onde comprar. Eles sabem que qualquer comerciante pode igualar o preço, mas e quanto ao valor? Os convidados da Target se esforçam para fazer o máximo com seu tempo e dinheiro, reconhecendo a diferença entre o preço e o conceito mais duradouro de valor".[11]

Essa consciência sobre os clientes ajuda a distinguir a Target de outros grandes varejistas de descontos. No entanto, a palavra "convidado" também carrega um cheiro de eufemismo. Vários anos atrás eu estava conversando sobre VRM com um executivo de alto nível da Target. Depois de me contar as várias maneiras como a Target se distancia de outros grandes varejistas (compromisso com a diversidade, elevada porcentagem de mulheres em cargos executivos, compromisso com a qualidade do produto, chamar clientes de "convidados" etc.), ele resumiu o assunto com esta frase: "Fazemos tudo o que podemos para possuir o cliente." Eu retruquei: "Qual é outra palavra para possuir um ser humano?" Ele disse: "Oh meu Deus: é *escravidão*. Por que falamos assim?" A resposta é que nos negócios geralmente se fala assim, e principalmente para si mesmo.

Por exemplo, considere as feiras de negócios.

Veja a Grande Feira da Federação Nacional do Varejo de 2012, realizada em Nova York, em janeiro.[12] O primeiro item da agenda foi "Desenvolvimentos críticos em Marketing de Varejo: entendendo os consumidores, construindo as marcas". A sessão foi patrocinada pela IBM e o orador foi Jon Iwata, vice-presidente sênior de Marketing e Comunicações da IBM. Extraído da página Web da agenda: "Um novo estudo da IBM revela que 71% dos diretores de marketing de varejo se sentem despreparados para gerenciar a explosão de dados. Os diretores estão animados com o vasto conhecimento disponível sobre os clientes e os meios para alcançar e servi-los de novas maneiras, mas o desafio deles é como usar essas informações para entender o que está acontecendo agora, atuar sobre a informação em tempo real e até mesmo prever com sucesso os resultados."[13]

Vamos contextualizar isso. A IBM é um dos maiores fornecedores de equipamentos e serviços de TI (Tecnologia da Informação) para os varejistas. A empresa estava fazendo grandes dados muito antes de o termo "TI" aparecer e sua competência com os "grandes dados" é certamente uma coisa útil para muitos varejistas. Mas nenhum dos grandes dados oferecidos hoje, em qualquer negócio, é um substituto para as informações intencionalmente entregues por clientes reais que estão engajados, "um para um", com os varejistas no mercado – ao seu próprio modo e em seus próprios termos. A Fortaleza dos Negócios (ver Capítulo 22) não pode fazer isso falando apenas para si mesma ou procurando seus próprios fornecedores apenas para orientação.

Ainda assim, os varejistas são realistas e há sinais, até em feiras de negócios, de que a liderança do cliente é inevitável em qualquer caso. Eis o texto com a descrição de uma sessão da Grande Feira de 2012, intitulado "Ganhando o comprador digitalmente reforçado de hoje":

> Hoje, o caminho da compra tornou-se dinâmico e fluido, com múltiplos pontos de contato, interações e engajamento – muitos dos quais ocorrem fora da loja física. Embora a influência da marca continue a desempenhar papel significativo, a voz do comprador está se tornando mais forte e o comprador está no controle. Os motoristas da mudança móvel, digital e social estão transformando as viagens de compras – antes, durante e depois. As regras mudaram. O comprador se tornou digital e os comerciantes precisam encontrar novas e inovadoras formas de se envolver com o comprador digitalmente capacitado de hoje. As chaves para o engajamento, influência e fidelidade exigem conhecer a mentalidade do comprador e se engajar nas conversas diretas.[14]

"Mentalidade" não diz respeito ao que os clientes irão trazer para a mesa que os varejistas estão preparando. Entre outras coisas, queremos saber o que entra nos produtos e serviços que compramos, e não apenas o que está acontecendo nas pontas próximas das cadeias de suprimento. A principal razão pela qual queremos saber essas coisas é que nos preocupamos com mais coisas do que apenas pagar o mínimo possível. Atrair com pechinchas é um jogo menos divertido para todos jogarem quando todos os verdadeiros custos são expostos.

Sem truques

A Online Etymology Dictionary, de Thomas Harper, oferece isso como a origem de *gimmick (truque)*: "1926 (em 'Wise-Crack Dictionary', de Maine & Grant, que define como 'um dispositivo usado para tornar desonesto um jogo honesto"), Amer. Eng., talvez uma alteração de *gimcrack* ou um anagrama de *magic*."[15] Entre outras definições, o *Merriam-Webster* diz que truque significa "um artifício ou dispositivo utilizado para atrair um negócio ou a atenção <um truque de marketing>".[16]

Há muitos truques de marketing, mas todos servem para atrair a atenção do comprador e para mascarar o valor intrínseco – com custos tanto para o vendedor como para o comprador. Por exemplo, o "desconto de 75¢ em dois produtos quaisquer da Old El Paso" oferecido a mim pelo scanner da Stop & Shop (ver Capítulo 6) nada tem a ver com o valor desses produtos como alimentos ou o valor de Old El Paso como marca.[17]

Na verdade, o desconto rebaixa a marca. Tanto as lojas como as marcas certamente estão cientes disso e talvez até incluam esse custo em seus cálculos de preços. Mas a máscara ainda está lá e essa é a razão pela qual o Trader Joe's (e um punhado de outros grandes varejistas de alimentos – notadamente o Whole Foods) oferece um preço único, sem desconto. Mas eles continuam a ser exceção. A arte dos truques ainda reina.

Em *Our Dumb World*, que talvez seja o livro mais engraçado já escrito, *The Onion* chama os Estados Unidos de "terra do oportunismo" – um lugar onde loterias "permitem que milhares de pessoas percam instantaneamente" e o "combo #5" é listado como "cozinha tradicional".[18]

Em seu livro *Cheap: The High Cost of Discount Culture*, Ellen Ruppel Shell escava profundamente as trágicas verdades que fazem as piadas do *The Onion* sobre os Estados Unidos soarem tão verdadeiras. Sobre as consequências da recente crise financeira, ela escreve:

> Nossa fixação em todas as coisas baratas nos desencaminhou. Cometemos erros estúpidos antes e nos reerguemos, castigados, porém mais fortes. A partir deste último fiasco, aprendemos a dura lição de que não podemos desenvolver um país e um futuro com uma dieta constante de "grandes negócios".
>
> Os americanos adoram uma pechincha e isso não está prestes a mudar. Mas às vezes o que parece ser um negócio é realmente apenas um empréstimo ruim.[19]

O desconto também é uma droga, o que explica melhor por que um negócio tão condenado como o jogo original de cupons da Groupon não só tem grande força, como também recebeu uma oferta de aquisição entre US$5 e US$6 bilhões do Google que os fundadores *recusaram*.[20] Quando vi pela primeira vez essa notícia, achei que *era* outra piada do *The Onion*. De fato, a avaliação presumida do Groupon até o momento disparou para mais de US$30 bilhões. De acordo com Andrew Ross Sorkin, editor-geral do *New York Times DealBook*, essa marca hiperalta foi atingida por Lloyd Blankfein, CEO da Goldman Sachs, que "voou para Chicago pessoalmente para convencer sua empresa a participar do que se supunha ser a oferta pública inicial mais quente do ano". Ele conseguiu convencê-los. Posteriormente (em 17 de outubro de 2011), Sorkin escreveu: "A avaliação terá sorte se for de mais de US$10 bilhões."[21]

Não sou analista, mas posso dizer com confiança que o Groupon é um substrato de valor para quase todas as empresas que compram sua conversa. Seu valor para a economia é inferior a zero, pois é puro truque, assim como os Selos Verdes e os quase meio bilhão de sites promocionais que aparecem em uma busca no Google por "cupons".

Um velho ditado diz: "A cocaína faz você se sentir como um homem. O problema é que o homem quer mais cocaína." Os cupons são cocaína para os negócios.

Para sair da droga do desconto, é bom saber que as empresas podem sobreviver – e prosperar – sem Groupons ou cupons, ou sem absolutamente qualquer truque. Conforme relatei no Capítulo 8, uma das explicações para o Kmart ter afundado enquanto o Walmart decolou (pelo menos de acordo com Lee Scott, ex-CEO do Walmart) foi que o Kmart viciou seus clientes em cupons, enquanto o Walmart não.

Lição: quando sua empresa e seus clientes ficam ambos viciados em descontos, você não tem uma noção clara de quanto seus produtos e serviços realmente valem ou como é possível aumentar seu valor intrínseco.

Alguns clientes, é claro, permanecerão viciados em cupons para sempre. Mas a maioria dos clientes não precisa de cupons; nem as empresas que os distribuem. Eles também não precisam da maioria das práticas de engorda de despesas listadas no Capítulo 8: publicidade e vendas consignadas, concursos, publicidade cooperada, prêmios de venda do fornecedor aos varejistas, desconto por exposição, distrações, compra antecipada, gastos comerciais variáveis, acordos comerciais, taxas por ocupação de espaço, incentivos de vendas dos varejistas aos seus vendedores, e o restante delas. Não se o que eles oferecerem for atraente e valioso para início de conversa.

O delírio maior

Viva por algum tempo e você começa a ver uma série de crises no mercado. A mais próxima de casa, para mim, ainda é a crise das pontocom, que experimentei como técnico no Vale do Silício e como jornalista cobrindo os eventos, ao vivo. Eis um trecho de "Lições no meio da crise", que escrevi para o *Linux Journal*, em agosto de 2001:

> Agora é óbvio que a crise vai continuar, até o ponto em que cada empresa de tecnologia financiada por capital de risco e fundos públicos – que nunca foi um verdadeiro negócio – deixar de tentar se tornar um. Na maioria dos casos, isso vai acontecer quando elas terminarem de queimar o dinheiro de seus investidores – depois de bater os carros de seus investidores enquanto um fumava a fumaça do outro.
>
> Quando a "economia da Internet" ainda era um congestionamento em uma pista de alta velocidade, em algum lugar por volta de 1999, San Francisco, onde eu estava, era uma festa. A maioria das pessoas lá eram jovens "empresários" ligados em moda. Muitos ternos pretos, penteados espetados, cavanhaques e piercings. Caí na conversa com um desses caras... (que) estava em sua segunda ou terceira startup e, ansiosamente, pregando a "missão" de sua nova empresa com uma corrente de chavões.
>
> "O que sua empresa faz, exatamente?", perguntei.
>
> "Somos comerciantes de armas para a indústria de portais", respondeu ele.
>
> Quando o pressionei por mais detalhes (Como são os portais de uma indústria? Que tipo de armas você está vendendo?), recebi mais chavões de volta. Finalmente, fiz uma pergunta rude: "Como estão as vendas?"
>
> "Elas estão ótimas. Acabamos de fechar nossa segunda rodada de financiamento."

Assim, tive uma epifania: *cada empresa tem dois mercados: um para seus produtos e serviços e um para si mesma* – e o último ultrapassou o primeiro. Nós realmente pensávamos que vender empresas para investidores fosse um modelo verdadeiro de negócios.[22]

A situação era ainda pior do que isso, porque a crise das pontocom foi apenas o sintoma de uma grande desordem econômica chamada *financeirização*, que levou à crise do mercado imobiliário no final dos anos 2000. Em *American Theocracy: The Peril and Politics of Radical Religion, Oil, and Borrowed Money in the 21st Century*, Kevin Phillips chama de financeirização "um processo pelo qual os serviços financeiros, compreendidos amplamente, assumem o papel econômico, cultural e político dominante em uma economia nacional".[23] Em seu livro seguinte, *Bad Money: Reckless Finance, Failed Politics, and the Global Crisis of American Capitalism*, ele escreve: "...em menos de meio século, as finanças elevaram sua imagem de um cassino suspeito (uma memória de 1929) para um altar secular, do cockpit emocional para o Mercado Eficiente, e de um campo de batalha de velhacos para o campo de jogo de exemplares do Mercado Eficiente, como especuladores, arbitragistas, designers de derivativos de crédito e especuladores corporativos."[24]

A financeirização também pode causar psicose dentro das empresas: o afastamento da mente corporativa da realidade, que é o próprio negócio, em vez de seu valor em Wall Street.

Vamos encarar o fato: poucos empreendedores entram no negócio dizendo: "Mal posso esperar para maximizar o valor do acionista." Eles entram no negócio porque veem a oportunidade em uma obsessão ou outra, e querem fazer essa obsessão atrair os clientes. Eis como Peter Drucker expõe a diferença em uma entrevista à *Fortune* em 1998:

> Há uma coisa que os analistas financeiros nunca vão entender, e isso são os negócios, porque eles acreditam que o dinheiro é real. Analistas financeiros acreditam que as empresas fazem dinheiro. Empresas fazem sapatos. Nenhum analista de financeiro consegue realmente entender isso. Sim, o preço das ações é extremamente importante, pois controla o custo de seu recurso mais caro – o capital... e não há lucro a menos que você ganhe o custo do capital.[25]

A menos que sua empresa ganhe dinheiro com dinheiro, você faz sapatos. Cem por cento das pessoas que usam sapatos são chamados de clientes, e não acionistas. Se você faz os acionistas felizes sem fazer o mesmo primeiro para os clientes, sua empresa está dançando na beira de um precipício. Porque, assim que os clientes tiverem uma escolha melhor, eles irão embora.

Exemplos perfeitos: Nordstrom e Zappos.

Em 1999, no auge do boom das pontocom, a Nordstom foi pioneira na venda de sapatos on-line. Com a ajuda da Benchmark Capital, uma empresa de capital de risco renomada do Vale do Silício, a Nordstrom lançou uma sofisticada nova loja de sapatos, apresentando o melhor e mais avançado design de site de comércio eletrônico da Web. Eis o que Stefanie Olsen, da CNET News.com, informou na época:

> O site Nordstromshoes.com, que oferece aproximadamente 20 milhões de pares de sapatos, procura atrair clientes on-line com um novo sorteio nacional... A promoção Make Room for Shoes vai sortear sapatos grátis por toda a vida, entre outros prêmios. Os clientes da Nordstromshoes.com podem devolver suas compras a qualquer uma das lojas físicas da Nordstrom. Os funcionários da loja podem encomendar os itens pelo site para clientes que não conseguem encontrar o que procuram nas lojas da Nordstrom.
>
> O varejista também planeja gastar US$17 milhões nesta temporada de férias promovendo sua nova loja de sapatos online.
>
> A Nordstrom calcula que o negócio de calçados on-line crescerá de US$121 milhões este ano para algo em torno de US$902 milhões em 2003, mas a competição será intensa. Banana Republic, Macy e Nike, entre outros, todos vendem calçados on-line.[26]

Mas a competição não veio de nenhum desses suspeitos habituais. Ela veio da ShoeSite.com, que havia sido lançada alguns meses antes. Por volta da época em que a Nordstromshoes.com entrou on-line, a ShoeSite.com transformou-se na Zappos. O resto é história, incluindo a Nordstromshoes.com (esse endereço agora redireciona para shop.nordstrom.com/c/shoes). A Zappos (slogan: "Powered by Service", "Movida pelo serviço") superou a Nordstrom fazendo melhor o que esta tentava fazer. Enquanto a Nordstrom prosperou no mundo físico oferecendo um serviço ao cliente de alto nível, tornado possível por inventários profundos dos produtos e tamanhos, a Zappos a venceu em tudo isso no mundo on-line. Em 2009, a Zappos foi vendida à Amazon.com por US$1,2 bilhão em ações. Ela ainda opera de forma independente.

A Zappos venceu por tratar bem os clientes e deixá-los no controle. Desde o início, ela via os relacionamentos como um investimento, e não como uma despesa. Também via a conversação como uma vantagem, e não como uma perda de tempo. Em outras palavras, quanto mais, melhor.

De acordo com Jane Judd, gerente sênior de fidelização do cliente da Zappos: "A chave é a conexão pessoal e emocional e envolver o cliente."[27] Isso significa, por exemplo, não impor limites de tempo ao telefone. O tempo recorde atual de uma chamada de cliente para a Zappos é de 8 horas e 28 minutos, uma marca que a Zappos ostenta com orgulho.[28]

A Zappos também ganha por ser *realmente* diferente, não um pouco diferente. Em *Different: Escaping the Competitive Herd*, Youngme Moon (professor da cadeira Donald K. David na Harvard Business School) escreve: "Em categoria após categoria, tornou-se evidente que a diferenciação competitiva é um mito. Ou, para expor isso mais precisamente, em categoria após categoria, as empresas ficaram tão coletivamente presas a um ritmo particular de competição que parecem ter perdido de vista seu mandato – que é criar uma clara separação entre uma e outra. Portanto, quanto mais arduamente elas competem, menos diferenciadas se tornam."[29]

É fácil perder uma excelente frase – um sub-subtítulo – quase escondido no arranjo estilístico do texto da página de título do livro. Lá se lê: "Destacando-se em um mundo no qual a conformidade reina, mas as exceções governam." Para se aprofundar totalmente no que isso significa, considere a Apple, que a autora chama de "mais um lembrete, contra um mar de homogeneidade competitiva, do grau de carisma que a diferença pode oferece".[30] Ouça Steve Jobs narrar um anúncio de televisão de um minuto intitulado "The Crazy Ones" ("Os loucos"), que lançou a campanha "Think Different" ("Pense diferente") da Apple depois que Steve voltou para a empresa. Eis a cópia do texto:

> Aqui é para os loucos, os desajustados, os rebeldes, os criadores de problema, os peixes fora da água, aqueles que veem as coisas de forma diferente. Eles não gostam de regras. Você pode citá-los, discordar deles, glorificar ou difamá-los, mas a única coisa que você não pode fazer é ignorá-los, porque eles mudam as coisas. Eles empurram a raça humana para frente. E enquanto alguns veem loucos, nós vemos gênios, porque os que são loucos o suficiente para pensar que podem mudar o mundo são aqueles que o fazem.[31]

Richard Dreyfus fez a voz no anúncio que foi ao ar na televisão. Mas, depois que Steve Jobs morreu, a versão com a própria voz de Steve apareceu no YouTube. É estranho, porque deixa claro como Steve era realmente diferente – e como estava determinado a tornar sua empresa e seus produtos bem diferentes.

Aprendendo novos passos

O "diferente" que as empresas fazem é retornar para o local livre e aberto, quando os mercados estavam prestes a começar. Eis o que David Weinberger e eu escrevemos sobre esse lugar no capítulo "Mercados são conversas", de *The Cluetrain Manifesto*:

> Os primeiros mercados estavam cheios de pessoas, e não de abstrações ou agregados estatísticos, pois eles eram os lugares onde a oferta atendia a demanda com um aperto de mão firme. Os compradores e vendedores olhavam uns para os outros nos olhos, juntos e conectados. Os primeiros mercados eram locais de troca, em que as pessoas vinham comprar o que outros tinham para vender – e para falar.
>
> Os primeiros mercados eram cheios de conversa. Algumas delas eram sobre bens e produtos. Algumas eram notícias, opiniões e fofocas. Pouco disso

importava a todo mundo; tudo isso envolvia alguém. Havia muitas vezes conversas sobre o trabalho das mãos: "Sinta essa faca. Veja como se encaixa na palma de sua mão." "O algodão nesta camisa, de onde ele veio?"... Algumas dessas conversas terminavam em uma venda, mas não se deixe enganar. A venda era meramente o ponto de exclamação no final da frase.

Os líderes de mercado eram homens e mulheres que usavam as mãos para o trabalho que faziam. Seu trabalho era sua vida e suas marcas eram os nomes pelos quais eram conhecidos: Miller (moleiro), Weaver (tecelão), Hunter (caçador), Skinner (curtidor), Farmer (fazendeiro), Brewer (cervejeiro), Fisher (peixeiro), Shoemaker (sapateiro), Smith (ferreiro).

Durante milhares de anos, soubemos exatamente o que os mercados eram: conversas entre as pessoas que procuravam outras que partilhavam os mesmos interesses. Os compradores tinham muito a dizer como vendedores. Eles falavam diretamente uns com os outros sem o filtro da mídia, o artifício das declarações de posicionamento, a arrogância da publicidade ou o ocultamento das relações públicas.

Esses eram os tipos de conversa que as pessoas haviam mantido desde que começaram a falar. Sociais. Apoiadas na interseção de interesses. Abertas a diversas soluções. Essencialmente imprevisíveis. Faladas a partir do centro do eu. "Os mercados eram conversas" não significa "os mercados eram barulhentos". Significa que os mercados eram locais onde as pessoas se reuniam para ver e falar sobre o trabalho uns dos outros.

A conversa é um ato profundo de humanidade. Tal como eram os mercados.[32]

Mas falar não é tudo o que as boas empresas fazem. Elas também dançam.

Atualmente, a maioria das categorias do mercado de varejo são pistas de dança em que cada cliente ouve dezenas, centenas ou milhares de empresas, cada qual com megafone, chamando para uma dança. O que essas empresas precisam fazer, em vez disso, é largar o megafone e – à maneira do Trader Joe's e da Zappos – comprar junto com os clientes. Dançar. Claro, conduzir algumas vezes, mas também acompanhar.

Não é fácil. Ao longo da era industrial, os negócios como um todo sempre assumiram a condução – ou pensavam que deveriam. Mas para os clientes assumirem a responsabilidade – o que eles farão, pelo menos na metade do tempo –, também têm de assumir a condução.

Isso ajuda a fornecedores e clientes a trazer para a pista de dança, ambos, qualidades que o outro não tem e que ambos precisem um do outro para a economia funcionar e a civilização prosperar. Nem sempre eles precisam amar uns aos outros ou mesmo conhecer uns aos outros. Mas precisam respeitar, compreender e aprender uns com os outros. Eles não podem fazer isso de forma plena se um lado tentar constantemente dominar o outro.

Uma coisa que as empresas são livres para fazer é agradar e encantar os clientes com produtos e serviços que realmente valem a pena. As chances de fazer isso só sobem se os clientes forem ouvidos e engajados como iguais, e não como escravos ou bezerros carentes.

Uma questão de amor

Meu amigo Antonio Rodriguez é um empreendedor serial, que uma vez relatou um diálogo interessante travado com um investidor de capital risco. Quando o investidor lhe perguntou, "Como você amarra seu cliente?", Antonio respondeu: "Com o amor. Queremos que os nossos clientes amem nossa empresa."

Você não tem de gostar de todos seus clientes. Mas tem de amá-los. E o amor segue por dois caminhos, não apenas por um. O mesmo acontece com a intenção. Se sua empresa inventa armadilhas para os clientes ou os atrai com truques, você não tem uma dança – apenas um jeito desconjuntado de se mexer. Mas, se você realmente se relaciona com seus clientes, descobrirá como se mover junto, o que não era possível quando você executava o show inteiro sozinho.

BEM, ENTÃO...

Pense nas danças que acompanharam o jazz, a música das big bands e o rock pelo o mundo. Todas elas foram inventadas pelos próprios dançarinos e nenhuma delas era previsível antes de a música começar.

O mercado em rede de hoje é muito parecido com aquele em que estávamos quando o rádio começou, em 1920. Mas a história irá se mover muito mais rápido agora, porque tudo e todos estão muito mais conectados. A vida na cidade tende a ficar muito mais interessante. Não há como evitar isso. A escolha é dançar ou morrer.

Você não está sozinho nesse negócio. Seus clientes estão juntos, mesmo que você não saiba disso. Comece a dançar com eles e todos vocês serão livres.

26

A causa dos recursos comuns

As cidades são as maiores criações da humanidade.
Daniel Libeskind[1]

O ARGUMENTO

A Internet é um recurso comum com as características de uma cidade mundial. Adaptar-se à vida nela é essencial. As empresas não somente se darão melhor, como também aproveitarão mais as oportunidades e (se tiverem sorte) viverão muito mais tempo.

Pense na Internet como uma World Wide City, uma cidade de alcance mundial, e você conseguirá entender por que ela é tão bem dimensionada. Ela apoia e abraça a abundância e a diferença. Seu valor cresce com cada pessoa, cada dispositivo, cada tipo de trabalho que se conecta a ela.

A World Wide City também é um World Wide Commons, um recurso comum de alcance mundial. Esse é o vasto novo mercado, no qual as empresas conectadas agora vivem. Precisamos mantê-lo vasto para aproveitar as oportunidades que ele oferece a fim de conectar e, portanto, produzir.

O mercado conectado em rede não se reduz às empresas e aos governos que fornecem sua infraestrutura com fio e sem fio. A Internet é um segundo mundo, dentro e junto do mundo físico que habitamos desde o início. Além disso, a Internet ainda é muito jovem. Precisamos entendê-la, à medida que a construímos, e construir sobre ela. Independentemente de como nossa compreensão progride, devemos ter claro que a Internet é maior e mais essencial do que qualquer coisa ou qualquer pessoa que poderia limitá-la.

As empresas devem ser intencionais sobre o funcionamento e o crescimento da Internet. Limitar a Internet só pode limitar o que pode ser feito nela – e isso seria ruim para os negócios.

Genialidade como recurso

Ed McCabe, um dos melhores redatores da história da publicidade (e um herói para mim quando eu estava nesse negócio), disse: "Não conheço nenhum uso para as regras. Elas só excluem a possibilidade de exceções brilhantes."[2]

A humanidade é construída por exceções. Os mais de 3 bilhões de pares de bases de DNA no genoma humano são plataformas para uma variedade incalculável de indivíduos. O grande Professor John Taylor Gatto analisava deste modo:

> Acredito que a genialidade é uma qualidade humana extremamente comum, provavelmente natural para a maioria de nós. Eu não queria aceitar essa ideia – longe disso –, pois minha própria formação em duas universidades de elite me ensinou que a inteligência e o talento distribuem-se economicamente através de uma curva em forma de sino... O problema era que as crianças mais improváveis continuavam demonstrando para mim, em momentos aleatórios, tantas marcas da excelência humana – inventividade, sabedoria, justiça, desenvoltura, coragem e originalidade – que fiquei confuso... Seria possível que eu tivesse sido contratado não para ampliar o poder das crianças, mas para diminuí-lo?... Lentamente, comecei a perceber que a rotina escolar e o confinamento, as sequências malucas, a segregação por idade, a falta de privacidade, a vigilância constante... tudo isso foi projetado exatamente como se alguém tivesse a intenção de evitar que as crianças aprendessem a pensar e agir, a fim de atraí-las para o vício e o comportamento dependente...
>
> Abandonei a ideia de que eu era um expert, cujo trabalho era preencher as cabecinhas com minha experiência, e comecei a explorar como poderia remover os obstáculos que impediam a genialidade inerente às crianças de se manifestar.[3]

Tal como as crianças nas classes criticadas pelo educador John Taylor Gatto, os clientes são classificados, confinados, segregados, vigiados e têm sua privacidade negada por meio de um sistema de valores da era industrial que procura a normalidade a qualquer custo. O maior desses custos é ignorar um fato essencial da vida humana: o fato de que somos todos diferentes, de que cada ser humano é mais do que um "recurso" e um "ativo". Somos, todos, fontes soberanas de inteligência e vantagem. Algumas coisas que dizemos e fazemos são parecidas com outras, mas muitas delas não são. Esse fato é mais do que uma Boa Coisa. É essencial para o crescimento da civilização e para tratar seus inevitáveis problemas.

A diferença humana é uma das maiores razões para as cidades prosperarem, mas as empresas, especialmente quando se tornam grandes, não prosperam. A natureza das cidades é receber e abraçar as diferenças abundantes: empresas diferentes, artes diferentes, cozinhas diferentes, escolas diferentes, formas de transporte diferentes, crenças diferentes, habitats diferentes, espaços públicos diferentes, formas de recreação diferentes – todas ocupadas e sustentadas por pessoas diferentes, cada qual com seu próprio personagem, cada qual com suas próprias intenções.

A genialidade também funciona como um fundo hedge para as empresas, uma forma de proteger seus investimentos. Se, como as empresas, somos forçados a lidar com uma massa de diferenças, isso deveria nos ajudar a saber que essas diferenças são as primeiras fontes de inovação e de ruptura. Com a ajuda de nossos muitos diferentes egos, podemos fazer muito mais, e melhores, apostas sobre o que vai funcionar.

Dar e receber

Na economia, gostamos de falar de atores racionais, escolhas racionais, comportamento racional. Mas nem todo o comércio é impulsionado por intenções e ações racionais. Existem as emocionais também. Tanto o racional como o emocional têm dimensões morais.

A maioria das moralidades formais tem como modelo a contabilidade. Considere a balança da justiça e nossa crença de que devemos pagar por nossos crimes. "Dívida", "dever" e "pagar" são algumas entre as muitas palavras financeiras em nosso léxico moral. Os cristãos, por exemplo, acreditam que Cristo morreu para pagar pelos pecados da humanidade.

Mas também há a moral da generosidade: dar sem esperar nada em troca. Como, por exemplo, o amor que damos aos nossos cônjuges e aos nossos filhos. O que damos é sem preço e não há contabilidade disso.

Em The Gift, Lewis Hyde classificou isso como *logos* e *eros*. Ele descreve *logos* como "a razão e a lógica em geral" e diz que "uma economia de mercado é uma emanação do *logos*". Ele descreve *eros* como "o princípio da atração, da união, de um envolvimento que une".[4] E explica:

> Não causa surpresa o fato de as pessoas que tratam uma parcela de sua riqueza como um dom vivam de maneira diferente. Para começar, ao contrário da venda de uma mercadoria, a entrega de um presente tende a estabelecer uma relação entre as partes envolvidas. Além disso, quando os presentes circulam no interior de um grupo, o comércio deixa uma série de relacionamentos interconectados no seu rastro e uma espécie de coesão descentralizada emerge.[5]

Quando olhamos para os sucessos que discutimos, para todas as suas diferenças (e as virtudes da própria diferença), vemos que eles compartilham essa combinação de logos e eros, de troca racional e criação de riqueza emocional que surgem de uma oferta de fora do sistema contábil. É mais profundo do que a política. É uma razão de ser. A Trader Joe's não está na Terra apenas para servir à empresa alemã que é sua dona. Nem a Apple e a Zappos existem para servir os acionistas. Elas estão aqui pelos clientes. A Trader Joe's faz isso com o simples contato humano. A Apple faz isso contratando obsessivos, chamando-os de "gênios" e conduzindo os clientes pela mão. A Zappos faz isso considerando o diálogo como marketing ao extremo.

Em cada caso, há o dar e também o receber. E a doação não é tudo na troca. Alguma coisa disso é puro *eros*.

Intenção

Viver é se mover. É por isso que usamos metáforas de viagem para falar sobre a vida. (Para saber mais a esse respeito, consulte o Capítulo 9.) Grande parte do nosso movimento é inconsciente, mas o movimento que importa não é. É intencional. Nossa vontade procura formas o tempo todo.

Como consumidores, não temos a intenção apenas de consumir. Temos a intenção de usar, desfrutar, investir, compartilhar, cuidar e falar. Pretendemos também que as empresas que mantemos permaneçam no negócio. (As empresas gostariam de matar umas às outras, mas os clientes preferem escolher entre empresas que não estão sendo mortas.)

Assim, *intenção* é um substantivo de ação e *pretender* é um verbo de ação que, juntos, trazem um mercado à vida. Quer nossas intenções sejam *logos*, *eros* ou alguma combinação dos dois, movimentam o dinheiro em uma direção, os bens em outra, a inteligência em ambas as direções e o crescimento na economia que todos nós compartilhamos.

Durante a maior parte da era industrial, as empresas estiveram obcecadas em conseguir a atenção dos clientes em potencial e dos consumidores. Essa obsessão nasceu em uma época em que alcançar e se conectar com mais do que um punhado de pessoas era difícil e caro. Atingir grandes mercados exigiu publicidade nos meios de comunicação e outras formas de chamar a atenção. Esse não é mais o caso.

BEM, ENTÃO...

Todos nós podemos nos conectar agora, mais facilmente do que nunca. Podemos tornar nossas intenções conhecidas pessoalmente e de uma maneira que pode promover e manter relacionamentos verdadeiros. E, se nenhuma relação for necessária, podemos nos conectar, praticar negócios e seguir em frente, com menos custo e incômodo.

A Economia da Atenção persistirá, porque as razões para isso não irão embora e nunca estiveram erradas. A Economia da Intenção crescerá porque é onde está o dinheiro. E o amor também.

Estamos nesta coisa juntos e ela é maior do que qualquer um de nós. Se a mantivermos nesse caminho, será bom para todos.

27
O que fazer

A cadeia da demanda e a cadeia de suprimentos precisam puxar uma à outra, lado a lado. É preciso haver diálogo ao longo do processo, para cima e para baixo, por todo o sistema: do vendedor com o comprador, do comprador com o vendedor – e até mesmo de comprador com comprador e de vendedor com vendedor.

Craig Burton[1]

O ARGUMENTO

No mercado financeiro, todo mundo procura uma "dica quente" de investimento. Hoje, o VRM é a "dica quente" do futuro e a Economia da Intenção ainda está no horizonte. Portanto, agora é um bom momento para começar a observar o desenvolvimento e investir nele.

Há fornecedores e clientes acima e abaixo por toda a cadeia de suprimentos. Mas são aqueles que estão no final dessa cadeia – os varejistas – que interagem pessoalmente com os clientes. O varejo também é, portanto, a categoria diretamente envolvida com as ferramentas de VRM dos clientes. Foi por isso que focalizei o varejo nesta parte do livro.

Obviamente, existem muitos outros tipos de empresas, tanto pelo mundo afora quanto acima na cadeia de suprimentos. O que se segue é uma orientação para uma pequena coleção de grandes negócios verticais e alguns conselhos gerais para todas as empresas antecipando o VRM e a Economia da Intenção, a fim de encontrá-los no grande meio que chamamos de mercado.

Então, por último, mas não menos importante, examinamos a Customer Commons, uma nova organização pontocom que terá muito trabalho a fazer, à medida que os clientes se tornarem agentes verdadeiramente livres no mercado livre e aberto.

Negócios verticais

Não há fim para as categorias de negócios verticais. O que espero é que as cinco categorias a seguir cubram território suficiente para indicar as formas como o VRM e a Economia da Intenção afetarão o restante delas.

Bancos e atividades financeiras

O EmanciPay, descrito no Capítulo 23, é apenas uma das ofertas dos novos negócios que deverão ser abertas para bancos e serviços semelhantes. Sem dúvida, haverá outras. A principal questão para os bancos na Economia da Intenção é como podem jogar melhor um jogo que inventaram há séculos: pagar por poupanças e cobrar por empréstimos. A melhor sinalização de clientes atuais e potenciais deve reduzir o risco e melhorar a capacidade de produzir ofertas e monitorar o desempenho. Os bancos também podem funcionar como agentes de quarta parte dos clientes.

O fato transcendente para o setor bancário na Economia da Intenção é que cada bom cliente é tanto poupador como devedor – mesmo que tudo o que tomem emprestado seja o dinheiro que gastam nas compras com cartão de crédito, enquanto pagam as contas integralmente uma vez por mês. Nos últimos anos, os grandes bancos têm tentado se livrar de pequenos clientes, aqueles que levavam seus negócios para outros lugares (em geral, para cooperativas de crédito).[2] Esses pequenos clientes, no entanto, são fontes de inteligência sobre o que está acontecendo "no chão" do mercado. Perdê-los é mais caro para os grandes bancos do que os números das planilhas sozinhos poderiam sugerir.

O negócio dos bancos e das finanças sempre foi o dinheiro em si. Muito dinheiro ganho fazendo apostas sobre o que valem empresas e outros títulos agora é o rabo abanando o cachorro bancário. Mesmo deixando de lado as falhas de securitização que levaram à Grande Recessão, o fato é que o valor de todos os títulos é inerentemente derivativo. Eles estão um passo, ou dois, ou três, distantes das primeiras fontes de valor, que vêm do que as pessoas e as empresas compram, criam, poupam e produzem.

A conexão de tudo na Live Web faz as primeiras fontes de valor ficarem muito mais manifestas. Quanto mais a criação de valor ficar unida, principalmente seguindo as intenções dos indivíduos, mais dela também será contabilizável. No passado, os bancos e instituições financeiras eram bons em contabilidade. Eles acabarão vendo as possibilidades que surgem quando muito mais contabilidade do trabalho real é feita no mundo.

Cadeia de suprimentos

A estrada das primeiras fontes para os clientes finais não é uma esteira rolante. É uma série de relações complicadas e agregações de valor que são sempre de vias de duas mãos, não de mão única. Assim, em vez de ver a cadeia de suprimentos como uma esteira rolante, pense na junção entre a oferta e a demanda como *funicular*, na forma de carrinhos ligados a cada extremidade de um cabo que passa por uma polia no topo, de tal modo que, enquanto um sobe, o outro desce. E pense nisso acontecendo a cada estágio.

De acordo com Michael Stolarczyk, autor de *Logical Logistics: A Common-Sense Primer for Your Supply Chain*, as cadeias de suprimentos não só transportam bens, no sentido mecânico, como também envolvem aprendizado constante para todos os envolvidos. "A colaboração cria valor e a empatia executiva torna a inovação mútua possível", diz ele. "Entender o que seus parceiros estão passando raramente é suficiente. Você precisa estar interessado e afinado também. Isso requer sentimento: Tornar as conexões emocionais, além de mecânicas."[3]

Essa empatia começa no lado do consumidor da "muralha da China", sobre a qual falei no Capítulo 2. Todos nós somos consumidores, não importa o que façamos no mundo dos negócios. Isso significa que todos nós vivemos nas extremidades das cadeias de suprimentos. Ter empatia com o consumidor – por nós mesmos – é uma exigência. Mas também é ter empatia como consumidores por fornecedores que trabalham por uma causa comum em cada fase na cadeia da demanda.

Isso não é possível em qualquer direção sem mais transparência do que temos hoje, mesmo com a Internet conectando cada operação do negócio. Durante boa parte da era industrial (que ainda está em curso), esconder a mecânica e as operações de tudo o que uma empresa fazia era geralmente considerado uma Boa Coisa e, na maioria dos casos, uma exigência para a administração. Agora as empresas precisam transformar-se de dentro para fora, como Craig Burton disse (no Capítulo 22), e ter seus exteriores repletos de APIs que expõem as competências essenciais. Para que a logística da cadeia de suprimentos torne-se o que Michael Stolarczyk chama de "locativa", você precisa de uma variedade sempre atualizada de dispositivos móveis portáteis inteligentes, GIS (Sistemas de Informação Geográfica), mapas do Google e diferentes APIs, visualizações AR (*Augmented Reality*), plataformas para dados e processamento baseadas na nuvem e até mesmo aplicativos de mídia social que criam camadas de dados no local. O que for preciso.

Examine de novo o que Bob, o vendedor, faz no cenário que vimos no Capítulo 22. Imagine-o como um agente inteligente movendo-se pela cadeia de oferta/demanda da vida – ou apenas em uma viagem de negócios. Examine todas as formas como ele, seus aplicativos e as APIs de vários serviços interagem, com base em como ele e sua quarta parte os programaram para interagir. Agora pense em um produto também como um agente, movendo-se da primeira fonte para o consumidor final, e nos laços de feedback de inteligência funicular que são estabelecidos e melhorados ao longo do caminho. Quanto menos fixados, fechados e presos em silos forem todos eles, melhor o sistema em sua integralidade e cada parte dele poderá aprender, adaptar-se, melhorar e competir em um mercado cada vez mais aberto.

Conhecer as intenções de cada contribuinte nesse sistema, especialmente quando elas mudam por meio da aprendizagem ao longo do tempo e a partir da experiência, será um requisito para a sobrevivência e o sucesso.

Serviços de saúde

Todas as coisas do VRM estão no nível humano, literalmente. Nenhum negócio é mais humano do que os serviços de saúde – ou mais falido, pelo menos nos Estados Unidos.

Não surpreendentemente, o trabalho de desenvolvimento do VRM está em curso nos serviços de saúde desde muito antes de o ProjectVRM aparecer para animá-los. Os RPSs (Registros Pessoais de Saúde) são o ideal desde a virada do milênio, se não há mais tempo. Destinados a servir como LDPs (Lojas de Dados Pessoais) de único propósito, sua incapacidade em adotar uma abordagem mais ampla deve ser instrutiva para os muitos projetos de desenvolvimento e negócios de LDP que atualmente estão sendo incubados na comunidade de VRM.

As conferências Large Health 2.0 também têm sido realizadas há anos, focalizando a "assistência de saúde gerada pelo paciente", a "medicina participativa" e outras virtudes no estilo VRM. As mesmas conferências também têm incentivado o desenvolvimento. Grandes empresas como Google e Microsoft forçaram seus próprios RPSs (por exemplo, o Google Health e Microsoft HealthVault), com um pequeno sucesso. O Google Health dobrou em 2011 e os esforços da Microsoft também fizeram alguma evolução.

Então, o problema não é a falta de tentativas ou mesmo saber quais são os problemas. É que o negócio de assistência médica dificilmente poderia ser mais fechado em silos e fraturado entre sistemas incompatíveis e não comunicantes, com paredes espessas por medo de exposição e de ações judiciais. Ainda assim, existem muitas pessoas boas trabalhando em soluções, a começar pelo RPS e o RSE (registros de saúde eletrônicos), controlados pelos pacientes e não somente pelos provedores.

Adrian Gropper (médico, e defensor e desenvolvedor de longa data de soluções VRM para a saúde) diz que os erros médicos, muitos causados por dados ruins ou ausentes, matam milhares de pessoas por ano nos Estados Unidos. Ele acrescenta:

> Os erros em sistemas proprietários fechados derivam da falta de código-fonte aberto, da ausência de revisão pelos pares e de todos reinventando os mesmos bugs. Além de comprarem sistemas fechados, os hospitais parecem também diferenciar-se pelas idiotices e idiossincrasias de seus sistemas de informação. Hospitais, grupos e alguns médicos também resistem aos sistemas de nuvens, que são inerentemente de menor custo e mais fáceis de manter, mesmo que os bugs em um sistema de nuvens sejam muito mais públicos e os erros, mais gerenciáveis.[4]

Marty Heaner, outro defensor do VRM na saúde, adiciona:

> O maior obstáculo é o fluxo de dados. Os sistemas médicos de hoje não são projetados para compartilhar dados. Se os dados entrarem no fluxo, então os RMEs (Registros Médicos Eletrônicos) e os sistemas integrados de gestão hospitalar devem evoluir para adicionar APIs e interfaces que permitam vinculá-las aos registros de saúde pessoalmente controladas (RSPCs) tanto para leitura como para gravação dos dados. Isso não vai acontecer de forma rápida e sem luta.

Acho que os incentivos precisam vir dos clientes – os pacientes – que trabalham para maximizar a própria saúde, com seus próprios dispositivos e serviços. Isso terá um efeito[5] funicular sobre o provisionamento da saúde porque proporcionará melhor conhecimento dos dados diretos do indivíduo. A empatia necessária já está lá. Meios para aplicar essa tecnologia é o que falta.

Quanto a isso, vou dar a Adrian a última palavra: "A única maneira de aplicar o VRM à troca de informações da saúde é possibilitar que os pacientes controlem as conexões e as consultas médicas em tempo real. No meu mundo, o paciente é o motorista e o médico é o manobrista."[6]

Direito e legislação

Existem dois desafios VRM na prática do direito e na legislação. Um deles é manter a Internet aberta e livre. O outro é estabelecer a liberdade das relações contratuais entre fornecedores e consumidores.

Manter a Internet aberta e livre sempre foi uma causa para o Berkman Center e uma das razões pelas quais fui atraído por ela. Embora eu não possa encontrar quaisquer estatutos ou declarações de objetivos dizendo isso, a melhor explicação que já ouvi para o objetivo fundamental do Berkman Center foi algo assim: "Evitar que leis antigas estraguem a Internet e ajudar as novas leis a salvá-la." Esta também deve continuar a ser uma missão para qualquer empresário que se preocupa com a Internet e deseja que ela continue sendo o ambiente amigável aos negócios, como é ainda, apesar das muitas tentativas de cerceá-la.

Para a *liberdade de contrato*, o principal desafio das empresas nessa fase é manter os departamentos jurídicos nas rédeas, enquanto os clientes e seus amigos desenvolvedores apresentam novos e melhores termos de engajamento que funcionam para ambos os lados e criam novos negócios. Na Live Web, os contratos de adesão desiguais e hostis ao cliente (ver Capítulos 4 e 20) são mais que obsoletos. Eles mantêm mercados privados que são livres apenas porque os clientes podem escolher seus captores. Eles também impedem uma soma incalculável de atividade econômica limitando severamente o que os consumidores podem trazer para a mesa do mercado, ampliando essa mesa no processo.

A Economia da Intenção exigirá que tanto a Internet quanto os consumidores sejam livres. O que quer que os legisladores possam fazer para que isso aconteça (inclusive ficar fora do caminho) será uma Boa Coisa.

Governo

Além de ser empreendedor em série, grande programador e PhD em ciência da computação, Phil Windley é comandante aposentado da Marinha dos Estados Unidos, que foi diretor de Informação do estado de Utah. Então, quando ele fala sobre como o governo funciona e o que deveria fazer, eu escuto. Isso foi o que fiz certo dia no início de 2004, quando deparei com Phil no aeroporto de Salt Lake City. Nessa época, Howard Dean estava, por breve período, como favorito nas primárias dos Democratas e havia muito barulho sobre como a Internet faria toda a diferença na eleição presidencial daquele ano. (Não fez.)

Phil e eu conversamos por bastante tempo, durante um intervalo entre as viagens. Não me lembro de nada do que eu disse (e duvido que Phil também), mas duas pérolas da sabedoria de Phil continuam brilhando em minha mente. Uma delas: "A democracia é sobre eleições e governança, e governança é o que recebe o trabalho feito." A outra era: "Todo mundo quer as estradas consertadas."

Quatro anos e poucos meses depois, no dia da eleição de 2008, levantei-me às 4 horas para ver Barack Obama (que acabou se revelando o verdadeiro Howard Dean) fazer seu discurso de aceitação, ao vivo, em uma tela plana no canto de um bar debaixo do Smithfield's, um açougue no lado norte de Londres. Junto comigo, estavam pessoas da MySociety, cujo maior e mais dramático sucesso foi um site simples chamado FixMyStreet.com – um serviço que custou pouco para construir e forneceu resultados além da medida, principalmente fazendo conexões entre cidadãos individuais e entidades do governo do Reino Unido responsáveis pelo conserto das ruas.

O sucesso de FixMyStreet e os esforços de raízes populares semelhantes estão entre as razões pelas quais o projeto Midata do governo do Reino Unido (analisado no Capítulo 21) está trabalhando para garantir que os cidadãos sejam respeitados como as partes em melhor posição para controlar os próprios dados.

Aqui nos Estados Unidos, o Personal Democracy Forum (tanto a publicação como o evento) tornou-se um holofote no centro do movimento para personalizar a democracia. Assim foi também o trabalho de Britt Blaser, ex-piloto da Força Aérea, desenvolvedor de projetos imobiliários e força motriz por trás do NewGov.us. O corolário de Britt para os dois princípios de Phil Windley é: "O governo é o que interessa, a política é só propaganda. Toda política é provinciana." Ele também diz: "E se eles formassem um partido e todo mundo viesse?"[7]

Ele não quis dizer isso como brincadeira. Ele quis dizer que o NewGov.us deve ser o partido em que cada eleitor trata de gerenciar seus políticos "tão facilmente quanto você gerencia seu iTunes: avaliar, promover, cobrar e os descartar sem nunca precisar ir a uma reunião do partido". Sua meta final para isso é um "excedente participativo" (*participatory surplus*).[8]

Há muitos outros esforços de raízes populares para fazer GRG – gestão de relacionamento com o governo –, mas esses dois são os envolvidos hoje no movimento VRM. Preste atenção a eles ou inicie seu próprio esforço.

Enquanto isso, tenho esperança no apelo de Abraham Lincoln, em seu Discurso de Gettysburg, em "um novo nascimento da liberdade", levando ao "governo do povo, pelo povo, para o povo". Temos os mesmos fins hoje. Mas também temos melhores meios.

A lista de verificação

Aqui estão, portanto, algumas coisas a serem feitas, regras a serem obedecidas e desenvolvimentos a serem observados:

- **Transforme sua empresa de dentro para fora**, se ainda não tiver feito isso. Exponha suas competências principais por meio de APIs baseadas em eventos e dinâmicas.
- **Siga e adote as ferramentas que estão** sendo desenvolvidas pela comunidade VRM.
- **Coloque rédeas nas questões legais.** Faça os advogados redigirem os acordos de forma menos onerosa possível para os clientes que são cativos, como você, da Web comercial baseada no modelo vaca-bezerro que ainda temos hoje.
- **Apoie uma Internet livre e aberta.** Oponha-se a tudo no mundo dos negócios e do governo que vise tornar a Internet menos do que ela nasceu para ser: o melhor ambiente virtual já criado para os negócios.
- **Experimente você mesmo as lojas de dados pessoais** e ajude a melhorá-las.
- **Abrace a liberdade, o código-fonte aberto, os padrões abertos e os mercados abertos** em todos os lugares que puder. Eles vão vencer de qualquer maneira.
- **Procure maneiras de fazer** VRM + CRM funcionar.
- **Pense fora da caixa da Web Estática** e procure todas as maneiras de apostar na Live Web à medida que ela se desenvolve.
- **Pare de coletar dados dos clientes** sem a permissão deles e disponibilize seus próprios dados pessoais para os clientes como um procedimento óbvio.

Customer Commons

O ProjectVRM sempre foi apenas um projeto, não uma organização autônoma. A comunidade persistirá enquanto precisar, assim como o wiki, o blog e as reuniões. O VRM, porém, tem implicações muito maiores, e suas ferramentas terão efeitos que, no longo prazo, funcionarão para todos os consumidores na Economia da Intenção.

A Customer Commons é uma organização para esses consumidores. No momento (início de novembro de 2011), o Customer Commons ainda está no estágio de planejamento. Mas sua página "About", disponível em CustomerCommons.org, já diz estas três coisas, escritas pela empresária Mary Hodder:

1. Somos uma comunidade de consumidores.
2. Somos financiados apenas pelos consumidores.
3. Servimos aos interesses e às aspirações dos consumidores.

@CustomerCommons no Twitter diz a mesma coisa.

Uma coisa que sabemos com certeza é que o Customer Commons será, assim como o Creative Commons (no qual ele se baseia), o lugar em que termos simples de engajamento serão compilados e disponibilizados para que todos usem. (Para saber mais sobre eles, consulte os Capítulos 4 e 20.)

Além disso, isso é tarefa sua, minha e de todos os consumidores que querem fazer os mercados verdadeiramente livres acontecerem.

BEM, ENTÃO...

A Economia da Intenção será impulsionada pelos consumidores. Pavimentar as estradas tornará o caminho melhor para todos.

CONCLUSÃO

Quase lá

A viagem é a recompensa.
Steve Jobs[1]

$$\Delta x\, \Delta p \geq \frac{h}{2}$$

Werner Heisenberg[2]

Sujeitos e objetos

O princípio da incerteza do físico Werner Heisenberg diz que você não pode saber a posição e o momento com plena precisão no mesmo instante. Ou seja, se algo está se movendo, você não pode dizer exatamente onde; e, se souber exatamente onde, não pode dizer para onde está indo ou a que velocidade. Ele também diz que a própria observação influencia no processo.[3]

Então, em um sentido heisenbergiano, sei onde o desenvolvimento VRM estava, onde está agora (quando escrevo este livro) e o rumo que está tomando. O que não posso saber é onde ele estará quando você estiver lendo isto. Heisenberg também disse: "A relação de incerteza não é válida para o passado."

O corolário de Searls para o futuro é que você não pode saber nem a posição nem o momento, mas isso não deve impedi-lo de tentar influenciar ambos. Ou, dito de outro modo, *não seja a bola do pinball*. Seja a máquina. Então, peço sua paciência em relação aos movimentos que não estão de acordo com o plano e seu respeito pelas boas intenções de trabalho que vão continuar em qualquer caso, aperfeiçoadas pela experiência e por outras influências úteis, talvez incluindo a sua.

Nosso plano no movimento VRM sempre foi ambicioso: libertar os clientes, facilitar melhores relacionamentos entre clientes e fornecedores e, como resultado, revigorar os mercados. Isso exige a mudança de muitas coisas que os negócios estão fazendo. A inércia dos "negócios habituais" é imensa, mas também imensos são os motores da mudança. A inovação e a ruptura constantes, sobre os quais Clayton Christensen estuda e escreve muito, irão acelerar no mundo conectado em rede.[4] Também seguirão a lei de ruptura de Larry Downes: *A tecnologia muda de forma exponencial, mas os sistemas sociais, econômicos e jurídicos mudam incrementalmente.*[5]

Graças à Internet e aos ciclos rápidos de criação, uso e incremento de tecnologia, temos pouca escolha a não ser mudar o que estamos fazendo de qualquer maneira e alterá-lo novamente. Vamos calibrar melhor essas mudanças se os clientes nos ajudarem nisso. Pelo menos, muitas dessas coisas deveriam estar claras agora.

O modo como a Economia da Intenção acontecerá (ou se acontecer, afinal) sempre é uma incógnita, mas também é a convocação de poucos que se transformarão em muitos. A vida é um cassino sem casa, então vá em frente e influencie suas próprias apostas. Cada espécie é um erro que funciona.

A comunidade de desenvolvimento VRM está ocupada cometendo erros que resultam em novas espécies hoje, e continuará fazendo isso, o mais rápido que puder. Assim como aqueles de nós do lado do vendedor. Não há nada a não ser fronteira entre nós. Poderíamos também começar a colonizar, cultivar a terra e construir vilas e cidades totalmente novas.

Pensamentos compartilhados

Certo dia, na primavera passada, fui a uma loja da Barnes & Noble nas proximidades. Além da Coop em Harvard Square, esta é a maior livraria das redondezas. Para a lista de compras, levei uma impressão dos livros em meu carrinho de compras da Amazon. A gentil mulher atrás do balcão de serviço me agradeceu por dar uma chance à loja, pelo menos por essa única visita. Então, ela examinou cuidadosamente a lista de 12 livros, encontrando apenas um deles em estoque. Era *The Filter Bubble*, de Eli Pariser, lançado alguns dias antes (sobre o qual discutimos no Capítulo 2). Ela apontou para uma das mesas onde os livros novos são expostos. Agradeci e me virei para ir buscar o livro. Mas ela ainda não queria me deixar ir.

"Trabalhamos mais com atualidades", disse ela.
"Tipo revista?", retruquei.
"Sim, tipo revista. Desculpe por isso."

Escrevo uma coluna mensal para o *Linux Journal*, uma revista que era vendida nas prateleiras da Barnes & Noble antes de se tornar totalmente digital (ou seja, sem versão impressa), em setembro de 2011. Meu prazo de entrega, até então, era de três meses, o que é comum em revistas mensais. Isso significa, por exemplo, que a coluna que eu escrevia para sair em dezembro tinha de ser entregue na primeira semana de setembro. Agora o tempo de espera é de dois meses, porque ainda é uma revista. Mostre-me uma boa mídia impressa e eu lhe mostrarei um problema de latência. Mesmo no caso dos blogs, em que os tweets seriam a forma mais atualizada que uma pessoa poderia escrever, é possível perceber o espaço entre o *agora* da escrita e o *momento* da publicação.

Então, como eu disse no início da Parte III, o maior desafio enquanto eu escrevia este livro foi torná-lo atual e durável. Se isso se provar verdadeiro, será porque sua tese simples – de que um consumidor livre é mais valioso do que um cativo – permanece.

Acredito que essa tese será provada, mais cedo ou mais tarde, no mercado.

É uma boa ideia, e sempre foi.

QUESTÕES

Em tecnologia, os melhores fins são abertos. O mesmo vale para o trabalho sobre VRM e Economia da Intenção.

Prometi encerrar com algumas questões, por isso aqui estamos. As que se seguem são minhas. Convido você a adicionar as suas próprias:

- Será que os publicitários finalmente conseguirão atravessar a Muralha da China entre seu trabalho e quem eles são como pessoas reais e consumidores?
- Qual será a interface de usuário de VRM, ou as interfaces? Quais símbolos serão usados e o que significarão?
- O *adesionismo* estará conosco nesse período? Para evitar isso, como devemos trabalhar para mudar a lei e também a prática?
- O CRM abraçará o VRM ou o combaterá? Ou, se a resposta for ambos, quem e o que irá abraçar e combater?
- Será que expor o DDNM (dinheiro deixado na mesa) será motivador suficiente para aqueles que atualmente o ignoram?
- Podemos entender a Internet como uma onda crescente de capacidade aberta que levanta todos os barcos econômicos ou será que as forças dominantes dos negócios e do governo terão sucesso em limitar seu âmbito àquilo que somente eles permitirem?
- Será que as quartas partes (ou agentes do usuário) surgirão como uma grande e nova categoria de negócios?
- Será que o comércio varejista conseguirá superar os truques do passado em prol da comunicação e do relacionamento genuíno com os clientes?
- O que deveríamos estar pesquisando agora, e no futuro, sobre VRM?

Essas são apenas algumas das minhas questões. Se este livro cumprir sua tarefa, você deve ter muito mais perguntas. Então, marque este capítulo e anote suas perguntas. Ou navegue até IntentionEconomy.com e publique lá suas perguntas, respostas e outros comentários. E, é claro, publique-as em seus próprios ambientes e locais, onde que quer que aconteçam. Use a hashtag #intentioneconomy.

Temos muito sobre o que começar a falar.

Notas

Prólogo
1. Doc Searls, "The Intention Economy", *Linux Journal*, 8 de março de 2006, http://www.linuxjournal.com/node/1000035.
2. O projeto foi batizado por Mike Vizard como *The Gillmor Gang*, em outubro de 2006, em resposta à minha caracterização do projeto como o correspondente do lado do cliente do CRM. Quando Mike sugeriu chamar nossa nova categoria de VRM, tocou um ponto sensível, e o nome pegou.
3. Doc Searls, "The Intention Economy: What happens when customers get real power", Berkman Center for Internet & Society, discurso, 24 de março de 2009, http://cyber.law.harvard.edu/events/luncheon/2009/03/searls.
4. Geoffrey Moore, *Chrossing the Chasm*, edição revisada. (Nova York: Harper Paperbacks, 2002.)
5. Nassim Nicholas Taleb, *The Black Swan: The Impact of the Highly Improbable* (Nova York: Random House, 2007), p. 141.

Introdução
1. Neste livro, usamos o termo "vendedor" ("vendor") para significar qualquer tipo de vendedor (*seller*), incluindo tanto os varejistas quanto seus fornecedores.
2. O relatório MoneyTree da PriceWaterhouseCoopers mostra mais de US$2,008 bilhões aplicados pelos investidores americanos em software no terceiro trimestre de 2011 e outros US$682 milhões em mídia e entretenimento. Uma porcentagem disso vai para empresas, suportada por publicidade como um modelo de negócio, mas é difícil dizer. Fonte: https://www.pwcmoneytree.com/MTPublic/ns/nav.jsp?page=industry.

Capítulo 1
1. Veja http://thinkexist.com/quotation/the_only_way_to_deal_with_an_unfree_world_is_to/346776.html.
2. Roy Amara, que, durante muitos anos, dirigiu o Institute for the Future, disse: "Tendemos a superestimar o efeito de uma tecnologia no curto prazo e subestimar o efeito no longo prazo", e disse isso tantas vezes que ficou conhecido como "Lei de Amara". Mas ele não foi o primeiro a expressar esse ponto de vista. Em *Libraries of the Future*, J. C. R. Licklider escreve: "A máxima moderna diz: as pessoas tendem a superestimar o que pode ser feito em um ano e a subestimar o que pode ser feito em cinco ou 10 anos" (Cambridge, MA: MIT Press, 1965). Sem essa máxima, não teríamos o Vale do Silício.
3. Zeo é uma empresa real. É a MyZeo.com. Todas as empresas mencionadas neste capítulo existem hoje. A maioria também é ativa na comunidade de desenvolvimento VRM.
4. Veja http://kantarainitiative.org/confluence/display/infosharing/.

5. Joe Andrieu, "Introducing User Driven Services", http://blog.joeandrieu.com/2009/04/26/introducing-user-driven-services/.
6. Community Interest Corporations, ou CICS, são empresas sociais que investem seus lucros e ativos em um bem público. A primeira foi criada no Reino Unido sob o Companies (Audit, Investigations and Community Enterprise) Act de 2004, http://www.legislation.gov.uk/ukpga/2004/27/contentsCompanies.
7. Veja http://cyber.law.harvard.edu/projectvrm/Ascribenation.

Capítulo 2

1. Ralph Keys, *The Quote Verifier: Who Said What, Where, and When* (Nova York: St. Martin's Press, 2006), 1-2. Embora essa citação seja normalmente atribuída a John Wanamaker, ele não foi nem o primeiro nem a única fonte. In *The Quote Verifier: Who Said What, Where, and When* (Nova York: St. Martin's Press, 2006), Ralph Keys escreve: "Nos Estados Unidos esse truísmo dos negócios é mais frequentemente atribuído ao magnata de lojas de departamentos John Wanamaker (1838–1922), na Inglaterra a Lord Leverhulme (William H. Lever, fundador do Lever Brothers, 1851–1925). A máxima também foi atribuída ao magnata da goma de mascar William Wrigley, o publicitário George Washington Hill e o publicitário David Ogilvy. Em *Confessions of an Advertising Man* (1963), o próprio Ogilvy deu o aval a seu compatriota inglês Lord Leverhulme (Lever Brothers era um cliente da Ogilvy), acrescentando que John Wanamaker depois fez a mesma observação. Como Wanamaker fundou sua primeira loja de departamentos em 1861, quando Lever já tinha 10, isso parece improvável. A revista *Fortune* considerou que Wanamaker expressou o famoso ditado em 1885, mas não deu nenhum contexto. Enquanto pesquisava *John Wanamaker, King of Merchants* (1993), o biógrafo de William Allen Zulker encontrou o ditado digitado em uma folha de papel em arquivos de Wanamaker, mas sem um nome ou uma fonte. Wanamaker geralmente escrevia o próprio material à mão. Veredito: se tiver uma máxima de origens obscuras, coloque-a em bocas famosas.
2. Gandalf, http://www.gandalf.it/m/johnson2.htm.
3. E-mail pessoal.
4. "Worldwide Ad Market Approaches $500 Billion", *eMarketer Digital Intelligence*, 13 de junho de 2011, http://www.emarketer.com/Article.aspx?R=1008438.
5. Stephanie Reese, "Quick Stat: Advertisers Will Spend $500 Billion in 2011", *eMarketer*, 6 de setembro de 2011.
6. "Fact Sheet: U.S. Advertising Spend and Effectiveness" *nielsenwire*, 10 de junho de 2011, http://blog.nielsen.com/nielsenwire/media_entertainment/fact-sheet-u-s-advertisingspend-and-effectiveness/.
7. "Quadrennial events to help ad market grow in 2012 despite economic troubles", *ZenithOptimedia*, 5 de dezembro de 2011, http://mediame.com/tags/zenith_optimedia/quadrennial_events_help_ad_market_grow_2012_despite_economic_troubles.
8. "Share of ad spending by medium", *MarketingCharts.com* (combinação de dados da Nielsen e da Adcross), http://www.marketingcharts.com/television/share-of-ad-spendingby-medium-may-2008-5828/.
9. "Television advertisement", *Wikipedia*, http://en.wikipedia.org/wiki/Television_advertisement.
10. Renee Hopkins Callahan, "Hulu Is A Big Hit", *Forbes*, 22 de janeiro de 2009, http://www.forbes.com/2009/01/22/hulu-amazon-newscorp_leadership_clayton_in_rc_0121claytonchristensen_inl.html.
11. "Great Expectations: How Advertising for Original_Scripted TV_Programming Works Online, http://comscore.com/Press_Events/Presentations_Whitepapers/2010/Great_Expectations_How_Advertising_for_Original_Scripted_TV_Programming_Works_Online.

12. Ibid., p. 2.
13. Ibid., p. 7.
14. Ibid., 7–9.
15. Hugh MacLeod, *If You Talked to People*, 2008, http://gapingvoid.com/2008/10/31/mass-marketing-and-the-heroic-lone-individual/.
16. Jonathan Taplin, Web page, USC Annenberg School of Communication, http://www.bcf.usc.edu/~jtaplin/.
17. *Digital Hollywood*, 23–25 de setembro de 2002, http://www.digitalhollywood.com/LA2002Agenda.html.
18. Doc Searls, "The Real Battle", *Linux Journal*, 5 de outubro de 2002, http://www.linuxjournal.com/article/6360.
19. Darren Murph, "Research affirms that DVR owners do indeed blaze by commercials", *Engadget HD*, http://hd.engadget.com/2008/08/05/research-affirms-that-dvrowners-do-indeed-blaze-by-commercials/.
20. John Senior and Rafael Asensio, "TV 2013: Is it All Over?" *Oliver Wyman Journal (OWJ25-8)*, http://www.oliverwyman.com/ow/pdf_files/OWJ25-8-Future_of_TV.pdf.
21. Terry Heaton, "Media's Real Doomsday Scenario", *The Pomo Blog*, 20 de setembro de 2010, http://www.thepomoblog.com/papers/pomo112.htm.
22. Bob Garfield, "Future May Be Brighter, but It's Apocalypse Now", *Advertising Age*, 23 de março de 2009, http://adage.com/article/news/garfield-chaos-scenario-arrivedmedia-marketing/135440/.
23. Julia Angwin, "The Web's New Gold Mine: Your Secrets", *Wall Street Journal*, 30 de julho de 2010, http://online.wsj.com/article/SB10001424052748703940904575395073512989404.html.
24. Ibid.
25. Ibid.
26. Steve Stecklow, "On the Web, Children Face Intensive Tracking", *Wall Street* Journal, 17 de setembro de 2010, http://online.wsj.com/article/SB10001424052748703904304575497903523187146.html.
27. "How concerned are you about advertisers and companies tracking your behavior across the Web?" *Wall Street Journal*, http://online.wsj.com/community/groups/media-marketing-267/topics/how-concerned-you-about-advertisers?dj_vote=12190.
28. Emily Steel, "Some Data-Miners Ready to Reveal What They Know", *Wall Street Journal*, 3 de dezembro de 2010, http://online.wsj.com/article/SB10001424052748704377004575650802136721966.html.
29. Scott Thurm and Yukari Iwatani, "Your apps are watching you", *Wall Street Journal*, 17 de dezembro de 2010, http://blogs.wsj.com/digits/2010/12/19/how-one-apps-seeslocation-without-asking/.
30. Ibid.
31. Emily Steel and Julia Angwin, "On the Web's Cutting Edge, Anonymity in Name Only", *Wall Street Journal*, 4 de agosto de 2010, http://online.wsj.com/article/SB10001424052748703294904575385532109190198.html.
32. Steve Stecklow e Paul Sonne, "Shunned Profiling Technology on the Verge of Comeback", *Wall Street Journal*, 24 de novembro de 2010, http://online.wsj.com/article/SB10001424052748704243904575630751094784516.html.
33. Julia Angwin and Steve Stecklow, "'Scrapers' Dig Deep for Data on Web", *Wall Street Journal*, 12 de outubro de 2010, http://online.wsj.com/article/SB10001424052748703358504575544381288117888.html.
34. Question of the day: "Would you use an Internet 'do-not-track' tool if it were included in your Web browser?" *Wall Street Journal*, 30 de dezembro de 2010, http://online.wsj.

com/community/groups/question-day-229/topics/would-you-use-internet-do-nottrack?dj_vote= 13831.
35. "FTC Staff Issues Privacy Report, Offers Framework for Consumers, Businesses, and Policymakers", http://www.ftc.gov/opa/2010/12/privacyreport.shtm.
36. Lymari Morales, "U.S. Internet Users Ready to Limit Online Tracking for Ads", Gallup, 13 de janeiro de 2011, http://www.gallup.com/poll/145337/Internet-Users-ReadyLimit-Online-Tracking-Ads.aspx.
37. Daniel Ruby, "Ad Layout Series: Above The Fold Ads Get 44% Higher CTR", Chikita Research, 22 de setembro de 2010, http://chitika.com/research/2010/ad-layoutseries-above-the-fold-ads-get-44-higher-ctr/.
38. Davis Dyer, Frederick Dalzell & Rowena Olegario, *Rising Tide: Lessons from* 165 Years of Brand Building at Procter & Gamble (Boston: Harvard Business School Publishing, 2004).
39. "The F&M Schaefer Brewing Company", BeerHistory.com, http://www.beerhistory.com/library/holdings/schaefer_anderson.shtml.
40. Hugh McLeod, "the hughtrain", *Gapingvoid*, 27 de junho de 2004, http://gapingvoid.com/2004/06/27/the-hughtrain/.
41. Veja http://www.google.com/corporate/history.html.
42. Veja http://investor.google.com/financial/tables.html.
43. "$6.4 Billion in Q3 2010 Sets New Record for Internet Advertising Revenues", http://www.iab.net/about_the_iab/recent_press_releases/press_release_archive/press_release/pr-111710.
44. Ronan Shields, "AdMob serves 16.7bn ads during March", *New Media Age*, 28 de abril de 2010, http://www.nma.co.uk/news/admob-serves-167bn-ads-during-march/3012743.article.
45. "We've officially acquired AdMob!", *The Official Google Blog*, 27 de maio de 2010, http://googleblog.blogspot.com/2010/05/weve-officially-acquired-admob.html.
46. "UK: Mobile advertising revenues will grow 840% by 2015", *MobileSquared*, 9 de setembro de 2010, 9:46 am, http://www.mobilesquared.co.uk/news/2648.
47. Eli Pariser, *The Filter Bubble: What the Internet is Hiding from You* (Nova York: Penguin Press, 2011), 109–110.
48. Nicholas G. Carr, *The Shallows: What the Internet is Doing to our Brains*. (Nova York: W. W. Norton & Company, 2010), p. 222.
49. Eli Pariser, *The Filter Bubble: What the Internet Is Hiding from You*. (Nova York: The Penguin Press, 2011), p. 115.
50. Richard E. Kihlstrom e Michael H. Riordan, "Advertising as a Signal", Journal of Political Economy 92, n. 3 (1994): 427–450.
51. Tim Ambler and E. Ann Hollier, "The Waste in Advertising is the Part That Works", *Journal of Advertising Research*, dezembro de 2004, 375–390.
52. Don Marti, "Ad Targeting — Better is Worse?" http://zgp.org/~dmarti/business/targeting-better-is-worse/.
53. "Our Company", *Reedge*, http://www.reedge.com/our-company.
54. "Some really smart folks decided to build something better", *RocketFuel*, http://www.rocketfuelinc.com/about.
55. Eric Clemons, "Why Advertising Is Failing On The Internet", *TechCrunch*, 22 de maio de 2009, http://techcrunch.com/2009/03/22/why-advertising-is-failing-on-the-internet/.
56. "The end of the free lunch — again", *The Economist*, 19 de março de 2009, http://www.economist.com/node/13326158?story_id=13326158.
57. Eric Clemons, "Why Advertising Is Failing On The Internet" *TechCrunch*. 22 de março de 2009. http://techcrunch.com/2009/03/22/why-advertising-is-failing-on-the-internet/.

58. Douglas Harper, *Online Etymology Dictionary*, http://www.etymonline.com/index.php?allowed_in_frame=0&search=mania.
59. A palavra "advertimania" era nova quando pesquisei online. Então, postei no meu blog, *Doc Searls Weblog*, em 28 de setembro de 2011, tanto para apresentá-la ao mundo como para testar o tempo de indexação do Bing e do Google. http://blogs.law.harvard.edu/doc/2011/09/28/advertimania/.
60. Julia Angwin, "The Web's New Gold Mine: Your Secrets", http://online.wsj.com/article/SB10001424052748703940904575395073512989404.html.
61. Christopher Meyer e Stanley M. Davis, *Blur: Speed of Change in the Connected Economy* (Nova York: Capstone Publishing, 1999).
62. Conversa pessoal.
63. E-mail pessoal.
64. Uma busca por "privacy policy" (com aspas) produz consistentemente cerca de 1,5 bilhão de resultados no Google. Isso ocorre porque qualquer site com algo para vender tem, como formalidade, uma política de privacidade.

Capítulo 3

1. Frederick Douglas, http://www.biography.com/people/frederick-douglass-9278324?.
2. Craig Burton, conversa pessoal.
3. Tim Berners-Lee, *Weaving the Web: The Original Design and Ultimate Destiny of the World Wide Web by its Inventor* (Nova York: HarperOne, 1999), p. 227.
4. "Internet grows to nearly 202 million domain names in third quarter of 2010", comunicado de imprensa da Verisign, 29 de novembro de 2010, http://bit.ly/f8LVfU; o site VB.com contou 69.215.937 domínios .com registrados no último dia de 2008, e 78.776.555 e 84.000.293 nos últimos dias de 2008 e 2009, http://www.vb.com/domain-timeline.htm.
5. Em apenas um laptop, tenho 687 combinações de login e senha no Firefox e 79 no Chrome.
6. Mark Zuckerberg, "Facebook Across the Web", *The Facebook Blog*, 4 de dezembro de 2008.
7. Jennifer Van Grove, "Each Month 250 Million People use Facebook Connect on the Web", *Mashable*, 8 de dezembro de 2010.
8. Kim Cameron, "Introduction", http://www.identityblog.com/?p=838.
9. Phred Dvorak e Stuart Weinberg, "Rim, Carriers Fight Over Digital Wallet", *Wall Street Journal*, 18 de março de 2011, B1.

Capítulo 4

1. Henry David Thoreau, "Slavery in Massachusetts", distribuído em uma celebração antiescravagista em Framingham, Massachusetts, em 4 de julho de 1854, após a condenação em Boston do escravo fugitivo Anthony Burns, http://thoreau.eserver.org/slavery.html. Fonte adicional: Henry David Thoreau, *Walden and other writings of Henry David Thoreau*, (Nova York: Random House, 1937), p. 669.
2. Para um relato de Deepa, veja http://www.flickr.com/people/itzfromme/.
3. Thomas Hawk, http://www.flickr.com/photos/, Thomas Hawk, "Deepa Praven's Protest after Flickr Deletes Her Paid Pro Account without Warning or Explanation", http://thomashawk.com/2011/01/deepa-pravens-protest-after-flickr-deletes-his-paid-proaccount-without-warning-or-explanation.html.
4. Veja http://blogs.law.harvard.edu/doc/2011/01/12/what-if-flickr-fails.
5. "Adhesion Contract", *West's Encyclopedia of American Law*, 2nd ed (Farmington Hills, MI: The Gale Group, Inc., 2008). Acessado via *The Free Dictionary*, http://legal-dictionary.thefreedictionary.com/Adhesion+Contract.

6. Kessler reafirma o crédito por cunhar o termo: "Portanto, os contratos padronizados costumam ser contratos de adesão, pois são do tipo '*é pegar ou largar*'." Uma nota de rodapé nessa passagem diz: "O termo 'contrato de adesão' foi introduzido no vocabulário jurídico por Patterson, *The Delivery of a Life Insurance Policy* (1919) 33 HARV. L. REV. 198, p. 222.".
7. Friedrich Kessler, "Contracts of Adhesion — Some Thoughts about Freedom of Contract", *Columbia Law Review* 43, no. 5 (julho de 1943): 631. Também Kessler, Friedrich, "Contracts of Adhesion-Some Thoughts About Freedom of Contract" (1943), série de uma bolsa universitária, paper 2731, http://digitalcommons.law.yale.edu/fss_papers/2731.
8. Google Accounts, http://www.google.com/accounts/TOS.
9. Douglas Adams, *The Hitchhiker's Guide to the Galaxy* (Nova York: Ballantine Books, 1979).
10. Second Life, Privacy Policy, http://secondlife.com/corporate/privacy.php.
11. Em 2007, Marc Bragg desafiou a disposição contratual dos Termos de Serviço da Linden Labs que o obrigava a viajar para a Califórnia a fim de arbitrar um processo que ele tivesse contra a empresa. Os Termos de Serviço da Linden Labs tinham, então, uma cláusula de arbitragem obrigatória. Sob as leis da Califórnia, porém, um contrato pode ser considerado injusto, tanto processual como substantivamente. O tribunal decidiu que a arbitragem obrigatória provavelmente custaria mais de US$20 mil, ao mesmo tempo que exigia que Bragg viajasse para a Califórnia. O tribunal concluiu que a cláusula de arbitramento não é concebida para fornecer aos participantes do Second Life um meio eficaz de solução de litígios com a Linden. Pelo contrário, ele era unilateral e injustamente tendencioso, em quase todos os casos, em favor da Linden. (*Bragg v. Linden Research, Inc.*, 487 F. Supp. 2d 593 E.D.Penn. 2007.) O caso acabou sendo resolvido por uma quantia não revelada, e o resultado não fez nada para mudar a maneira como as empresas redigem os Termos de Serviço. Exceto, talvez, para torná-los ainda mais unilaterais do que antes.
12. *West's Encyclopedia of American Law*. http://legal-dictionary.thefreedictionary.com/Adhesion+Contract.
13. Kessler, "Contracts of Adhesion", p. 630.
14. Ibid., p. 640.
15. Renee Lloyd, correspondência pessoal.
16. Kessler, "Contracts of Adhesion", p. 641.
17. West's Encyclopedia of American Law.
18. ProCD, Inc. v. Zeidenberg, 86 F3d 1447 (7th Cir.1996).
19. Ibid., 1449.
20. Flickr pro, Additional Terms of Service, http://www.flickr.com/atos/pro/.
21. Y! Media Kit, http://advertising.yahoo.com/media-kit/flickr.html.
22. Zack Shepherd, "5,000,000,000", *Flickr Blog*, 19 de setembro de 2010, http://blog.flickr.net/en/2010/09/19/5000000000/.
23. Em uma busca por "privacy policy" em 26 de janeiro 2011, o Google retornava 908 milhões de resultados. A mesma pesquisa (http://www.google.com/search?q=%22privacy+policy%22) produziu 1,82 bilhão de resultados em 2 de novembro de 2011. Como as políticas de privacidade quase sempre acompanham contratos de adesão (chamados "termos de serviço", "acordos de serviço", ou frases semelhantes), e nem todos os contratos adesivos exigem uma política de privacidade, podemos supor que há pelo menos 1 bilhão de sites que apresentam contratos de adesão atualmente.
24. "Contracts: Click-Wrap Licenses", *Internet Law Treatise*, Electronic Frontier Foundation, http://ilt.eff.org/index.php/Contracts:_Click_Wrap_Licenses.

Capítulo 5

1. Iain Henderson, "Sales Process... meet Buying Process; and why context trumps segmentation", *Information Answers*, 7 de agosto de 2009, http://informationanswers.com/?p=386.
2. Geoffrey James, "Strong Market Growth Predicted Through 2012", http://www.sellingpower.com/magazine/article.php?i=839&ia=2584. O relatório cita Gartner, que não disponibiliza sua pesquisa diretamente.
3. Veja https://www.trefis.com/company?hm=CRM.trefis&driver=0104#.
4. Doc Searls, "Will the real History of CRM please stand up?" *Doc Searls Weblog*, 1º de dezembro de 2008.
5. Gartner, "Magic Quadrant for Sales Force Autoation", 28 de julho de 2010, http://www.gartner.com/technology/media-products/reprints/oracle/article145/article145.html; Donal Daly, "Gartner's CRM Magic Quadrant & Sales Effectiveness", *Sales 20 Network*, 26 de agosto de 2010, http://sales20network.com/blog/?p=807.
6. Michael Maoz, "You failed at Customer Service, so now try Social Processes", *Gartner Blog*, 27 de outubro de 2010, http://blogs.gartner.com/michael_maoz/2010/10/27/you-failed-at-customer-service-so-now-try-social-processes/.
7. Steve Lohr, "Customer Service? Ask a Volunteer", *The New York Times*, 25 de abril de 2009, http://www.nytimes.com/2009/04/26/business/26unbox.html.
8. Eric von Hippel, *Democratizing Innovation* (Cambridge, MA: MIT Press, 2006).
9. Paul Greenberg, *CRM at the Speed of Light, 4th ed., Social CRM 2.0 Strategies, Tools, and Techniques for Engaging Your Customer* (Nova York: McGraw-Hill Osborne Media, 2009), 4, p. 45.

Capítulo 6

1. Stephen Wright, em um de seus números de stand-up, http://www.youtube.com/watch?v=F5ErMolRE8M&.
2. Ouvi George Burns dizer isso há muito tempo e o tenho citado com frequência. Infelizmente, hoje quase todas as citações da frase remontam a mim, e não a George. Assim, até encontrarmos uma fonte mais sólida, você só pode aceitar minha palavra a esse respeito.
3. A fonte original aqui era a página About da shsolutions.com, que fornecia uma história da S&H, a empresa Green Stamps original. A empresa já mudou seu nome para greenpoints.com, mas o link da página About não vai para lugar nenhum.
4. Já me disseram que minha suposição estava equivocada, mas muitos outros clientes a confirmaram. Assim, embora possa não ser realidade, essa percepção está perto o suficiente para merecer atenção.
5. Odeio quando uma empresa que não conheço usa o pronome meu/minha dessa maneira invasiva.

Capítulo 7

1. Chris Dale, "Don't believe everything you read in the papers", *The e-Disclosure Information Project*, 12 de dezembro de 2010, http://chrisdale.wordpress.com/2010/12/16/dont-believe-everything-you-read-in-the-papers/.
2. De uma apresentação de Tim Christin; em seguida, um executivo com a Acxiom, na conferência de Kynetx Impact em novembro de 2009.
3. "Our goal is to personalize your experiences", https://www.rapleaf.com/about.
4. "Personalization Info", Rapleaf, https://www.rapleaf.com/people/veja_your_info.
5. Emily Steele, "A Web Pioneer Profiles Users By Name", *Wall Street Journal*, 25 de outubro de 2011; Emily Steele, "Thousands of Web Users Delete Profiles From RapLeaf",

Wall Street Journal, http://online.wsj.com/article/SB10001424052702304248704575574653801361746.html; Julia Angwin, "Privacy Advocate Withdraws from RapLeaf Advisory Board", *Wall Street Journal*, http://blogs.wsj.com/digits/2010/10/24/privacy-advocate-withdraws-from-rapleaf-advisory-board/; Jennifer Valentino-DeVries, "How to Get Out of RapLeaf's System", *Wall Street Journal*, 24 de outubro de 2010, http://blogs.wsj.com/digits/2010/10/24/how-to-get-out-of-rapleafs-system/; Courtney Banks, "Rapleaf's Founder on Privacy and Business", *Wall Street Journal*, 24 de outubro de 2010, http://blogs.wsj.com/digits/2010/10/24/rapleafs-founder-on-privacy-business/; Caitlin, "The 12 Days of Personalization", Rapleaf Blog, 22 de dezembro de 2010, http://blog.rapleaf.com/the-12-days-of-personalization-2/.
6. Caitlin, "Day 12: A Valuable Box Office", Rapleaf Blog, http://blog.rapleaf.com/day-12-the-12-days-of-personalization/.
7. Christopher Locke, *The Cluetrain Manifesto* (Nova York: Basic Books, 2000), 87, http://www.cluetrain.com/book/apocalypso.html.
8. McKinsey & Company, "Big Data: The next frontier for innovation, competition and productivity", http://www.mckinsey.com/mgi/publications/big_data/pdfs/MGI_big_data_full_report.pdf e http://www.mckinsey.com/mgi/publications/big_ data/.
9. Ibid., p. 90.
10. Veja http://jeffjonas.typepad.com/jeff_jonas/2009/08/your-movements-speak-forthemselves-spacetime-travel-data-is-analytic-superfood.html.
11. Veja http://commerce.senate.gov/public/?a=Files.Serve&File_id=85b45cce-63b3-4241-99f1-0bc57c5c1cff.
12. Veja http://www.ftc.gov/os/2010/12/101201privacyreport.pdf.
13. Veja http://www.commerce.gov/sites/default/files/documents/2010/december/iptf-privacy-green-paper.pdf.

Capítulo 8

1. "Horoscope: 30 de agosto de 2011", *The Onion*, 47, n. 35, http://www.theonion.com/articles/your-horoscopes-week-of-august-30-2011,21249/.
2. "TLC Videos: Extreme Couponing All-Stars: Panic at the Supermarket!" *TLC Videos*, http://tlc.discovery.com/videos/extreme-couponing/.
3. Food Marketing Institute, "Supermarket Facts: Industry Overview 2010", http://www.fmi.org/facts_figs/?fuseaction=superfact.

Capítulo 9

1. David Weinberger, *Small Pieces, Loosely Joined: a unified theory of the Web* (Nova York: Perseus Books, 2002), p. 24.
2. No *Blade Runner FAQ*, Murray F. Chapman lista trinta colocações de produto. A pesquisa de Chapman, que se estendeu por vários anos a partir do início da década de 1990, é extensa: http://www.faqs.org/faqs/movies/bladerunner-faq/.
3. Posso estar errado em um ou mais desses, e eu poderia ter perdido alguns outros locais. Em qualquer caso, minha ideia é a mesma: a Internet funciona reduzindo a distância aparente de tudo nela a zero — e os custos também.
4. Veja http://en.wikipedia.org/wiki/VisiCalc; Bob Frankston, "Understanding Ambient Connectivity", http://www.frankston.com/public/?name=AmbientConnectivity.
5. Pesquisa no Google por "the Internet is", http://www.google.com/search?hl=en&q"the +Internet+is".
6. Veja http://web.mit.edu/Saltzer/www/publications/endtoend/endtoend.pdf.
7. David Isenberg, "The Rise of the Stupid Network", http://isen.com/stupid .html.
8. Minhas fontes favoritas para mais conhecimento a esse respeito são George Lakoff e Mark Johnson. Um bom lugar para começar é com *Philosophy in the Flesh: the*

Embodied Mind and Its Challenge to Western Thought (Nova York: Basic, 1999). Outras recomendações estão na bibliografia.
9. Em *Small Pieces*, David também escreve: "Propositalmente, misturei Internet com Web ao longo do livro." Seu ponto de vista aqui, portanto, aplica-se à Internet, e não apenas à Web.
10. David Weinberger, *Small Pieces*, p. 9.
11. Doc Searls, "Uncollapsing Open Source Distinctions: A Conversation with Craig Burton", *Linux Journal*, agosto 2000, http://www.linuxjournal.com/article/4158.
12. Pesquisa de RSS no Google, http://www.google.com/search?q=rss. A pesquisa em fevereiro de 2011 produziu 6 bilhões de resultados; e pesquisas nos meses anteriores cresceram de 3 bilhões para 4 bilhões de resultados.
13. Doc Searls, "Bet on nature", *Doc Searls Weblog*, http://doc-weblogs.com/2001/02/08.
14. Entradas na Wikipedia como esta (no conjunto de protocolos da Internet) mudam constantemente. Este link vai para a revisão mais recente de 14 de fevereiro de 2011, http://en.wikipedia.org/w/index.php?title=Internet_Protocol_Suite&oldid=413851023.
15. Patente 4.063.220. Os inventores listados são Robert M. Metcalfe, David R. Boggs, Charles P. Thacker e Butler W. Lampson. O cessionário é a Xerox Corporation, que trabalhou com a Digital Equipment Corporation e a Intel sobre o padrão, e a estratégia bem-sucedida para torná-lo onipresente.

Capítulo 10
1. Walt Whitman, *Leaves of Grass, The Project Gutenberg*, 1998. (Publicado pela primeira vez por Whitman em *Song of Myself*, 1855.)
2. William J. Mitchell, *City of Bits: Space, Place, and the Infobahn* (Boston: MIT Press, 1995), p. 24.
3. Geoffrey West, "The surprising math of cities and corporations," A speech at TED, julho de 2011, http://www.ted.com/talks/geoffrey_west_the_surprising_math_of_cities_and_corporations.html.
4. Ibid.
5. Ibid.

Capítulo 11
1. Ralph Waldo Emerson, *Essays: First Series*, 1841.
2. "agency *noun*", *Oxford Dictionary of English*, Angus Stevenson, ed. (Oxford: Oxford University Press, 2010); Oxford Reference Online, Oxford University Press, Harvard University Library, http://www.oxfordreference.com/views/ENTRY.html?subview=Main&entry=t140.e0013280.
3. Revelação: por alguns meses, a Acxiom foi meu cliente de consultoria. Tim Christin, que me contratou, achava que a Acxiom estava em uma boa posição para ser uma quarta parte: uma agência para pessoas físicas. Mas é difícil para uma empresa mudar suas características, e era isso que estávamos pedindo para a Acxiom fazer. No final, Tim mudou de empresa, e eu também. Ainda assim, para o crédito de Tim e da Acxiom, a empresa realmente investiu cedo no Kynetx, um desenvolvedor de ferramentas ideal para VRM. Veremos essas ferramentas no Capítulo 22, e as quartas partes no Capítulo 19.
4. Abraham H. Maslow, "A Theory of Human Motivation", *Psychological Review* 50 (1943): 370–395.
5. Ibid., p. 383.
6. Clay Shirky, *Here Comes Everybody: The Power of Organizing Without Organizations* (Nova York: Penguin Press, 2008), p. 23.

Capítulo 12
1. Eric S. Raymond, *The Cluetrain Manifesto* (Nova York: Basic Books, 2000), p. 87.
2. Linus Torvalds e David Diamond, *Just for Fun: the Story of an Accidental Revolutionary* (Nova York: HarperBusiness, 2001).
3. Linus disse isso, ou algo muito parecido, a mim — ou na minha presença — muitas vezes. Um exemplo pode ser encontrado em "Caring Less", uma coluna que escrevi para a edição de fevereiro de 2003 do *Linux Journal*, http://www.linuxjournal.com/article/6427.
4. Netcraft, http://necraft.com.
5. Yochai Benkler, "Coase's Penguin, or Linux and The Nature of the Firm", *Yale Law Journal* 112 (2002); *The Wealth of Networks* (New Haven, CT: Yale University Press, 2006).
6. Alguns dos principais hackers do kernel do Linux, chamados de mantenedores, trabalhavam na IBM na época, e ainda trabalham.
7. Doc Searls, "Is Linux Now a Slave to Corporate Masters?", *Linux Journal*, 30 de abril de 2008.
8. Brian Profitt, "Morton Gets Googled", *Linux Today*, 3 de agosto de 2006, http://www.linuxtoday.com/developer/2006080303126NWCYKN.
9. Eric S. Raymond, "Goodbye, 'free software'; hello, 'open source'", http://www.catb.org/~esr/open-source.html.
10. Crédito onde for devido: o termo *open source* foi usado pela primeira vez em seu contexto atual por Bruce Perens no Debian Free Software Guidelines, que evoluiu para a Open Source Definition. A definição ainda usa os termos da Open Source Initiative, que foi cofundada por Perens e Eric Raymond e continua a ser a instituição canônica do movimento *open source*.
11. Correspondência pessoal.
12. Richard Stallman, "GNU Operating System", http://www.gnu.org/gnu/manifesto.html.

Capítulo 13
1. Hal Abelson, Ken Ledeen & Harry Lewis, *Blown to Bits: Your Life, Liberty and Happiness after the Digital Explosion* (Boston: Addison Wesley, 2008), 4–5.
2. Kevin Kelly, "Better than Free", *The Technium*, http://www.kk.org/thetechnium/archives/2008/01/better_than_fre.php.
3. Lawrence Lessig, *Code and Other Laws of Cyberspace* (Nova York: Basic Books, 1999), p. 4.
4. "A Cloudy Crystal Ball — Visions of the Future", 1992-07-16, Presentation, 24th Internet Engineering Task Force.
5. ITU History Portal, http://www.itu.int/en/history/.
6. DOCSIS, http://www.cablelabs.com/cablemodem; About CableLabs, http://www.cablelabs.com/about/mission/.
7. Veja http://techonomy.com/program-outline/.
8. Susan Crawford, "The New Digital Divide", *New York Times*, 3 de dezembro de 2011, http://www.nytimes.com/2011/12/04/opinion/sunday/internet-access-and-the-newdivide.html.
9. Ivan G. Seidenberg, "Bringing High-Speed Internet to All", *The New York Times*, Letters, 7 de dezembro de 2011, http://www.nytimes.com/2011/12/08/opinion/bringing-highspeed-internet-to-all.html.
10. James Bailey, "Why Broadband Is a Basic Human Right: ITU Secretary Hamadoun Touré", *Forbes*, 14 de novembro de 2011, http://www.forbes.com/sites/techonomy/2011/11/14/why-broadband-is-a-basic-human-right-itu-secretary-hamadoun-tour/.

11. 1984 foi quando a AT&T quebrou.
12. Veja http://www.itu.int/3g.
13. Scott Adams, "Making Money Scheme", *The Scott Adams Blog*, 6 de abril de 2011, http://dilbert.com/blog/entry/money_making_scheme/.
14. Ryan Singel, "Wireless Oligopoly is the Smother of Invention", *Wired*, http://www.wired.com/epicenter/2010/06/wireless-oligopoly-is-smother-of-invention/#ixzz0vVTWU3nu.
15. Na verdade, "Mercados são conversações", a tese alfa do *The Cluetrain Manifesto*, inspirou-se em conversas deste escritor com Reese Jones.
16. Veja http://www.frankston.com/public/?name=FSM.

Capítulo 14

1. Jeff Jarvis, *What Would Google Do?* (Nova York: HarperBusiness, 2009), p. 270.
2. No jargão das telecomunicações, OEMs (*original equipment manufacturers*) são fabricantes de equipamentos, como Nokia, Motorola e Samsung, enquanto operadoras são empresas de telefonia como a AT&T, Verizon e T-Mobile.
3. Essa era a ideia, de qualquer maneira. Dentro da realidade prática do negócio das telecomunicações, somente o Google escreve código Android e, em seus acordos de licenciamento, o Google não é muito diferente do que a Microsoft tem sido desde o início com o Windows. Mas vamos lembrar que foi esse tipo de política que também tornou o Windows a plataforma horizontal dominante *de facto* por duas décadas.
4. O Google realmente comprou a Motorola em 2011, mas o motivo era adquirir o portfólio de patentes e manter a sobrevivência da empresa, em vez de entrar em competição com outros OEMs do Android.
5. "Doc Searls on Steve Jobs", *DaveNet*, 4 de setembro de 1997, http://scripting.com/davenet/stories/DocSearlsonSteveJobs.html.
6. Sim, ele mudou desde então. Mas, ao contrário dos habituais relatórios, não há "limites" de dados. Apenas taxas fixas para cada gigabyte adicional utilizado.
7. Jarvis, *What Would Google Do?*, 79–80.
8. Jonathan Zittrain, *The Future of the Internet and How to Stop It* (Nova York: Yale University Press, 2009), 68, p. 70.
9. "Google's Android becomes the world's leading smart phone", *Canalys*, 31 de janeiro de 2011, http://www.canalys.com/pr/2011/r2011013.html.
10. Brainy Quote, http://www.brainyquote.com/quotes/quotes/a/alberteins130982.html.
11. Do site de John Gillmore: "Isso foi citado na matéria intitulada 'First Nation in Cyberspace' da *Time Magazine* de 6 de dezembro de 1993, por Philip Elmer-DeWitt. Desde então, tem sido reproduzido centenas ou milhares de vezes, incluindo o *NY Times* de 15 de janeiro de 1996, na *Scientific American* de outubro de 2000 e na *CACM* 39(7):13", http://toad.com/gnu.
12. Doc Searls, "Framing the Net", *Publius*, 4 de fevereiro de 2009, http://publius.cc/2008/05/16/doc-searls-framing-the-net.
13. CNBC, "The Stadium Curse: Naming Deals Gone Bust", CNBC.com, http://www.cnbc.com/id/34960125/The_Stadium_Curse_Naming_Deals_Gone_Bust.

Capítulo 15

1. Tom Peters, *Re-Imagine!* (Nova York: Dorling Kindersley Limited, 2003), p. 59.
2. Pesquisa avançada no Google Books por 'neither the state nor the market' (nem o Estado nem o mercado), http://www.google.com/search?tbo=p&tbm=bks&q=%22neither+the+state+nor+the+market%22&num=10.
3. Garrett Hardin, "The Tragedy of the Commons", *Science* 162 (1968): 1243–1248, http://www.sciencemag.org/content/162/3859/1243.full.

4. Ibid.
5. Hyde observa: "Garret Hardin indicou que seu ensaio original deveria ter sido intitulado 'The Tragedy of the Unmanaged Commons' (A tragédia dos recursos comuns não gerenciados), embora fosse melhor 'The Tragedy of Unmanaged, Laissez-Faire, Common-Pool Resources with Easy Access for Non-communicating, Self-Interested Individuals' (A tragédia dos recursos comuns, livres e não gerenciados, com fácil acesso para indivíduos não comunicativos e individualistas). Veja Lewis Hyde, *Common as Air* (Nova York: MacMillan, 2010), p. 44.
6. Hyde, *Common as Air*, 24–25.
7. *Estovers*, diz Hyde, "vem do francês *estovoir* 'ser necessário'; um recurso comum de *estovers* é um direito de subsistência". Pesquisando a origem de uma frase usando *estovers* na Magna Carta, ele acrescenta: "Direitos em comum garantiram uma base de fornecimento: eles eram a segurança social do mundo pré-moderno, o 'patrimônio dos pobres', um esteio contra o terror."
8. Hyde, *Common as Air*, p. 28.
9. Ibid., 31, 34–35.
10. Ibid., p. 37.
11. Em *Commoners:* Common *Right, Enclosure and Social Change in England, 1700–1820* (Cambridge: Cambridge University Press, 1993), J. M. Neeson sustenta que uma memória cultural dos recursos comuns persiste em "uma ligação permanente entre a população e a terra" (306).
12. Ibid., 43–44.
13. Mike Linksvayer, "Lewis Hyde, author of Common as Air: Revolution, Art, and Ownership", *Creative Commons*, 27 de agosto de 2010, https://creativecommons.org/weblog/entry/23204.

Capítulo 16

1. Andy Wachowski e Lana Wachowski, *The Matrix Reloaded*, 2003.
2. William Shakespeare, *As You Like It*, Ato 2, cena 1, 12–17.
3. Sim, esses podem ter diminuído ou mesmo parado em alguns lugares, pelo menos temporariamente. Mas nossa espécie tem feito guerra e consumido recursos insubstituíveis com impunidade por tempo demais, e estamos longe de provar que podemos deter qualquer prática.
4. Clay Shirky, Cognitive Surplus: Creativity and Generosity in a Connected Age (Nova York: Penguin Press, 2010), p. 1.
5. Ibid., p. 2.
6. Ibid., p. 12.
7. Ibid., p. 15.
8. Christopher Locke, "Internet Apocalypso". *The Cluetrain Manifesto* (Nova York: Perseus Books, 2000), p. 12.
9. Frederick Taylor, *Principles of Scientific Management* (Sioux Falls, South Dakota: NuVision Publications, LLC, 2007). 49. O original era uma monografia publicada pelo próprio autor em 1911.
10. Peter Drucker, *Management: Tasks, Responsibilities, Practices* (Nova York: Harper Paperbacks, 1993, originalmente publicada em 1973), p. 325.
11. Friedrich Kessler, "Contracts of Adhesion — Some Thoughts about Freedom of Contract", *Columbia Law Review* 43, n. 5 (julho de 1943): 642.
12. Peter Drucker, *The Practice of Management* (Nova York: Harper & Row, 1954, 1982, 1986), viii.

13. Peter Drucker, citado por Elizabeth Haas Edersheim, em *The Definitive Drucker* (Nova York: McGraw Hill, 2007), p. 45.
14. William Hollingsworth Whyte, *The Organization Man* (Nova York: Simon and Schuster, 1956), 447–448.
15. Daniel Bell, *The Coming of Post-industrial Society: a Venture in Social Forecasting* (Nova York: Basic, 1973).
16. Alvin Toffler, *The Third Wave* (Nova York: Bantam Books, 1980), p. 12.
17. John Naisbitt, *Megatrends* (Nova York: Warner Books, 1982).
18. Ibid., p. 251.
19. Alvin Toffler, Powershift: Knowledge, Wealth and Violence at the Edge of the *21st Century* (Nova York: Bantam Books, 1990), p. 212.
20. John Naisbitt e Patricia Aburdene, *Megatrends 2000: Ten New Directions for the 1990's* (Nova York: William Morrow, 1990), p. 298.
21. Ibid., p. 302.
22. Ibid., 308–309.
23. Regis McKenna, *Relationship Marketing: Successful Strategies for the Age of the Customer* (Menlo Park, CA: Addison Wesley, 1991), 43, 47, p. 119.
24. Don Peppers and Martha Rogers, *The One to One Future: Building Relationships One Customer at a Time* (Nova York: Doubleday, 1993), 4–5.
25. Ibid., p. 209.
26. Rick Levine, Christopher Locke, Doc Searls e David Weinberger, *The Cluetrain Manifesto: The End of Business as Usual* (Nova York: Perseus Books, 2000), xii.
27. Daniel H. Pink, *Free Agent Nation: The Future of Working for Yourself* (Nova York: Business Plus, 2001), 18–19.
28. Don Tapscott e Anthony D. Williams, *Wikinomics* (Nova York: Penguin, 2006), 124–150.
29. Raymond Fisk, "A Customer Liberation Manifesto", *Service Science* 1, n. 3 (2009): 135, http://www.sersci.com/ServiceScience//upload/12512062260.pdf.
30. John Hagel III, John Seely Brown e Lang Davison, *The Power of Pull: How Small Moves, Smartly Made, Can Set Big Things in Motion* (Nova York: Basic Books, 2010), p. 158.
31. David Siegel, *Pull: The Power of the Semantic Web to Transform Your Business* (Nova York: Portfolio, 2009), 22, p. 120.
32. Ibid., 152–153.
33. Rick Levine, Christopher Locke, Doc Searls e David Weinberger, *The Cluetrain Manifesto: 10th Anniversary Edition* (Nova York: Basic Books, 2009), p. 18.
34. Esta é uma das frases mais famosas de Veblen, ainda que seja difícil determinar a fonte original. Talvez o leitor possa ajudar nisso.

Capítulo 17

1. Alan Mitchell, "Is VRM a 'phenomenon'?" *Right Side Up*, 19 de maio de 2008, http://rightsideup.blogs.com/my_weblog/2008/05/is-vrm-a-phenom.html.
2. Berkman Center for Internet & Society, http://cyber.law.harvard.edu/about.
3. Doc Searls, "Markets Are Relationships", *The Cluetrain Manifesto: 10th Anniversary Edition* (Nova York: Basic Books, 2009.), p. 17.
4. Também é possível substituir "indivíduos" aqui e ampliar o significado para além das interações comerciais apenas.
5. Elliot Noss, conversa pessoal, agosto de 2011.

Capítulo 18

1. Eric Von Hippel, *Democratizing Innovation* (Cambridge, MA: MIT Press, 2005), p. 1.

2. Karim Lakhani & Jill A. Panetta, *The Principles of Distributed Innovation*, Research Publication No. 2007-7 (Cambridge, MA: Berkman Center for Internet & Society, outubro de 2007).
3. Brian Behlendorf, "Re: [projectvrm] VRM tools", 13 de outubro de 2011, https://cyber.law.harvard.edu/lists/arc/projectvrm/2011-10/msg00157.html.
4. Katherine Noyes, "Which Browser Has Your Back? That Would Be Firefox", *PCWorld*, 12 de outubro de 2011, http://www.pcworld.com/businesscenter/article/241661/which_browser_has_your_back_that_would_be_firefox.html.
5. Mozilla.org, The State of Mozilla Annual Report 2010, http://www.mozilla.org/en-US/foundation/annualreport/2010/opportunities/.
6. Doc Searls, "Enough with browsers. We need cars now", ProjectVRM, 24 de setembro de 2011, http://blogs.law.harvard.edu/vrm/2011/09/24/enough-with-browsers-we-needcars-now/.
7. Ibid.
8. John Smart, Human Performance Enhancement in 2032: *A Scenario for Military Planners* (2004–2011), http://accelerating.org/articles/hpe2032army.html#pcdt.
9. Ibid.
10. Venessa Miemis, "Re: [projectvrm] Some VRM project mentions in the WSJ", ProjectVRM Mailing List, 11 de outubro de 2011, https://cyber.law.harvard.edu/lists/arc/projectvrm/2011-10/msg00072.html.
11. Everett M. Rogers, *Diffusion of Innovations* (Nova York: Free Press, 1995), p. 37.
12. Geoffrey Moore, *Chrossing the Chasm*, rev. ed. (Nova York: Harper Paperbacks, 2002).
13. Clayton M. Christensen e Michael E. Raynor, *The Innovator's Solution: Creating and Sustaining Successful Growth* (Boston: Harvard Business School, 2003), p. 45.
14. Ibid., 45–46.

Capítulo 19

1. Juston Paskow, "It takes two to tango, but four to square dance…", @justinpaskow, 6 de março de 2011, https://twitter.com/#!/justonpaskow/status/44273131350790144. E também: "It Takes Two to Tango; Four to Square Dance", Agile 2009 Conference, http://agile2009.agilealliance.org/node/286/index.html. Este é um daqueles casos em que você pensa em uma frase de efeito, olha para a Web com a confiança de que alguém já pensou nisso, e com certeza: aí está ela. Neste caso, pensei: "Humm… é preciso dois para dançar o tango, mas quatro para dançar quadrilha." Esses são os dois primeiros resultados. Dei a Juston o crédito pela citação no texto porque sua frase coincidia exatamente com aquilo que eu tinha em mente. Mas também quero dar o devido crédito aos outros dois, ainda que seja apenas em uma nota de rodapé.
2. "Third Party Agent Program", http://usa.visa.com/merchants/risk_management/third-party_agents.html?ep=v_sym_third-party-agent.

Capítulo 20

1. Conversa pessoal com Renee Lloyd, advogada, ex-bolsista do Berkman Center For Internet & Society na Universidade de Harvard e colaboradora do ProjectVRM. Junho de 2011.
2. Rudyard Kipling, *The Man Who Would Be King* (Nova York: Doubleday, 1899), p. 41.
3. Friedrich Kessler, "Contracts of Adhesion — Some Thoughts about Freedom of Contract", *Columbia Law Review* 43, no. 5 (julho de 1943): 640–641.
4. Sim, nunca saberemos. E essa também é minha constatação. Pelo menos com a liberdade de contrato, vamos descobrir.

5. Eldred *v. Ashcroft* começou como *Eldred v. Reno* em 1999 e terminou em 2003 com a derrota do autor da ação na Corte Suprema. O caso questionou a constitucionalidade do Sonny Bono Copyright Term Extension Act (CTEA) de 1998, que estendeu por 20 anos os termos do Copyright Act de 1976 (um em uma longa série que, cada um na sua vez, estendeu os 14 anos originais sugeridos pelo Constituição). Os termos de 1998 variavam de 70 a 120 anos desde a criação ou a partir da morte do autor (ou autor sobrevivente) — em outras palavras, basicamente para sempre. Ou, de acordo com os desejos expressos do falecido Sonny Bono, "para sempre menos um dia".
6. Thomas L. Friedman, *The World is Flat: A Brief History of the Twenty-First Century*, 1st ed. (Nova York: Farrar, Straus and Giroux, 2005), p. 81.
7. "Owner Data Agreement", Personal.com, http://www.personal.com/personal/owner-data-agreement.
8. Information Sharing Workgroup, http://kantarainitiative.org/confluence/display/infosharing/Home.

Capítulo 21

1. World Economic Forum, "Personal Data: The Emergence of a New Asset Class" (Geneva: World Economic Forum, 2011), http://www.weforum.org/issues/rethinkingpersonal-data.
2. John Hagel III e Mark Singer, *Net Worth: Shaping Markets When Customers Make the Rules* (Boston: Harvard Business School Press, 1999), p. 3.
3. Joe Andrieu, "VRM: The user as point of integration", JoeAndrieu.com, 14 de junho de 2007, http://blog.joeandrieu.com/2007/06/14/vrm-the-user-as-point-of-integration/.
4. Ibid.
5. Adriana Lukas, "Two tales of user-centricities", *Media Influencer*, 21 de abril de 2008, http://www.mediainfluencer.net/2008/04/two-tales-of-user-centricities/.
6. Joe Andrieu, "Introducing User Driven Services", JoeAndrieu.com, http://blog.joeandrieu.com/2009/04/26/introducing-user-driven-services/.
7. Joe Andrieu, "Re: [projectvrm] VRM tool characteristics". 15 de junho de 2011, https://cyber.law.harvard.edu/lists/arc/projectvrm/2011-06/msg00151.html.
8. Iain Henderson, "The Personal Data Ecosystem", *Kantara Initiative*, junho de 2009, http://kantarainitiative.org/wordpress/2009/06/iain-henderson-the-personal-data-ecosystem/.
9. Ibid.
10. A princípio, ele foi chamado de "Mydata", mas esse era o mesmo nome de alguma outra coisa, então eles mudaram.
11. Department for Business, Innovation and Skills, "Midata — access and control your personal data", 2011, http://www.bis.gov.uk/policies/consumer-issues/personal-data.
12. Department for Business, Innovation and Skills, "The midata vision of consumer empowerment", 3 de novembro de 2011, http://www.bis.gov.uk/news/topstories/2011/Nov/midata.
13. U.K. Cabinet Office Behavioural Insights Team, "Better Choices, Better Deals: Consumers Powering Growth", Department for Business, Innovation and Skills, 2011, http://www.bis.gov.uk/assets/biscore/consumer-issues/docs/b/11-749-better-choices-better-deals-consumers-powering-growth.pdf.
14. Cabinet Office Behavioral Insights Team, *Better Choices: Better Deals — Consumers Powering Growth*, (Londres: Department for Business Innovation & Skills, abril de 2011).
15. Rory Clellan-Jones, "Midata: Will the public share government's enthusiasm?" *BBC News Technology*, 3 de novembro de 2011, http://www.bbc.co.uk/news/technology-15580059.

16. Jeremie Miller, "High Order Bit", Web 2.0 Summit, 18 de outubro de 2011, http://www.youtube.com/watch?v=pTNO5npNq28&.

Capítulo 22

1. Craig Burton, "The API Computing Magic Troika and the API Economy", *Craig Burton: Logs, Links, Life and Lexicon: and Code*, 26 de outubro de 2011, http://www.craigburton.com/?p=3381.
2. David Weinberger, "The Hyperlinked Organization", *The Cluetrain Manifesto: 10th Anniversary Edition* (Nova York: Basic Books, 2011), 187-188.
3. Conversa pessoal, outubro de 2011.
4. Phil Windley, "On hierarchies and networks", *Technometria*, 16 de setembro de 2011, http://www.windley.com/archives/2011/09/on_hierarchies_and_networks.shtml.
5. Phil Windley, via e-mail, 6 de novembro de 2011.
6. A grande ideia aqui é uma substituição simples e inteligente de praticamente qualquer termostato doméstico pela Nest, uma empresa iniciada por Tony Fadell, o ex-vice-presidente de engenharia da Apple. Ele começou aí chefiando o desenvolvimento do iPod e seus descendentes.
7. Com tanto a ser contabilizado no mundo baseado em eventos, e com cada vez mais dados sendo mantidos e gerenciados por indivíduos e seus agentes quarteirizados (como a Singly, neste caso), faz sentido voltar à contabilidade de dupla entrada, que serviu à civilização desde os tempos de Marco Polo até a simplicidade da entrada única do Quicken e do QuickBooks fazer a maioria de nós abandoná-la. Simplificando: o que a contabilidade de dupla entrada faz é proporcionar meios de conectar o que acontece no mundo real com os números produzidos pela fase final da escrituração e contabilidade: o livro-razão e os relatórios que ele produz.
8. Craig Burton, "The API Computing Magic Troika and the API Economy", *Craig Burton: Log, Links, Life and Lexicon*, 26 de outubro de 2011, http://www.craigburton.com/?p=3381.
9. Ibid.

Capítulo 23

1. Jamie Murphy e Peter Hawthorne, "South Africa Mandela Declines Offer of Freedom", *Time Magazine*. 25 de fevereiro de 1985, http://www.time.com/time/magazine/article/0,9171,961237,00.html.
2. Milton Friedman, "Commanding Heights", entrevista na PBS, conduzida em 1º de outubro de 2000, http://www.pbs.org/wgbh/commandingheights/shared/minitext/int_miltonfriedman.html.
3. "Audience/Contributor", *Hearing Voices*, 4 de fevereiro de 2011, http://hearingvoices.com/news/2011/02/audiencecontributer; fontes dos dados: banco de dados ISIS da CPB, RRC, Arbitron, PBS Research e Nielsen. Veja "170 Million Americans for Public Broadcasting: The Numbers", http://www.170millionamericans.org/numbers.
4. Há algumas exceções. "This American Life", da estação WBEZ de Chicago, faz apelo direto em seus podcasts.
5. Dave Winer, "WNYC Spam". *Scripting News*, 12 de fevereiro de 2007.
6. Verificar se não há material em uma produção que possa ter direitos autorais protegidos ("clearing rights") é uma formalidade em Hollywood e na indústria fonográfica, mas o procedimento é tão cheio de complicações reguladoras (e, portanto, altos custos legais) que ninguém fora desses setores se incomoda com isso. Como resultado, por exemplo, não há podcasts de música popular. Streams, sim; podcasts, não. Isso porque existem acordos de pagamento de royalties cobrindo todos os artistas para streaming, enquanto

não há nenhum para podcasters. Assim, podcasters têm de verificar os direitos autorais, separadamente, para cada artista que tocam.
7. Obtive essa visão separadamente, de duas pessoas muito diferentes: Eric Raymond e Sayo Ajiboye. Eric é um ateu libertário, enquanto Sayo é doutor em teologia.
8. "Mundo emergente" é o rótulo usado pela *The Economist*. Gosto mais dele do que das alternativas, por isso eu o uso aqui.
9. Frank Stasio, Home ¦ The State of Things ¦ SOT Audio Archive ¦ WWW2010, http://wunc.org/tsot/archive/sot0429c10.mp3.
10. Doc Searls, "Saving the Globe From its World of Hurt", *Doc Searls Weblog*, 9 de abril de 2009, http://blogs.law.harvard.edu/doc/2009/04/09/saving-the-globe-from-itsworld-of-hurt/.
11. "Associated Press to build news registry to protect content", *Associated Press*, 23 de julho de 2009, http://www.ap.org/pages/about/pressreleases/pr_072309a.html.
12. Rnews Feed Aggregator, Sourceforge.net, http://rnews.sourceforge.net/.
13. hNews 0.1, Microformats wiki, http://microformats.org/wiki/hnews.
14. "Digital Performance Right In Sound Recording" list, Copyright Arbitration Royalty Panels, United States Copyright Office, http://www.copyright.gov/carp/index.html#performance; Copyright Royalty Board, http://www.loc.gov/crb/.
15. "Digital Performance Right in Sound Recordings Act of 1995", United States Copyright Office, http://www.copyright.gov/legislation/pl104-39.html; Digital Millennium Copyright Act, Public Law 105–304, 28 de outubro de 1998, http://www.copyright.gov/legislation/pl105-304.pdf.
16. Peter Vander Auwera, "Digital Asset Grid: Let's meet at the SWIFT Dance Hall", *swiftcommunity.net Blogs*, 8 de outubro de 2011, https://www.swiftcommunity.net/blogs/28/blogdetail/22333.
17. Umair Haque, The New Capitalist Manifesto: Building a Disruptively Better *Business* (Boston: Harvard Business Review Press, 2011), p. 19.
18. Umair Haque, "The Value Every Business Needs to Create Now", *HBR Blog Network*, 31 de setembro de 2009.

Capítulo 24

1. Adam Smith, *An Inquiry into the Nature and Causes of the Wealth of Nations*, part 2, (Londres: W. Strahan and T. Cadell, 1776), 86, http://geolib.com/smith.adam/won1-10.html.
2. William Shakespeare, soneto 116 (1609).
3. O CMAT serve como um padrão do setor de CRM, e esta citação aparece na literatura de muitas empresas no negócio de CRM. Eis um site: http://www.cmframeworks.com/cmat.htm.
4. Iain Henderson, "The Customer — Supplier Engagement Framework", *Information Answers*, 25 de janeiro de 2010, http://informationanswers.com/?p=449.
5. Editors, "V Is for Victory — But the Victory Isn't Yours", *CRM Magazine*, maio de 2010.

Capítulo 25

1. Joyce Searls: "Quando eu era uma jovem estagiária nas lojas de departamentos Broadway em Los Angeles, tive o privilégio de acompanhar Stanley Marcus em uma visita a nossas lojas. Ele me revelou o conselho que seu pai lhe dera: 'Lembre-se: nunca é uma boa venda para Neiman Marcus se não for uma boa compra para o cliente.' Ele disse que pregava e praticava isso todos os dias."
2. David Ogilvy, *Confessions of an Advertising Man* (Londres: Southbank Publishing, 1983), p. 21.

3. De certa forma, essa loja se parecia com a "Ralph's Pretty Good Grocery", de Garrison Keillor, em sua cidade ficcional de Lake Wobegon. O slogan era: "Se você não consegue encontrar um produto no Ralph, provavelmente pode passar sem ele."
4. Beth Kowitt, "Inside the secret world of Trader Joe's", *Fortune*, 23 de agosto de 2010.
5. Trader Joe's, "Cheese, glorious cheese", *Fearless Flyer*, outubro de 2011, http://www.traderjoes.com/fearless-flyer/article.asp?article_id=272.
6. Douglas Harper, *Online Etymology Dictionary*, http://www.etymonline.com/index.php?allowed_in_frame=0&search=consumer.
7. Adam Smith, *An Inquiry into the Nature and Causes of the Wealth of Nations* (Londres: Methuen & Co., Ltd., 1776). Also online at the Library of Economics and Liberty, George Mason University, http://www.econlib.org/library/Smith/smWN.html.
8. Doc Searls, "Markets are Relationships", *The Cluetrain Manifesto 10th Anniversary Edition* (Nova York: Basic Books, 2009), p. 19.
9. The search URL: http://www.google.com/search?&q=customer+protection+agency.
10. Bella English, "Dirigido por the child who simply knew", *Boston Globe*, 11 de dezembro de 2011.
11. "Target's unique guests", *Target.com*, http://pressroom.target.com/pr/news/target-guests.aspx.
12. "Retail's Big Show 2012", *National Retail Federation*, http://events.nrf.com/annual2012.
13. "Critical Developments in Retail Marketing: Understanding Consumers, Building Brands", *National Retail Federation*, 16 de janeiro de 2011, http://events.nrf.com/annual2012/Public/SessionDetails.aspx?SessionID=1641.
14. "Winning Today's Digitally-Enhanced Shopper", *National Retail Federation*, 16 de janeiro de 2011, http://events.nrf.com/annual2012/Public/SessionDetails.aspx?SessionID=1680.
15. Thomas Harper, "Gimmick", *Online Etymology Dictionary*, http://www.etymonline.com/index.php?term=gimmick&allowed_in_frame=0.
16. "Gimmick", *Merriam-Webster*, http://www.merriam-webster.com/dictionary/gimmick.
17. Regis McKenna e Geoffrey Moore (que trabalhou para McKenna no início de sua carreira) já disseram que um "produto estendido" (*whole product*) é muito mais do que suas qualidades essenciais. Um produto estendido inclui tudo o que dá ao cliente uma razão para comprar. A parte mais difícil aqui é separar puros engodos das variáveis substantivas, tais como controle de qualidade, histórico e reputação do produto, e a variedade de maneiras como um produto pode ser montado ou combinado com outros produtos que aumentam seu valor. Obviamente, os produtos Old El Paso são estendidos por sua embalagem, os pratos e receitas em que são utilizados, e assim por diante. O que, neste caso, torna o desconto um truque é que ele não tem nada a ver com a razão pela qual quero comprar um produto Old El Paso além da sedução do desconto, o que poderia desvalorizar o próprio conceito que tenho do produto.
18. The Onion, *Our Dumb World: Atlas of the Planet Earth* (Nova York: Little, Brown, 2007), 9–10.
19. Ibid., 230
20. Evelyn M. Rusli and Clair Cain Miller, "Google is Said to Be Poised to Buy Groupon", *New York Times DealBook*, 30 de novembro de 2010, http://dealbook.nytimes.com/2010/11/30/google-is-said-to-be-close-to-buying-groupon/.
21. Andrew Ross Sorkin, "The Missed Red Flags on Groupon", *New York Times DealBook*, 17 de outubro de 2011, http://dealbook.nytimes.com/2011/10/17/the-missed-redflags-on-groupon/.
22. Doc Searls, "Lessons in Mid-Crash", *Linux Journal*, 1º de setembro de 2001, http://www.linuxjournal.com/article/4837.

23. Vale lembrar que Phillips começou sua carreira como estrategista sênior da campanha bem-sucedida de Richard Nixon para presidente em 1968, e sua longa série de livros teve início com *The Emerging Republican Majority* em 1969. Entre outras distinções, ele cunhou o termo "Cinturão do Sol" e, corretamente, projetou sua coerência como uma base econômica e um reduto conservador republicano, muito antes de os dois fatos se tornarem óbvios. Kevin Phillips, *American Theocracy: The Peril and Politics of Radical Religion, Oil, and Borrowed Money in the 21st Century* (Nova York: Penguin, 2007), p. 268.
24. Kevin Phillips, Bad Money: Reckless Finance, Failed Politic, and the Global Crisis of American Capitalism (Nova York: Viking, 2008), p. 70.
25. Brent Shendler, Peter Drucker e Lixandra Urresta, "Peter Drucker Takes – The Long View The original management guru shares his vision of the future with FORTUNE's Brent Schlender", *Fortune*, 28 de setembro de 1998 http://money.cnn.com/magazines/fortune/fortune_archive/1998/09/28/248706.
26. Stefanie Olsen, "Nordstrom makes strides with online shoe store", CNET News.com, 2 de novembro de 1999, http://news.cnet.com/2100-1017-232353.html.
27. Rachel Lamb, "Cultivating relationships increases customer loyalty, transactions: Zappos exec", *Luxury Daily*, 1º de julho de 2011, http://stage.luxurydaily.com/customer-satisfaction-dependent-on-sales-professionals-zappos-exec/.
28. Dave Everett, "Cultivating relationships increases customer loyalty, transactions: Zappos exec", DaveEverett.net, http://daveeverett.net/cultivating-relationships-increases-customer-loyalty-transactions-zappos-exec/660/.
29. Youngme Moon, *Difference: Escaping the Competitive Herd* (Nova York: Crown Business, 2010), p. 11.
30. Ibid., p. 188.
31. Cópia da Chiat/Day feita pelos redatores Rob Siltanen e Ken Segall, e o diretor de arte Craig Tanimoto. Narrado por Steve Jobs, "The Crazy Ones", 1997. No YouTube, http://www.youtube.com/watch?v=8rwsuXHA7RA.
32. Doc Searls e David Weinberger, "Markets are Conversations", *The Cluetrain Manifesto* (Nova York: Perseus Books, 2000), pp. 76–77.

Capítulo 26
1. A citação é amplamente creditada a Libeskind, http://www.brainyquote.com/quotes/authors/d/daniel_libeskind.html.
2. De "The Real McCabe", um anúncio publicitário veiculado no *Wall Street Journal* como parte de uma série no final da década de 1970 e início dos anos 1980. Lembro bem porque, na época, eu era redator na minha nova agência de publicidade, e calquei meu trabalho no de McCabe. Tive a sorte de encontrar uma cópia gráfica não datada do original aqui: http://www.aef.com/images/creative_leaders/McCabe.gif.
3. John Taylor Gatto, *Dumbing Us Down: The Hidden Curriculum of Compulsory Schooling* (Gabriola Island, BC, Canada: New Society Publishers, 2002, 1992), xxxii.
4. Lewis Hyde, *The Gift: Creativity and the Artist in the Modern World* (Nova York: VintageBooks, 2007, 1979), xx.
5. Ibid.

Capítulo 27
1. Craig Burton, por e-mail, outubro de 2011.
2. Suzanne Kapner, "Credit Unions Poach Clients", *Wall Street Journal*, 7 de novembro de 2011, http://online.wsj.com/article/SB10001424052970203733504577021972358085822.html.

3. Michael Stolarczyk, correspondência pessoal, setembro de 2011.
4. Adrian Gropper, correspondência pessoal, novembro de 2011.
5. Ibid.
6. Ibid.
7. Britt Blaser, correspondência pessoal, setembro de 2011.
8. Ibid.

Conclusão

1. Walter Isaacson, *Steve Jobs* (Nova York: Simon & Schuster, 2011), p. 143.
2. A fórmula do princípio da incerteza de Werner Heisenber.
3. O que Heisenberg disse também era em alemão e mais complicado do que acabei de citar. Mas, na direção de sua pesquisa, meu ponto de vista é o mesmo: não podemos medir o futuro, mas podemos trabalhar para torná-lo melhor.
4. Cinco livros de Christensen (até agora) — todos com "Innovative" ou "Innovator" no título, são leitura obrigatória para qualquer executivo que deseja conhecer e prosperar na Economia da Intenção.
5. Larry Downes, *Laws of Disruption: Harnessing the new forces that govern life and business in the digital age* (Nova York: Basic Books, 2009), p. 17.

Índice

A

Abelson, Hal, 105
abordagem para smartphones, 113-115, 119
  evolução do software para telefones e, 109
  foco no cliente, 210
  futuro da, 122
  monopólio vertical, 117
  ser diferente e, 204
Aburdene, Patricia, 136
Acxiom, 68-69
Adams, Douglas, 49
Adams, Scott, 108
AdMob, 30
advertimania, 36-38
"Advertising as a Signal" (Kihlstrom e Riordan), 32
AdWords, 29-30
agência
  autoatualização e, 99-100
  definição, 97
  propósito original do comerciante, 195-196
  significado da agência do cliente no mercado, 97-99
alarmes de privacidade devidos à coleta de dados, 73
  fontes disponíveis para as empresas de mineração de dados, 68-69
  voltados para o usuário *versus* centrados no usuário, 163-165
Alvarez, José, 196
Amara's Law, 6
Amazon.com, 88
Ambler, Tim, 32
American Theocracy (Phillips), 200
Andrieu, Joe, 8, 14, 42, 145, 162, 164
Android, plataforma, 114, 118
Apache, 147
APIs baseada em eventos, 172, 173-176
APIs. *Ver* interfaces de programação de aplicativos
aplicativos (ou apps), 8-9, 26, 57, 117, 152-153, 172-176, 186, 213-214
Apple Stores, 116
AR (aplicativo de realidade aumentada), 10, 213
armários de dados pessoais, 167
ascribenation, 13, 184-185
Asensio, Rafael, 23
AT&T, 87, 109, 117
Attention Economy, 2
automação da força de vendas (*sales force automation*, SFA), 54
Azigo, 8

B

Bad Money (Phillips), 201
bancos e finanças e VRM, 212
banda larga *versus* Internet, 107
"because effects" e externalidades positivas, 91-92, 117
Behlendorf, Brian, 145, 163
Bell, Daniel, 135
Benchmark Capital, 201
Benkler, Yochai, 103, 144
Berkman Center for Internet & Society, 8, 140-141, 180, 215
Berners-Lee, Tim, 40
bits, 110-111, 121
Blade Runner, 81-82
Blankfein, Lloyd, 200
Blaser, Britt, 216

Blur: The Speed of Change in the Connected Economy (Meyer and Davis), 37
bolha da publicidade
botões r, 7, 190
Brandeis, Louis, 160
branding, 28-29
Bricklin, Dan, 110
Brown, John Seely, 138
browse wrap. *Ver* contratos de adesão
Burns, George, 62
Burton, Craig, 39, 89, 91, 169, 170, 171, 177, 196, 211

C

CableLabs, 106
cadeia de suprimentos e VRM, 213-214
Cameron, Kim, 43
caminho para o fim da adesão, 134-139
Camus, Albert, 6
CARP (Copyright Arbitration Royalty Panel), 185
Carr, Nicholas, 30
Center for Public Integrity (CPI), 184-185
Cheap: The High Cost of Discount Culture (Shell), 199
Chikita Research, 27
Christensen, Clayton, 151, 220
ciclo de vida da adoção de tecnologia, 150-151
cidades
    comparadas com a Internet, 122
    natureza conectada de, 94-96
Clark, David, 87, 106
Clarke, Judi, 145
Clemons, Eric K., 34
click wrap. *Ver* contratos de adesão
Clippinger, John, 141
    a nuvem, 111-112
Cluetrain Manifesto, The (Levine et al.), 70, 91, 104, 133, 137, 139, 141, 170, 204
CMAT (*customer management assessment tool*), 188
"Coase's Penguin" (Benkler), 103
Code and Other Laws of Cyberspace (Lessig), 105
Cognitive Surplus (Shirky), 132
Comcast, 61

Coming of Post-Industrial Society, The (Bell), 135
comScore, 21, 22
conceito de geratividade, 118-119
conectividade ambiente, 14-15, 83, 120
confusópole, 108
Connect.me, 8
Consumers Union, 196
contratos de adesão
    adesionismo, 132-133
    aplicabilidade do, 50-51
    caminho para o fim da adesão, 134-139
    definição, 7, 47
    gênese dos, 47-49
    legalidade de, 50
    liberdade pessoal e, 132-133
contratos de adesão. *Ver* contratos de adesão
contratos padronizados. *Ver* contratos de adesão
contratos-padrão. *Ver* contratos de adesão
cookies e a Web, 40
Copyright Arbitration Royalty Panel (CARP), 185
Copyright Royalty Board (CRB), 185
CPI (Center for Public Integrity), 184-185
Crawford, Susan, 107
Crazy Ones, The (Jobs), 204
Creative Commons, 7, 157, 159
crise das pontocom, 200
CRM at the Speed of Light (Greenberg), 60
CRM social, 59-61
CRM. *Ver* gestão de relacionamento com o cliente
CSEF (*customer-supplier engagement framework*), 188
Customer Commons, 7, 159, 217
customer management assessment tool (CMAT), 188
cybertwin, 149

D

dados pessoais e privacidade
    Facebook Connect e, 41-43
    falta de anonimato na, 33-34
    leis aplicadas a interações baseadas na Web e, 49-51
    modelo de propriedade no Reino Unido, 165-167

publicidade móvel geograficamente direcionada, 71-73
reação contra a postagem de dados, 70
sistema de saúde e VRM, 161-163
DAG (Digital Asset Grid), 186
 a nuvem e a Live Web, 111-112
 analogia do carro com a oportunidade da Internet, 111
 banda larga *versus* Internet, 107
 confusão inerente às ofertas das empresas de telecomunicações, 108
 dados comparados com ideias, 105-106
 dados sobre a Internet
 evolução do software para telefones, 109
 influência das operadoras sobre os fabricantes de equipamentos, 109-110
 net-heads versus bell-heads, visão dos, 108
 oportunidades de mercado proporcionadas pela Internet, 110-111
Davis, Stanley M., 37
Davison, Lang, 138
Deighton, John, 65
Democratizing Innovation (von Hippel), 58
Different: Escaping the Competitive Herd (Moon), 202
Difusão da Inovação, modelo de, 150-151
Digital Asset Grid (DAG), 186
Digital Millennium Copyright Act (DMCA), 185
Digital Performance Royalty Act (DPRA), 185
dinheiro deixado na mesa (DDNM), 179
direitos autorais, 157, 185
"Do-Not-Track On-line Act of 2011", 73
DOCSIS, 106
Douglass, Frederick, 39
Downes, Larry, 220
DPRA (Digital Performance Royalty Act), 185
Dreyfus, Richard, 204
Drucker, Peter, 134, 135, 201
Dvorak, Phred, 44

E
e-mail como uma ferramenta de VRM, 147
Easterbrook, Frank H., 51
eBay, 88
Electronic Frontier Foundation (EFF), 52, 120
elevação das relações no mercado, 183
EmanciPay
 ascribenation e, 184-185
 como uma ferramenta de comunicação, 12, 13
EmanciTerms e, 183-184
 base e operação do sistema, 181-182
 exame do ProjectVRM sobre o modo como a NPR recebe contribuições, 179-181
 exemplo de rádio pública de DDNM por fornecedores, 178-179
 microcontabilidade e, 185-186
 VRM aplicado a, 212
EmanciTerms, 159, 183-184
eMarketer, 20
Emerson, Ralph Waldo, 97, 129
empresas de cabo. *Ver* empresas de telefonia e cabo
empresas de telefonia e cabo
 confusão inerente às ofertas das empresas de telecomunicações, 108
 evolução do software para telefones, 109
 limitações da telefonia, 119-120
 papel da Internet e, 14, 86
"End-to-End Arguments in System Design" (Saltzer *et al.*), 87, 106
estrutura do engajamento cliente-fornecedor (*customer-supplier engagement framework*, CSEF), 188
estruturas
 da Internet, 88-89, 121-122
Ethernet, 90-91

F
Facebook Connect, 41-43
Facebook, 30, 88, 94
Fadell, Tony, 116
Farallon Computing, 109
Fearless Flyer, 195
Federal Trade Commission (FTC), 27, 73
File Transfer Protocol (FTP), 90, 121
Filter Bubble, The (Pariser), 30, 220

financeirização da economia, 200–201
Firefox, 148
Flickr, 43–44, 45–47, 51–52
fornecedores. *Ver* gestão de relacionamento com o cliente
Frankston, Bob, 14, 83, 110
Free Agent Nation (Pink), 138
Friedman, Milton, 178
Friedman, Thomas, 157
Frye, Dan, 103
"FSM - The First Square Mile, Our Neighborhood" (Frankston), 110–111
FTC (Federal Trade Commission), 27, 73
FTP (File Transfer Protocol), 90, 121
Future of the Internet and How to Stop It, The (Zittrain), 118

G

Garfield, Bob, 24
Gartner, 54, 55
Gates, Bill, 102
Gatto, John Taylor, 208
genialidade inerente dos clientes como um recurso, 208–209
   dar e receber entre empresas e clientes, 209–210
   engajamento das ferramentas VRM com os sistemas de CRM do varejista, 10–12
   ferramentas para comunicar o que você está disposto a pagar, 12
   gestão do relacionamento pelos clientes, 12
   mercados em rede e, 53
   perguntas a fazer, 221
   RFP pessoal para que a demanda dispare a oferta, 10
Gerth, Bill, 61
gestão de relacionamento com o cliente (*customer relationship management*, CRM)
   base da, 3
   CRM social, 59–61
   dados que deveriam estar no espaço VRM, 188
   descrição, 55, 60
   eficácia da, 55–57
   futura diminuição do poder do fornecedor, 1–2
   interface de usuário e VRM e CRM, 189–190
   limitações da, 55
   origem e sucesso da, 54
   poder do cliente e, 1, 3
   prevalência do atendimento roteirizado ao cliente, 57–58
   propósito original do comerciante, 195–196
   relação entre VRM e CRM, 187–188, 189
   significado da empresa social, 60
   terceirização do atendimento ao cliente para o cliente, 58–59
gestão de relacionamento com o fornecedor (*vendor relationship management*, VRM)
   aplicado a categorias de negócios verticais, 212–217
   base da, 3, 4, 138
   cybertwins e avatares e, 149–150
   dados que deveriam estar no espaço VRM, 188
   e-mail e, 147
   elevação das relações na hierarquia de eventos do mercado, 183
   estágio do ciclo de vida da adoção de tecnologia, 150–151
   ferramentas para, 142–143
   interfaces de usuário e VRM e CRM, 189–190
   mensagens instantâneas e, 147
   navegadores comparados a carros, 148–149
   papel de ruptura do novo mercado, 151
   poder do cliente e, 1, 3
   ProjectVRM (*ver* ProjectVRM)
   projetos e empresas, 169t
   propósitos do, 141–142, 147–148
   publicação e, 147
   quartas partes no sistema, 152–153
   relação entre VRM e CRM, 187–188, 189
   sistema de saúde e, 161–163
gestão de relacionamento com o governo (GRG), 216
gestão de relacionamento, 2
Gift, The (Hyde), 209
Gillmore, John, 120
GitHub, 102

GNU Project, 104
Godin, Seth, 137
Goldstein, Kurt, 100
Google
    abordagem em relação à publicidade, 3
    abordagem para smartphones, 30, 113–115, 119
    empresas de telefonia *versus*, 88
    foco no cliente, 13
    mercado horizontal, 117–118
Google Code, 103
governo e VRM, 216
Greenberg, Paul, 60
Gropper, Adrian, 163, 214
Groupon, 200

H
Hagel, John III, 137, 138
Haque, Umair, 186
Hardin, Garrett, 125
Harper, Douglas, 36
Heaner, Marty, 215
Heath, William, 167
Heaton, Terry, 24
Heisenberg, Werner, 219
Henderson, Iain, 11, 54, 55, 145, 165–167, 188
Here Comes Everybody (Shirky), 100
Hitchhiker's Guide to the Galaxy, The (Adams), 49
hNews, 184
Hollier, E. Ann, 32
Hopper, Keith, 180
House, Rebecca, 54
HoverMe, 173
HTTP (Hypertext Transfer Protocol), 90
Hughes, Phil, 87
Hulu, 21
Hyde, Lewis, 125–128, 209

I
I Shared What?!? Web site, 42–43
IAB (Interactive Advertising Bureau), 20, 30
IBM, 90–91, 103, 198
IETF (Internet Engineering Task Force), 106
IIW (Internet Identity Workshop), 141, 145
ilustração da promessa de, 6–13
Information Sharing Workgroup, 7, 145, 159
iniciativa Midata, 165–167, 216
Innovators' Solution (Christensen and Raynor), 151
inovação democratizada, 145
inspeção profunda de pacotes, 26
integração vertical e horizontal
    abordagem complementar da Apple e da Google para os smartphones, 113–115, 119
    cidades comparadas à Internet, 122
    comutação de pacotes pela Internet, 120–121
    conceito de geratividade, 118–119
    condições limitantes em uma hierarquia, 120
    criação construtiva de Steve Jobs, 114–117
    enquadramento da Internet, 121–122
    limitações da telefonia, 119–120
    mercado horizontal do Google, 117–118
    monopólio vertical da Apple, 117
    vantagens da integração vertical, 119
Intenção da Economia
    APIs e, 8, 177
    aplicativo de realidade aumentada, 11
    bolha da publicidade, 13, 14
    conectividade ambiente e, 14–15
    contratos de adesão, 7
    contribuição essencial das APIs, 177
    Customer Commons e, 217
    definição, 2
    modelo de negócios de pesquisa, 13
    mudança constante e, 219–220
    oferta e demanda empáticas, 13
    quartas partes, 8
    valores da liberdade de contrato, 8
Interactive Advertising Bureau (IAB), 20, 30
interfaces de programação de aplicativos (APIs)
    APIs baseada em eventos, 172, 173–177, 216
    como uma contribuição essencial para a Economia da Intenção, 9, 177
    descrição, 171
    empresas modeladas como um forte, 170–171

escopo do rastreamento feito por empresas que utilizam, 26
introdução do sistema operacional de rede, 169-170
KRL e, 172-176
nuvem pessoal, 172-173
sistemas baseados no modelo solicitação-resposta, 172
interfaces do usuário (IU), 189-190
APIs baseada em eventos, 172, 173-177, 216
como uma contribuição essencial para a Economia da Intenção, 9, 177
descrição, 171
escopo do rastreamento feito por empresas que utilizam, 26
introdução do sistema operacional de rede, 169-170
KRL e, 171-176
nuvem pessoal, 172-173
sistemas baseados no modelo solicitação-resposta, 172
International Telecommunications Union (ITU), 106
Internet, 3
avanços desde 1982, 82
banda larga *versus*, 106-107
caracterização como um recurso comum (*ver* recursos comuns da Internet)
como um segundo mundo, 207-208
comutação de pacotes por, 120-121
contraste com o sistema de publicidade, 38
efeitos "por causa" e externalidades positivas, 91-92, 117
enquadramento da, 88-89, 121-122
leis aplicadas a (*ver* leis para interações baseadas na Web)
movimento dos dados em (*ver* dados na Internet)
net-heads versus bell-heads, visão dos, 85, 108
o que é e o que não é, 84-85
oportunidades de mercado proporcionadas por, 87-88, 110-111
papel das empresas de telefonia e cabo, 14, 86
poder do cliente e, 3
princípios NEA, 90-92, 147
propósito essencial da, 85

tendência a ter como algo garantido, 83
visto como um zero tridimensional, 89-90
World Wide Web *versus*, 39
Internet Commons
foco das empresas legadas sobre os direitos de cercamento, 127-128
impulso para recursos comuns verdadeiros, 128, 207-208
metáfora do mercado e, 124-125
recursos do fundo comum *versus* recursos comuns, 125-127
tragédia do conceito de recursos comuns, 124-125
Internet Engineering Task Force (IETF), 106
Internet Identity Workshop (IIW), 141, 145
iPhone, 113
Isenberg, David, 87
ITU (International Telecommunications Union), 106
Iwata, Jon, 198

J
Jarvis, Jeff, 113, 116
Jefferson, Thomas, 105-106
Jobs, Steve, 114-117, 122, 204, 219
Johnson, Samuel, 19
Jonas, Jeff, 72
Jones, Reese, 109
Judd, Jane, 202

K
Kantara Initiative, 145
Kelly, Kevin, 105-106, 186
Kessler, Friedrich, 48, 50, 155-157
Kihlstrom, Richard E., 32
Kmart, 74
Kyntex, 172

L
Lakhani, Karim, 144
LDPs (lojas de dados pessoais), 214
Lebkowski, Jon, 163
Ledeen, Ken, 105
leis para interações baseadas na Web
aplicabilidade dos contratos de adesão, 50-51
aplicados a VRM, 215-216

contrato de adesão, definição, 7, 47
Customer Commons e, 159
decisão da conta do Flickr, 45–47
desafios para restringir as condições dos contratos, 52
facilidade de uso para empresas do mercado de massa, 53
gênese dos contratos de adesão, 47–49
liberdade de contrato e (*ver* liberdade de contrato)
Owner Data Agreement, acordo inovador, 157–159
poder da parte dominante, 49
política de privacidade e, 49–51
sistema de distribuição de massa e, 49–50
termos de serviço do Flickr, 51–52
Lessig, Lawrence, 106
Lewis, Harry, 105
liberdade de contrato
definição, 154–155
desaparecimento da, 45
escolhendo seus próprios termos, 8
imaginado por Kessler, 50, 155–157
potencial para reformar as práticas atuais, 157
relação com o monopólio, 134
VRM e, 215–216
liberdade pessoal
adesionismo e, 132–133
gestão institucional *versus* pessoal, 133–134
mudanças nas normas sociais, 131–132
Libeskind, Daniel, 207
linguagem de regras kynetx(*kinetic rules language*, KRL), 9, 10, 172–176
LinkedIn, 88
Linux Journal, 87
Linux, 102
ListenLog, 185
Live Web
a nuvem e, 111–112
APIs baseadas em eventos e, 172, 177
descrição, 9, 10, 11, 93–94
imortalidade das cidades, 94–95
natureza conectada das cidades, 95–96
lixo, 77, 186
Lloyd, Renee, 50, 154
Locke, Christopher, 70, 133
Logical Logistics (Stolarczyk), 13, 213

lojas de dados pessoais (LDPs), 214
Lubbock, Robin, 180
Lukas, Adriana, 145, 163, 186

M
MacPherson, Isaac, 105–106
Management: Tasks, Responsibilities, Practices (Drucker), 134
Mandela, Nelson, 178
Maoz, Michael, 55
Marcus, Stanley, 193
marketing
distinguindo necessidades *versus* desejos, 77
erro do uso excessivo de cupons do Kmart, 74
frases esotéricas associadas a, 75–77
Marti, Don, 32, 153
Maslow, Abraham, 100
McCabe, Ed, 208
McKay, Lauren, 189
McKenna, Regis, 119, 136
mecanismos de bloqueio de rastreamento da navegação pela Internet, 27, 73
Megatrends (Naisbitt), 136
Menichella, Adele, 191
mensagens instantâneas como uma ferramenta de VRM, 147
mercados em rede, 53
Metcalfe, 91
Meyer, Christopher, 37
Michalski, Jerry, 196
microcontabilidade, 185–186
Microsoft, 13, 102
Miemis, Venessa, 150
Miller, Jeremie, 168
Mitchell, Alan, 140, 167
Mitchell, William J., 93
MobileSquared, 30
monitoramento feito por empresas de Internet, 25–27, 33
Moon, Youngme, 202
Moore, Geoffrey, 119, 151
Morton, Andrew, 103
Mozilla, 148
muralha da China, 19–20, 22, 27–29, 36–37, 213
MVNO (*mobile virtual network operator*), 143
Mydex, 8

N
Naisbitt, John, 136
National Public Radio (NPR), 178–181
National Retail Federation, 198
Net Worth (Hagel and Singer), 137
net-heads *versus* bell-heads, 85
Net. *Ver* Internet
NetWare, 169–170
New Capitalist Manifesto, The (Haque), 186
"New Digital Divide, The" (Crawford), 107
NewGov.us, 216
Next TV, 23
Nokia, 109, 110, 113
Non-TV, 23
Nordstrom, 202–203
NOS (*Network Operating System*), 169–170
Noss, Elliot, 143
Novell, 91, 169–170
NPR (National Public Radio), 178–181
nuvem pessoal, 172–173

O
o mercado como uma conversa
    cliente *versus* consumidor, 194, 196–197
    financeirização da economia, 200–201
    liderança do cliente do ponto de vista do varejista, 197–199
    mercados como uma dança, 205–206
    propósito original do comerciante, 195–196
    significado de, 204–205
    sucesso do Trader Joe's, 193–196
    truques como um custo oculto, 199–200
    valor de ser diferente, 203–204
O que a Google faria? (Jarvis), 117
Ogilvy, David, 30, 193
Olsen, Stefanie, 201–202
One to One Future, The (Peppers and Rogers), 136
Onion, The, 199
Oracle CRM, 54
Organization Man (Whyte), 135
Our Dumb World, 199
Owner Data Agreement, 158–159
    comutação de pacotes pela Internet, 120–121

P
Panetta, Jill A., 144
para a moralidade, 209
Pariser, Eli, 30, 220
Paskow, Juston, 152
PeerIndex, 173
Peet's, 11
Peppers, Don, 136
Permission Marketing (Godin), 137
personal branding, 28
Personal Democracy Forum, 216
Personal.com, 8, 158
Peters, Tom, 124
Phillips, Kevin, 200–201
PhoneNet, conector, 109
Pink, Daniel H., 138
política de privacidade. *Ver* dados pessoais e privacidade
Power of Pull, The (Hagel and Brown), 138
PowerShift (Toffler), 136
Practice of Management, The (Drucker), 135
Praveen, Deepa, 45–47
princípios NEA da Internet, 90–92, 147
Principles of Scientific Management (Taylor), 133–134
problema do namespace na Web, 41
ProCD v. Zeidenberg, 51
programas de fidelidade
    aplicativo de sistema portátil e de telefone na Stop & Shop, 65–67
    base da, 2
    disseminação dos sistemas de cartão de fidelidade dos varejistas, 63
    natureza coercitiva dos, 62–63
    processo complicado para recompensas de gasolina, 67
    programa eletrônico personalizado na Shaw's, 63–65
ProjectVRM
    abordagem do projeto VRM, 144–145
    Customer Commons e, 217
    missão, 140–141
    trabalho com a NPR para aumentar as contribuições, 179–181
propaganda de televisão, 20–22
Public Radio Exchange (PRX), 180
publicação como uma ferramenta de VRM, 147

publicidade móvel geograficamente direcionada, 72–73
publicidade on-line
  crescimento em, 3–4, 29–30
  escopo do rastreamento feito por empresas de Internet, 25–27
  falta de anonimato na, 33–34
  reação pública à coleta de dados pelos anunciantes, 27
  tolerância à publicidade de TV on-line, 20–22
Pull (Siegel), 138

Q
Quantified Self, 186
quartas partes no sistema VRM, 8, 152–153

R
Rangaswami, J.P., 59, 91
Rapleaf, 69–70, 188
Rauch, Doug, 194, 196
Raymond, Eric S., 101, 104
Raynor, Michael, 151
realidade aumentada (AR), aplicativo de, 10, 213
Really Simply Syndication (RSS), 14, 90, 121
rede celular virtual (*mobile virtual network operator*, MVNO), 143
redes sociais
  Facebook, 30, 41–43, 88, 94
  personal branding e, 28
Reed, David P., 87
Reedge, 33
registros de saúde controlados pessoalmente (RSCPs), 215
registros de saúde eletrônicos (RSEs), 162, 163, 215
registros ou prontuários médicos eletrônicos (RMEs), 162, 163
registros pessoais de saúde (RPSs), 162, 163, 214
Relationship Economy Expedition (REX), 196
Relationship Marketing (McKenna), 136
RFP (solicitação de proposta) pessoal, 10
Riordan, Michael H., 32
"Rise of the Stupid Network, The" (Isenberg), 87

RMEs (registros ou prontuários médicos eletrônicos), 162, 163, 215
Rnews, 184
Rockefeller, Jay, 72
Rocket Fuel, 34
Rodriguez, Antonio, 206
Rogers, Everett, 150
Rogers, Martha, 136
Rollyson, Christopher S., 191
Rothenberg, Randall, 20
RSPCs (registros de saúde pessoalmente controladas), 215
RSPs (registros de saúde pessoais), 162, 163, 214
RSS (Really Simply Syndication), 14, 90, 121

S
Salesforce, 55, 60
Saltzer, Jerome H., 87
Scholl, Reinhard, 106
Scott, Lee, 74
scraping, 26
Searls, Allen, 93
Seidenberg, Ivan G., 107
SelectOut.org, 33
Senior, John, 23
serviços voltados para o usuário, 8
SFA (*sales force automation*), 54
Shakespeare, William, 131, 187
Shallows, The (Carr), 30
Shapiro, Jake, 180
Shaw, Mona, 60
Shaw's, cadeia de supermercados, 63–65
Shell, Ellen Ruppel, 199
Shirky, Clay, 100, 132
Siebel Systems, 54
Siebel, Tom, 54
Siegel, David, 138
Sifry, David, 94
síndrome de Estocolmo, 132
Singel, Ryan, 108
Singer, Marc, 137
Singly, 8
sistema de saúde e VRM, 161–163, 214–215
sistema operacional de rede (*network operating system*, NOS), 169–170
Skype, 88

Small Pieces Loosely Joined (Weinberger), 89
Smart, John, 149
smartphone, negócio do, 113-114
Smith, Adam, 187, 196
Social Enterprise, The, 60
Society for Worldwide Interbank Financial Telecommunication (SWIFT), 182, 186
software de código-fonte livre e aberto (*free and open source software*, FOSS)
    propósitos do, 102
    relacionamento entre empresas e desenvolvedores, 103
    resultados do trabalho dos programadores, 102-103
    vantagens da produção por pares baseada em recursos comuns, 103, 104, 144
Sorkin, Andrew Ross, 200
SourceForge, 102
Stacio, Frank, 183
Stallman, Richard, 104
Stolarczyk, Michael, 13, 213
Stop & Shop, cadeia de supermercados, 65-67
Swersey, Bill, 181
SWIFT (Society for Worldwide Interbank Financial Telecommunication), 182, 186
SwitchBook, 14

T
Taplin, Jonathan, 23
Tapscott, Don, 138
Target, 197
Taylor, Frederick, W., 133-134
TC/IP (Transmission Control Protocol/Internet Protocol), 84, 121
TechCrunch, 34
Technorati, 94
termos de serviço. *Ver* contratos de adesão
Theory of Human Motivation, A (Maslow), 99
Third Wave, The (Toffler), 135
Thoreau, Henry David, 45
Ting, 15, 143
TiVo, 22
Toffler, Alvin, 135, 136

Token Ring, 90-91
Torvalds, Linus, 102
total anual gasto em publicidade, 20
    análise demográfica dos espectadores, 24t
    branding e, 28-29
    como um choque para o mercado, 13, 14
    delírios sobre publicidade, 34-38
    escolhas de plataforma, 22-23
    facções quantitativas *versus* facções emocionais, 20
    filtragem de dados, 30
    futuro da publicidade, 24-25
    muralha da China, 19-20, 22, 213
    objetivo de conhecer a intenção do usuário, 34
    on-line, publicidade (*ver* publicidade on-line)
    publicidade móvel geograficamente direcionada, 72-73
    sinalizando por meio da publicidade, 30-33
    tolerância da indústria ao desperdício, 27-28
Touré, Hamadoun, 107
Trader Joe's, 193-196, 210
"Tragedy of the Commons, The" (Hardin), 125
Transmission Control Protocol/Internet Protocol (TCP/IP), 84, 121
tweets, 14
Twitter, 59, 88, 94

U
U.K. Cabinet Office Behavioural Insights Team, 165
Updike, John, 178

V
Vander Auwera, Peter, 186
vantagens da produção por pares baseada em recursos comuns, 103, 104, 144
Veblen, Thorstein, 139
Verizon, 15
Virgin America, 12
Vizard, Mike, 71
"Vogon clause", 49
Von Hippel, Eric, 58, 144

VRM aplicado a categorias de negócios verticais
  bancos e atividades financeiras, 212
  cadeia de suprimentos, 213-214
  Customer Commons e, 217
  governo, 215-216
  lei, 215
  lista de verificação para o sucesso do VRM, 216-217
  sistema de saúde e, 214-215
VRM Hub, 145
VRM. *Ver* gestão de relacionamento com o fornecedor

W
Wall Street Journal, 25
Wallet, aplicativo, 10
Walmart, 74
Wanamaker, John, 19
"Waste in Advertising is the Part That Works, The" (Ambler and Hollier), 32
Wealth of Nations, The (Smith), 196
Web. *Ver* World Wide Web
Websmith, 87
Weinberg, Stuart, 44
Weinberger, David, 81, 89, 170, 204
West, Geoffrey, 94
Whitman, Walt, 93, 129
"Why Advertising Is Failing On The Internet" (Clemons), 34
Whyte, William H. Jr., 135
Wikinomics (Tapscott and Williams), 138
Wikipedia, 88, 90

Williams, Anthony D., 138
Windley, Phil, 37, 172, 216
Windows, 102
Winer, Dave, 14, 90, 121, 180
"Wireless Oligopoly Is Smother of Invention" (Singel), 108
WNYC, 180-181
Wolf, Gary, 186
Mundo é plano, O (Friedman), 157
World Wide City. *Ver* Internet
World Wide Web
  complexidade causada por vários namespaces, 43-44
  cookies e, 40
  falta de privacidade do Facebook Connect, 41-43
  Internet *versus*, 39
  leis aplicadas a (*ver* leis para interações baseadas na Web)
  problema cliente-servidor, 40
  problema do namespace, 41, 43-44
  visão original para, 40
Wright, Stephen, 62

Y
YouTube, 23

Z
Zappos, 201, 202, 210
Zeidenberg, Matthew, 51
Zittrain, Jonathan, 118
zoonose, 62
Zuckerberg, Mark, 30, 41

Cartão Resposta
050120048-7/2003-DR/RJ
Elsevier Editora Ltda
CORREIOS

ELSEVIER

SAC | 0800 026 53 40
ELSEVIER | sac@elsevier.com.br

CARTÃO RESPOSTA
Não é necessário selar

O SELO SERÁ PAGO POR
Elsevier Editora Ltda

20299-999 - Rio de Janeiro - RJ

Acreditamos que sua resposta nos ajuda a aperfeiçoar continuamente nosso trabalho para atendê-lo(la) melhor e aos outros leitores.
Por favor, preencha o formulário abaixo e envie pelos correios ou acesse www.elsevier.com.br/cartaoresposta. Agradecemos sua colaboração.

Seu nome: _____

Sexo: ☐ Feminino ☐ Masculino CPF: _____

Endereço: _____

E-mail: _____

Curso ou Profissão: _____

Ano/Período em que estuda: _____

Livro adquirido e autor: _____

Como conheceu o livro?
☐ Mala direta
☐ Recomendação de amigo
☐ Recomendação de professor
☐ Site (qual?) _____
☐ Evento (qual?) _____
☐ E-mail da Campus/Elsevier
☐ Anúncio (onde?) _____
☐ Resenha em jornal, revista ou blog
☐ Outros (quais?) _____

Onde costuma comprar livros?
☐ Internet. Quais sites? _____
☐ Livrarias ☐ Feiras e eventos ☐ Mala direta

☐ Quero receber informações e ofertas especiais sobre livros da Campus/Elsevier e Parceiros.

Siga-nos no twitter @CampusElsevier

Qual(is) o(s) conteúdo(s) de seu interesse?

Concursos
- [ ] Administração Pública e Orçamento
- [ ] Arquivologia
- [ ] Atualidades
- [ ] Ciências Exatas
- [ ] Contabilidade
- [ ] Direito e Legislação
- [ ] Economia
- [ ] Educação Física
- [ ] Engenharia
- [ ] Física
- [ ] Gestão de Pessoas
- [ ] Informática
- [ ] Língua Portuguesa
- [ ] Línguas Estrangeiras
- [ ] Saúde
- [ ] Sistema Financeiro e Bancário
- [ ] Técnicas de Estudo e Motivação
- [ ] Todas as Áreas
- [ ] Outros (quais?) _____

Educação & Referência
- [ ] Comportamento
- [ ] Desenvolvimento Sustentável
- [ ] Dicionários e Enciclopédias
- [ ] Divulgação Científica
- [ ] Educação Familiar
- [ ] Finanças Pessoais
- [ ] Idiomas
- [ ] Interesse Geral
- [ ] Motivação
- [ ] Qualidade de Vida
- [ ] Sociedade e Política

Jurídicos
- [ ] Direito e Processo do Trabalho/Previdenciário
- [ ] Direito Processual Civil
- [ ] Direito e Processo Penal
- [ ] Direito Administrativo
- [ ] Direito Constitucional
- [ ] Direito Civil
- [ ] Direito Empresarial
- [ ] Direito Econômico e Concorrencial
- [ ] Direito do Consumidor
- [ ] Linguagem Jurídica/Argumentação/Monografia
- [ ] Direito Ambiental
- [ ] Filosofia e Teoria do Direito/Ética
- [ ] Direito Internacional
- [ ] História e Introdução ao Direito
- [ ] Sociologia Jurídica
- [ ] Todas as Áreas

Media Technology
- [ ] Animação e Computação Gráfica
- [ ] Áudio
- [ ] Filme e Vídeo
- [ ] Fotografia
- [ ] Jogos
- [ ] Multimídia e Web

Negócios
- [ ] Administração/Gestão Empresarial
- [ ] Biografias
- [ ] Carreira e Liderança Empresariais
- [ ] E-business
- [ ] Estratégia
- [ ] Light Business
- [ ] Marketing/Vendas
- [ ] RH/Gestão de Pessoas
- [ ] Tecnologia

Universitários
- [ ] Administração
- [ ] Ciências Políticas
- [ ] Computação
- [ ] Comunicação
- [ ] Economia
- [ ] Engenharia
- [ ] Estatística
- [ ] Finanças
- [ ] Física
- [ ] História
- [ ] Psicologia
- [ ] Relações Internacionais
- [ ] Turismo

Áreas da Saúde
- [ ]

Outras áreas (quais?): _____

Tem algum comentário sobre este livro que deseja compartilhar conosco?
_____

Atenção:
As informações que você está fornecendo serão usadas apenas pela Campus/Elsevier e não serão vendidas, alugadas ou distribuídas por terceiros sem permissão preliminar.